Spieler oder Spekulanten?

Wirtschaftswissenschaftliche Beiträge

Informationen über die Bände 1–51 sendet Ihnen auf Anfrage gerne der Verlag.

Band 52: K. Sandmann, Arbitrage und die Bewertung von Zinssatzoptionen, 1991, ISBN 3-7908-0551-3

Band 53: P. Engelke, Integration von Forschung und Entwicklung in die unternehmerische Planung und Steuerung, 1991, ISBN 3-7908-0556-4

Band 54: F. Blumberg, Wissensbasierte Systeme in Produktionsplanung und -steuerung, 1991, ISBN 3-7908-0557-2

Band 55: P.-U. Paulsen, Sichtweisen der Wechselkursbestimmung, 1991, ISBN 3-7908-0561-0

Band 56: B. Sporn, Universitätskultur, 1992, ISBN 3-7908-0563-7

Band 57: A. Vilks, Neoklassik, Gleichgewicht und Realität, 1991, ISBN 3-7908-0569-6

Band 58: M. Erlei, Unvollkommene Märkte in der keynesianischen Theorie, 1991, ISBN 3-7908-0571-8

Band 59: D. Ostrusska, Systemdynamik nichtlinearer Marktreaktionsmodelle, 1992, ISBN 3-7908-0582-3

Band 60: G. Bol, G. Nakhaeizadeh, K.-H. Vollmer (Hrsg.), Ökonometrie und Monetärer Sektor, 1992, ISBN 3-7908-0588-2

Band 61: S. Feuerstein, Studien zur Wechselkursunion, 1992, ISBN 3-7908-0590-4

Band 62: H. Fratzl, Ein- und mehrstufige Lagerhaltung, 1992, ISBN 3-7908-0602-1

Band 64: G. Untiedt, Das Erwerbsverhalten verheirateter Frauen in der Bundesrepublik Deutschland, 1992, ISBN 3-7908-0609-9

Band 65: R. Herden, Technologieorientierte Außenbeziehungen im betrieblichen Innovationsmanagement, 1992, ISBN 3-7908-0610-2

Band 66: P.B. Spahn et al., Mikrosimulation in der Steuerpolitik, 1992, ISBN 3-7908-0611-0

Band 67: M. Kessler, Internationaler Technologiewettbewerb, 1992, ISBN 3-7908-0615-3

Band 69: H. Grupp, U. Schmoch, Wissenschaftsbindung der Technik, 1992, ISBN 3-7908-0620-X

Band 71: R. Schmidt, Modelle der Informationsvermittlung, 1992, ISBN 3-7908-0633-1

Band 72: M. Kaiser, Konsumorientierte Reform der Unternehmensbesteuerung, 1992, ISBN 3-7908-0636-6

Band 73: K. Meier, Modellbildung bei Mehrfachzielen, 1992, ISBN 3-7908-0645-5

Band 74: J. Thiele, Kombination von Prognosen, 1993, ISBN 3-7908-0657-9

Band 75: W. Sesselmeier, Gewerkschaften und Lohnfindung, 1993, ISBN 3-7908-0659-5

Band 76: R. Frensch, Produktdifferenzierung und Arbeitsteilung, 1993, ISBN 3-7908-0663-3

Band 77: K. Kraft, Arbeitsmarktflexibilität, 1993, ISBN 3-7908-0666-8

Band 78: R.P. Hellbrück, Synergetik und Marktprozesse, 1993, ISBN 3-7908-0668-4

Band 79: L. Linnemann, Multinationale Unternehmungen und internationale Wirtschaftspolitik, 1993, ISBN 3-7908-0670-6

Band 80: K. Cuhls, Qualitätszirkel in japanischen und deutschen Unternehmen, 1993, ISBN 3-7908-0672-2

Band 81: B. Erke, Arbeitslosigkeit und Konjunktur auf segmentierten Arbeitsmärkten, 1993, ISBN 3-7908-0695-1

Band 82: M. Hillmer, Kausalanalyse makroökonomischer Zusammenhänge mit latenten Variablen, 1993, ISBN 3-7908-0703-6

Band 83: M. Heinisch, W. Lanthaler, Im Brennpunkt Universität, 1993, ISBN 3-7908-0713-3

Band 84: M. Göcke, Starke Hysteresis im Außenhandel, 1993, ISBN 3-7908-0722-2

Band 87: M. Raab, Steuerarbitrage, Kapitalmarktgleichgewicht und Unternehmensfinanzierung, 1993, ISBN 3-7908-0734-6

Band 88: K.-J. Duschek, Ein sequentielles empirisches allgemeines Gleichgewichtsmodell zur Beurteilung von Steuerreformprogrammen, 1993, ISBN 3-7908-0736-2

Band 89: R. Schwager, Geld überlappende Nachfragestruktur und bilaterale Transaktionen, 1994, ISBN 3-7908-0739-7

Band 90: M. Sander, Die Bestimmung und Steuerung des Wertes von Marken, 1994, ISBN 3-7908-0742-7

Band 91: T. Ursprung, Propaganda, Interessengruppen und direkte Demokratie, 1994, ISBN 3-7908-0743-5

Band 94: F. Kugler, Preisbildung auf spekulativen Märkten, 1994, ISBN 3-7908-0750-8

Band 95: J. Schmoranz, Die Energienachfrage privater Haushalte, 1994, ISBN 3-7908-0761-3

Markus Wendel

Spieler oder Spekulanten?

Eine spieltheoretische und experimentelle Studie menschlichen Entscheidungsverhaltens auf interdependenten Güter- und Kapitalmärkten mit unvollständiger Information

Mit 33 Abbildungen

Physica-Verlag

Ein Unternehmen
des Springer-Verlags

Reihenherausgeber
Werner A. Müller

Autor
Dr. Markus Wendel
Friedrich-Ebert-Straße 95
D-61118 Bad Vilbel

ISBN-13: 978-3-7908-0950-3 e-ISBN-13: 978-3-642-61210-7
DOI: 10.1007/978-3-642-61210-7

Die Deutsche Bibliothek – CIP-Einheitsaufnahme
Wendel, Markus:
Spieler oder Spekulanten?: eine spieltheoretische und experimentelle Studie menschlichen Entscheidungsverhaltens auf interdependenten Güter- und Kapitalmärkten mit unvollständiger Information/Markus Wendel. – Heidelberg: Physica-Verl., 1996
(Wirtschaftswissenschaftliche Beiträge; Bd. 129)
ISBN-13: 978-3-7908-0950-3
NE:GT

SPIN 10539970 88/2202-5 4 3 2 1 0 – Gedruckt auf säurefreiem Papier

Mit freundlicher Genehmigung von KAL, *Cartoonists and Writers Syndicate*.
Erstabdruck 1989 in der *Baltimore Sun*, Baltimore, Maryland, U.S.A.

Wenn nicht mehr Zahlen und Figuren

Wenn nicht mehr Zahlen und Figuren
sind Schlüssel aller Kreaturen
wenn die so singen oder küssen
mehr als die Tiefgelehrten wissen

Wenn sich die Welt ins freie Leben
und in die Welt wird zurückbegeben
wenn dann sich wieder Licht und Schatten
zu echter Klarheit werden gatten

Und man in Märchen und Gedichten
erkennt die wahren Weltgeschichten
dann fliegt vor einem geheimen Wort
das ganze verkehrte Wesen fort

Novalis

Prof. Dr. Werner Güth
Institut für Wirtschaftstheorie
Humboldt-Universität zu Berlin
Spandauer Straße 1
10178 Berlin

Geleitwort

Die beeindruckende Monographie "Spieler oder Spekulanten?" befaßt sich mit der Funktionsweise kompetitiver Märkte, ihrer Effizienz und der Rationalität ihrer Agenten. Im Mittelpunkt steht ein (spiel)theoretisch wie auch experimentell untersuchter Finanzmarkt, dessen Preisbildungsmechanismus wohl erstmalig unter vollständiger Endogenisierung der zugrundeliegenden Fundamentalwerte geschlossen modelliert wird.

Experimentelle Untersuchungen von Aktienmärkten basierten bislang auf exogen vorgegebenen Kursverläufen bzw. Annahmen über die Kursbestimmung. Sicherlich erhellen Untersuchungen fiktiver Fundamentalwertverläufe manche Aspekte realer Aktienmärkte. Die künstlichen Märkte sind jedoch weit davon entfernt, den Facettenreichtum realer Märkte auch nur annähernd zu erfassen. Insbesondere die Tatsache, daß die Kurse endogen von den Entscheidungen der Aktiengesellschaften und der Anleger auf den Aktienmärkten abhängen, sollte berücksichtigt werden, wenn man die wesentlichen Strukturmerkmale realer Märkte einbeziehen will.

Diese überaus ehrgeizig anmutende Zielsetzung hat Markus Wendel in überzeugender Weise umgesetzt. Das Ergebnis, ein allgemeines theoretisches Modell realwirtschaftlich begründeter Aktienmärkte, eine ausbaufähige Software zu dessen experimenteller Untersuchung sowie erste, durch experimentelle Beobachtungen belegte Schlußfolgerungen über das Verhalten der Marktteilnehmer, wird von ihm in leicht lesbarer Form und mit großer Stringenz dargestellt und diskutiert.

Durch eine knappe, aber informative Einführung in die spieltheoretischen Grundlagen wird die spätere Analyse des (spiel)theoretisch wie auch experimentell untersuchten Modells für Praktiker wie nicht spieltheoretisch vorgebildete Fachvertreter gut zugänglich. Ähnlich wie die Spieltheorie wird auch die Kapitalmarkttheorie kurz und prägnant vorgestellt, bevor ein historischer Abriß der experimentellen Wirtschaftsforschung gegeben wird und die konkreten Erkenntnisziele der Arbeit vorgestellt werden.

Im zentralen Kapitel der Monographie wird die Struktur des grundlegenden Modells entwickelt — eines mehrperiodigen, homogenen und oligopolistischen Gütermarkts, auf dem Anbieter und Nachfrager interagieren, zusammen mit einem darauf basierenden Kapitalmarkt, auf dem die Aktien der auf dem ersten Markt agierenden Produzenten gehandelt werden. Beide Märkte sind in einer völlig analogen Organisationsform als zweiseitige Auktionen abgebildet, wie sie auch in der Realität an Wertpapierbörsen zu finden sind. Bemerkenswert ist, daß trotz des "naturanalogen" und daher komplexen Modells noch (spiel)theoretische Resultate abgeleitet werden.

Für verschiedene Klassen des Grundmodells, die unterschiedlich restriktive Prämissen über Informationsbedingungen und strategische Optionen der Marktteilnehmer voraussetzen, lassen sich durch die Anwendung spieltheoretischer Lösungskonzepte, etwa des teilspielperfekten Nash-Gleichgewichts, Lösungsbereiche oder sogar eindeutige normative Lösungen für das Verhalten rationaler Agenten ableiten. So wird zum Beispiel für den Fall vollständiger Information bei Marktseparation gezeigt, daß Konkurrenzverhalten gleichgewichtig im Sinne der Spieltheorie ist, obwohl eine oligopolistische Situation vorliegt.

Das für die vorliegende Arbeit entwickelte und auch für andere Fragestellungen einsetzbare Softwarepaket wird unter Verzicht auf überflüssige technische Details in seiner Grundstruktur und seinen Funktionalitäten dargestellt, bevor die wesentlichen Resultate erster experimenteller Untersuchungen zur Sprache kommen. Trotz der geringen Anzahl unabhängiger Beobachtungen, die jedoch in ähnlich komplexen Studien häufig niedrig ausfällt, weisen die Ergebnisse sehr klar eindeutige Trends aus, welche die formulierten Hypothesen bestätigen; so die Aussage, daß irrational spekulatives Handeln bei fortschreitender Erfahrung der Marktteilnehmer und zunehmender kognitiver Durchdringung der Situation durch eingeschränkt rationales Verhalten verdrängt wird, das sich in der hier betrachteten Situation dem Rationalverhalten annähert.

Die Arbeit überzeugt durch klare Diktion und stilistische Leichtigkeit, weist den Autor als Kenner von Spiel- und Kapitalmarkttheorie aus und bezeugt durch Modellentwicklung und -implementierung sein kreatives Potential. Ich bin mir sicher, daß die Arbeit von Markus Wendel eine Standardreferenz für theoretische Analysen der Interdependenz von Güter- und Aktienmärkten sowie für alle weiteren Computerexperimente sein wird, die ähnliche komplexe Situationen analysieren.

Berlin, im Februar 1996

Prof. Dr. Werner Güth

Inhaltsverzeichnis

Anhang

Abbildungsverzeichnis

Tabellenverzeichnis

Verzeichnis der verwendeten Symbole

Allgemeine mathematische Symbole

$\emptyset$	Leere Menge
$\cap$	geschnitten mit
$\cup$	vereinigt mit
$\times$	kartesisches Produkt, Kreuzprodukt
$\sum_{i=1}^{n}$	Summe über i von $i = 1$ bis n
$\prod_{i=1}^{n}$	Produkt über i von $i = 1$ bis n
$\bigcup_{i=1}^{n}$	Vereinigungsmenge über i von $i = 1$ bis n
$\bigotimes_{i=1}^{n}$	Kreuzprodukt über i von $i = 1$ bis n
$\forall$	für alle
$\exists$	es existiert (mindestens ein)
$\mathbb{N}$	Menge der natürlichen Zahlen
$\mathbb{R}$	Menge der reellen Zahlen
δ^{jl}	Kronecker-Delta: $\delta^{jl} = 1$ für $j = l$, $\delta^{jl} = 0$ sonst

Spieltheoretische Grundbegriffe

N	Menge der Spieler
$n := \|N\|$	Anzahl der Spieler
$i = 1, ..., n$	Spieler(-index)
$\overline{N} := N \cup \{0\}$	erweiterte Spielermenge
B	Spielbaum
K	Menge der Entscheidungsknoten
K_E	Menge der Endknoten
$\overline{K}$	Knotenmenge
Z	Zugmenge
P	Spielerzerlegung
P_i	Menge der Entscheidungsknoten des Spielers i
$k_i^j \in P_i$	einer der Entscheidungsknoten des Spielers i
A_i^j	Menge der Züge am Entscheidungsknoten k_i^j
$a_i^{j,m_j} \in A_i^j$	einer der Züge aus A_i^j
P_0	"Entscheidungsknoten" eines Zufallsereignisses
W	Wahrscheinlichkeitszuordnung
p^{j,m_j}	Eintrittswahrscheinlichkeit eines Zugs a_0^{j,m_j}
$I = \{I_1, ..., I_n\}$	Informationszerlegung

$z_i := \|I_i\|$	Zahl der Informationsbezirke eines Spielers
I_i^j	einer der Informationsbezirke des Spielers i
$u(k) = (u_1(k), ..., u_n(k))$	Auszahlungs- oder Pay-off-Vektor
$U = \{u(k) \mid k \in K_E\}$	Auszahlungsfunktion
$\Gamma := (N, B, P, W, I, U)$	extensives Spiel
$s_i = (s_i^1, s_i^2, ..., s_i^{z_i})$	reine Strategie des Spielers i
$s_i^j \in A_i^j(I_i^j)$	einzelner Zug aus einer reinen Strategie
S_i	Menge aller reinen Strategien des Spielers i (Strategienmenge)
$s := (s_1, s_2, ..., s_n)$	Strategienvektor, Strategienkombination
$u_i(s)$	Erwartungsnutzen einer Strategienkombination s für Spieler i
$p_s(k)$	Wahrscheinlichkeit, unter der Strategienkombination s einen Endknoten $k \in K_E$ zu erreichen
$U_S : S \longrightarrow \mathbb{R}^n$	Auszahlungsfunktion des Spiels
S	Menge aller reinen Strategienkombinationen
$q_i = (q_i^1, q_i^2, ..., q_i^{\|S_i\|})$	gemischte Strategie eines Spielers
Q_i	Menge aller gemischten Strategien des Spielers i
Q	Raum aller gemischten Strategienkombinationen
$u_i(q)$	Erwartungsauszahlung für Spieler i
$p_q(k)$	Wahrscheinlichkeit, unter der gemischten Strategienkombination q den Terminalknoten k zu erreichen
$U_Q : Q \longrightarrow \mathbb{R}^n$	erweiterte Auszahlungsfunktion
s_{-i}	"Gegenstrategie" (Kombination von Strategien der Gegenspieler von Spieler i); $s_{-i} := (s_1, s_2, ..., s_{i-1}, s_{i+1}, ..., s_n)$
$(s_{-i}, \widehat{s}_i)$	durch $\widehat{s}_i$ vervollständigte Gegenstrategie; $(s_{-i}, \widehat{s}_i) := (s_1, s_2, ..., s_{i-1}, \widehat{s}_i, s_{i+1}, ..., s_n)$
$b(q_{-i})$	beste Antwort auf einen Strategienvektor q_{-i}
Γ'	Teilspiel des Spiels Γ

Kapitalmarkttheorie

T	Zeithorizont
t	Zeitpunkt
d_t	Zahlung zum Zeitpunkt t

r_t	Zinssatz für Periode t
q_t	Diskontierungsfaktor für Periode t
r	einheitlicher Zinssatz
q	einheitlicher Diskontierungsfaktor
V_T	Vermögensendwert
V_0	Barwert
ω	Dichtefunktion
α_n	Momente einer Verteilung
β_n	zentrale Momente
μ	Erwartungswert
σ	Streuung
$E\ [X]$	Erwartungswert von X
$V\ [X]$	Varianz von X
$S\ [X]$	Standardabweichung von X
j	Wertpapierindex
v_t^j	Preis des Wertpapiers j in Periode t
r_{t_1,t_2}^j :	Rendite des Wertpapiers j in den Perioden von t_1 bis t_2
μ^j	Erwartungswert der Rendite
σ^j	Standardabweichung der Rendite
P	Portfolio
f_j	Anteile einzelner Wertpapiere j am Portfolio
μ_P	Erwartungswert der Portfoliorendite
σ_P	Streuung der Portfoliorendite
$\mathbf{f}$	Vektor der Portfolio-Anteile
$\boldsymbol{\mu}$	Vektor der Renditeerwartungen
$\boldsymbol{\sigma}$	Kovarianzmatrix
σ^{ij}	Kovarianzen
ρ^{ij}	Korrelationen
P_M	Marktportfolio
P_0	Sichere Alternative
μ_M	Renditeerwartung des Marktportfolios
σ_M	Streuung der Marktportfoliorendite
μ_0	(Sichere) Rendite von P_0
f_M	Anteil am Marktportfolio
f_0	Anteil an der sicheren Anlage
β_j	"Beta-Faktor" des Wertpapiers j
RP_j	Risikoprämie
F_l	"Faktoren" der Arbitrage Pricing Theory (APT)
b_{jl}	Sensitivität eines Wertpapiers bzgl. eines Faktors der APT
ε_j	Fehlerterm (Störgröße) im APT
Φ_t	Informationszustand
$z_{j,t}$	Überrendite

Modellbeschreibung

$i = 1, ..., n$	Teilnehmer(-index)
n_S	Anzahl der Kapitalmarktteilnehmer (*Security market*)
n_C	Anzahl der Gütermarktteilnehmer (*Commodity market*)
n_f	Anzahl der Produzenten (*firms*)
n_c	Anzahl der Konsumenten (*consumers*)
$t = 1, ..., T$	Zeithorizont
$m_{i,0}$	Anfangskontostand des Teilnehmers i
$c_{i,t}(q_{i,t})$	Kostenfunktion
$\alpha_{i,t}, \beta_{i,t}, \gamma_{i,t}, \delta_{i,t}, \epsilon_{i,t}$	Parameter der Kostenfunktionen
$q_{i,t}$	Stückzahlen (Mengen) des Konsumguts
$p_{i,t}$	Preise des Konsumguts
$s_{i,t}$	Angebotsmenge eines Produzenten
S_i	Kapazitätsbeschränkung
$l_{i,t}$	Preislimit
$m_{i,t}$	Kassenbestand ("Bargeld")
k_i	Kreditlinie
$\pi_{i,t}$	Periodengewinn (-verlust) des Unternehmens i
ρ_f	Diskontfaktor der Produzenten
π_i	Gesamtgewinn des Unternehmens i
$u_{i,t}(q_{i,t})$	Verwendungswertfunktion ("Nutzenfunktion")
$\kappa_{i,t}, \lambda_{i,t}$	Parameter der Verwendungswertfunktionen
$d_{i,t}$	nachgefragte Menge
D_i	maximale Konsummenge pro Nachfrager und Periode
ρ_c	Diskontfaktor der Konsumenten
u_i	Gesamtnutzen des Nachfragers i
$j = 1, ..., n_f$	Firmen(-index)
$y^j_{i,t}$	Gebot (für $y^j_{i,t} > 0$: Kauf, $y^j_{i,t} < 0$: Verkauf) des Spielers i für Wertpapier j in Periode t
$w^j_{i,t}$	Limitpreise
v^j_t	Wertpapierpreise (Marktpreise)
$x^j_{i,t}$	Transaktionsvolumina (Stückzahlen)
x^j_t	Gesamtumsätze
$a^j_{i,0}$	Anfangsdepots
$a^j_{i,t}$	Wertpapierbestände der Periode t

μ	Dividendenanteil
n_a	Zahl der Wertpapiere je Unternehmen
Δ_t^j	Dividende je Wertpapier
$W_{i,t}$	Vergütung des Unternehmensvorstands (Unternehmerlohn)
P_i	Auszahlung des Spielers i (im Modell)
$\bar{P}_i$	Auszahlung des Spielers i (im Experiment)
ϕ	Umrechnungsfaktor ("Devisenkurs")
e_i	Erstausstattungen mit Geld und Wertpapieren

Abkürzungsverzeichnis

Abb.	Abbildung
d.h.	das heißt
ECU	*Experimental Currency Unit*
etc.	et cetera
ggf.	gegebenfalls
GM	Gütermarkt
hrsg.	herausgegeben
Hrsg.	Herausgeber
i.d.R.	in der Regel
KF	Kostenfunktion
KM	Kapitalmarkt
M2M	Modell zweier Märkte
NF	Nutzenfunktion
Nr.	Nummer
s.	siehe
s.o.	siehe oben
s.u.	siehe unten
S.	Seite
SI	Spieler-Interface
SP	Steuerprogramm
sog.	sogenannt
TP	Terminalprogramm
u.	und
u.a.	unter anderem
usw.	und so weiter
u.U.	unter Umständen
v.	von
v.a.	vor allem
vgl.	vergleiche
VWF	Verwendungswertfunktion
WP	Wertpapier
z.B.	zum Beispiel

Die Wissenschaft hat etwas Faszinierendes. Man geht von einer Masse unbedeutender Fakten aus und gelangt zu einer Unmenge vager Vermutungen.[1]

Mark Twain

1 Einleitung und Überblick

1.1 Problemstellung

Im Zentrum der vorliegenden Arbeit steht die experimentelle Implementierung eines theoretischen Modells interdependenter Güter- und Kapitalmärkte, das trotz einer relativ reichen institutionellen Struktur noch einer (spiel-)theoretischen Analyse zugänglich ist und sich gleichzeitig zur (computer-)experimentellen Untersuchung eignet; für eine Teilklasse der mittels der entworfenen Software realisierbaren Varianten ist eine explizite analytische Lösung bestimmbar und auch ermittelt.

Ausgangspunkt für die Konstruktion des Modells ist die Tatsache, daß einerseits die in der Literatur zu findenden empirischen Tests der zur Zeit diskutierten Kapitalmarktmodelle nur bedingte Aussagekraft besitzen, da sie in der Regel nicht in der Lage sind, alle theoretisch benötigten Daten — etwa die Gesamtheit aller für die Bewertung von Finanztiteln relevanten Informationen — zu erfassen und zudem meist auf mehreren verbundenen Hypothesen beruhen, andererseits die Bemühungen, das Kapitalmarktgeschehen in normierten und kontrollierbaren Umgebungen, also "im Labor" geschaffenen Situationen im Rahmen der experimentellen Wirtschaftsforschung, zu beobachten und aus dem individuellen Verhalten der Marktteilnehmer zu erklären, sich bisher auf Modelle beschränken, deren Komplexitätsgrad nach Ansicht des Autors zu gering ist, um wesentliche Aspekte realer Kapitalmärkte zu erfassen.

Die Aufgabenstellung für das hier dokumentierte Forschungsprojekt lautete daher wie folgt:

- Entwurf eines theoretischen Modells, das die realwirtschaftliche Fundierung börsennotierter Wertpapiere[2] beachtet und adäquat abbildet

[1] Die vagen Vermutungen sind in Kapitel 7 zu finden, die Masse unbedeutender Fakten enthält ein separater Dokumentationsband (vgl. die Quellenangabe auf Seite 4), der u.a. die gesamten Primärdaten der hier beschriebenen Experimente umfaßt.

[2] Die Begriffe "Finanzmarkt" und "Kapitalmarkt" werden in dieser Arbeit synonym für solche Märkte gebraucht, deren Handelsobjekte als Wertpapiere charakterisierbar sind und einen Anteil am Grundkapital des Unternehmens, vor allem jedoch den Anspruch auf einen Teil des Unternehmenserfolgs verbriefen. Die in der volks- und betriebswirtschaftlichen Theorie anzutreffende Differenzierung zwischen Finanz- und Kapitalmärkten wird zwar keineswegs ignoriert, ist jedoch im Rahmen des hier betrachteten Modells nicht von

- (Spiel-)theoretische Analyse des Modells und möglichst weitgehende Bestimmung einer normativen Lösung
- Schaffung eines Programmsystems, das die Untersuchung tatsächlichen menschlichen Verhaltens in einer solchen Umgebung in Form eines Computerexperiments erlaubt
- Durchführung entsprechender Pilotexperimente, Dokumentation der dabei gesammelten Daten und erste Auswertungen der Ergebnisse

Dabei stellten Konzeption und Erstellung der Experiment-Software sowie Entwurf und Analyse des Modells die beiden großen Schwerpunkte der Arbeit dar; sie können als Basis für zahlreiche weitere experimentelle Untersuchungen dienen, von denen bisher nur wenige durchgeführt und ansatzweise statistisch ausgewertet wurden.

Wie später noch diskutiert wird, ermöglichte das hiermit zur Verfügung gestellte Softwarepaket den Übergang von *pen-and-paper*-Experimenten, deren Komplexität aus technischen Gründen sehr stark begrenzt ist, zu voll computergestützten und -verwalteten Untersuchungen — und zwar über das vorliegende Modell zweier Märkte hinaus für eine große Klasse entscheidungs- und spieltheoretischer Fragestellungen allgemeinerer Art. Dieser qualitative Sprung erlaubt es — Probanden und finanzielle Mittel vorausgesetzt — die vorhandenen Rechnerkapazitäten zu experimentellen Tests theoretischer Modelle weit reicherer Struktur einzusetzen als bisher, Probanden wie Experimentatoren dabei gleichzeitig mehr Komfort und Funktionalität zu bieten und die Datenerfassung und -aufbereitung zu erleichtern und zu beschleunigen. Die hier dokumentierte Entwicklung eines solchen Programmpakets bildete einen der methodischen Schwerpunkte eines DFG-Projekts,[3] in dessen Rahmen so unterschiedliche Probleme wie z.B. Ultimatum- und Diktatorspiele, die private Bereitstellung öffentlicher Güter, die Entstehung technischer Standards (Netzwerkexternalitäten) oder die Verteilung gemeinsam produzierter Güter experimentell untersucht werden.

Eine erschöpfende Auswertung und Analyse der im Rahmen erster Experimente erhobenen Daten wurde hier nicht angestrebt, vielmehr beschränkt sich das entsprechende Kapitel 7 explizit auf ausgewählte, exemplarische Studien.

1.2 Kurze Modellskizze

Das bereits erwähnte, theoretische Modell enthält einen Güter- und einen Kapitalmarkt, die auf "natürliche" Weise miteinander verflochten sind; im folgenden wird kurz vom "Modell zweier Märkte" (M2M) gesprochen.

Relevanz und wird daher ebenso wenig thematisiert wie die Definition verschiedener Wertpapierarten und -derivate.

[3]Werner Güth und Reinhard Tietz, "Entscheidungsvorbereitung und eingeschränkte Rationalität", Kennzeichen Gu 145/6-1, Johann Wolfgang Goethe-Universität Frankfurt am Main, 1993-1995.

Auf dem Gütermarkt agieren (einige) konkurrierende Anbieter für ein kurzlebiges, homogenes, Konsumgut mit (vielen) potentiellen Konsumenten dieses Gutes. Die Produzenten sind mit Kostenfunktionen und Kapazitätsschranken, die Nachfrager mit Verwendungswertfunktionen und Konsumschranken ausgestattet. Weder die Zahl der Firmen noch jene der Konsumenten sind festgelegt, insbesondere wird weder von Monopolen noch von vollständiger Konkurrenz ausgegangen, sondern der generische "oligopolistische" bzw. "oligopsonistische" Fall betrachtet. Der Ausgleich von Angebot und Nachfrage erfolgt wie an einer Waren- oder Wertpapierbörse per Auktion: Allen Marktteilnehmern steht es frei, entsprechend ihren Präferenzen und Erwartungen ein Gebot (je nach Rolle entweder Kauf oder Verkauf) abzugeben. Nach Vorliegen aller Gebote erfolgt die Bestimmung des markträumenden Preises und die Abwicklung der Transaktionen.

Auf dem Wertpapiermarkt treten Investoren auf, wobei sich die Marktteilnehmer ganz oder teilweise aus den Agenten des Gütermarkts rekrutieren können und/oder andere Spieler hinzutreten. Gehandelt werden "Aktien" der Güterproduzenten, d.h. Wertpapiere, die den Anspruch auf Gewinnanteile des jeweiligen Unternehmens verbriefen. Die Gewinnausschüttung besteht aus einem exogen festgelegten und einheitlichen Anteil des Periodengewinns (Verlustzuweisungen erfolgen nicht), der auf dem Gütermarkt tatsächlich erzielt wurde; der verbleibende Anteil stellt die Entlohnung des Unternehmers dar. Die institutionelle Regelung des Marktes ist identisch mit jener des Gütermarktes, entspricht also jener einer Börse.

Der beschriebene Ablauf konstituiert eine *Periode* des Modells. Es erfolgt eine Replikation solcher Perioden über einen festgelegten und bekannten Zeithorizont. Der Informationszugang für die einzelnen Marktteilnehmer sowie verschiedene andere Aspekte und Details des Modells sind unterschiedlich gestaltbar. Eine genaue Diskussion ist in Kapitel 4 zu finden.

1.3 Gang der Untersuchung

Für die Darstellung der Arbeit und ihrer Ergebnisse wurde folgende Gliederung gewählt:

Kapitel 2 faßt die wesentlichen theoretischen Grundlagen und Voraussetzungen, die in späteren Teilen benötigt werden, zusammen; dies sind Grundbegriffe der Spieltheorie, der Kapitalmarkttheorie und der experimentellen Wirtschaftsforschung.

Die mit der entwickelten Software und dem zugrundeliegenden theoretischen Modell angestrebten und erreichbaren Erkenntnisziele werden in Kapitel 3 diskutiert, wo auch eine Einordnung in die verwandte Literatur erfolgt.

Eine detaillierte Definition, Darstellung und Diskussion des Modells zweier Märkte wird in Kapitel 4 gegeben; das folgende Kapitel 5 enthält die (spiel-)theoretische Analyse und die Ableitung der durch die rationale

Lösung des Modells implizierten Resultate für eine eingeschränkte Teilklasse, sowie explizite analytische und numerische Berechnungen für experimentell untersuchte Konfigurationen.

Kapitel 6 beschreibt die experimentelle Realisierung und Implementierung des Modells sowie die allgemeine Vorgehensweise bei Computerexperimenten; deren erste Ergebnisse werden in Kapitel 7 ausgewertet.

Anregungen für Zielsetzungen und Vorgehensweise weiterer Experimente, die mit Hilfe der vorliegenden Software durchführbar erscheinen, sind in Kapitel 8 zu finden.

Das letzte Kapitel 9 faßt die wesentlichen Gedanken und Ergebnisse der Arbeit zusammen, deutet einige ihrer kritisch zu bewertenden Aspekte an und versucht, Perspektiven weiterer Forschung entlang der aufgezeigten Linie zu entwerfen.

In Anhang A werden die verwendeten Funktionen wiedergegeben, Anhang B enthält die mit Hilfe des Computeralgebra-Programms *Mathematica* durchgeführten analytischen und numerischen Berechnungen. In Anhang C schließlich finden sich die in den Experimenten verwendeten Formulare.

In einem auf Wunsch beim Autor erhältlichen, separaten Dokumentationsband[4] sind die gesamten Programme und Daten zu finden; dies umfaßt eine ausführliche Beschreibung der erstellten Software, den gesamten Quellcode sowie einen vollständigen Ausdruck der bei den bisher durchgeführten Experimenten erhobenen Daten.

1.4 Eine Begriffsdefinition

Eine kurze Anmerkung sei dem Titel der Arbeit gewidmet, da die Begriffe *Spieler* und *Spekulanten* hier nicht im umgangssprachlichen Sinne verwendet werden.

In der spieltheoretischen Literatur wird ein Verhalten, welches den Rationalitätspostulaten und Lösungskonzepten der Spieltheorie genügt, häufig als *gamesmenship* bezeichnet, die zugehörigen Entscheider daher als *gamesmen* (*Spieler*).

Unter *Spekulanten* werden im Rahmen dieser Arbeit Personen verstanden, deren Investitionsverhalten mit rationalen Erwartungen und rationalem Verhalten *nicht* in Einklang steht, was möglicherweise ebenfalls eine Einschränkung der Bedeutungsvielfalt dieses Begriffs darstellt.

Die Titelfrage — *Spieler oder Spekulanten?* — wäre also in einer weniger pointierten, sachlicher formulierten Fassung etwa mit "Rationale Entscheider oder naive Hazardeure?" zu umschreiben.

[4]Markus Wendel: *Spieler oder Spekulanten?* — Band 2: Dokumentation. 762 Seiten, Frankfurt am Main, 1996. Zu beziehen von: Markus Wendel, Friedrich-Ebert-Straße 95, 61118 Bad Vilbel. E-Mail: MWENDEL@POBOX.COM

Lucy: "I've just come up with the perfect theory. It's my theory that Beethoven would have written even better music if he had been married."
Schroeder: "What's so perfect about that theory?"
Lucy: "It can't be proved one way or the other!"

Charles Schulz, Peanuts, 1976

2 Theoretische Grundlagen

Nach diesem kurzen Überblick über Ausgangspunkt, Ziel und Vorgehensweise sollen nun einige wesentliche Konzepte derjenigen wirtschaftswissenschaftlichen Teildisziplinen kurz umrissen werden, welche von dieser Arbeit tangiert werden und zu deren Verständnis notwendig sind: Spieltheorie, Kapitalmarkttheorie und experimentelle Wirtschaftsforschung.

2.1 Grundbegriffe der Spieltheorie

Einführende Texte zur Spieltheorie sind sehr zahlreich; in den letzten Jahren sind auch in deutscher Sprache einige neue Werke erschienen. Anregungen für die folgenden Abschnitte dieser Arbeit stammen zum Teil aus dem als Standardwerk zu betrachtenden *Handbook of Game Theory* [AH92] sowie — in alphabetischer Reihenfolge — aus den Lehrbüchern von Binmore [Bin92], Güth [Güt92], Holler/Illing [HI91], Rasmusen [Ras89] und Rieck [Rie93].[5] Wir werden allerdings keiner der dort vorzufindenden Vorgehensweisen folgen, sondern versuchen, formale Definitionen auf eigene Weise mit intuitiv einsichtigen Erläuterungen und einigen Beispielen zu verbinden.

2.1.1 Abgrenzung von der Entscheidungstheorie

Die klassische Entscheidungstheorie befaßt sich mit der Beschreibung und Analyse von Situationen, in denen *einem* Agenten ("Entscheider") mehrere Aktionsmöglichkeiten offenstehen, die zu verschiedenen, vom Entscheider im allgemeinen unterschiedlich bewerteten Ergebnissen führen. Dabei kann das Eintreten dieser Ergebnisse auch von zufälligen Ereignissen abhängen; in diesem Fall spricht man von einer Entscheidung unter Unsicherheit (oder Risiko), andernfalls unter Sicherheit. Neben der rein deskriptiven Funktion der Entscheidungstheorie strebt sie in ihrer präskriptiv-normativen Ausprägung letztlich die Formulierung einer vollständigen und eindeutigen Handlungsanweisung an, durch deren Befolgung ein rationaler Entscheider

[5] Sofern im folgenden Text wörtliche oder enge sinngemäße Zitate aus den genannten Werken vorkommen, werden wir diese kenntlich machen; ansonsten sei der Dankesschuld hiermit allgemein Genüge getan.

seine Zielfunktion, also die jeweilige Bewertung eines bestimmten Ergebnisses (seine "Nutzenfunktion" bzw. deren Erwartungswert), optimiert.

Der Gegenstand der Spieltheorie hingegen läßt sich als eine Entscheidungssituation charakterisieren, an der im allgemeinen *mehrere* Entscheider beteiligt sind, die verschiedene Ergebnisse unterschiedlich bewerten, wobei das Eintreten eines Ergebnisses nun aber im Gegensatz zur klassischen Entscheidungstheorie von den Aktionen *mehrerer* oder aller Entscheider abhängt. Auch der Zufall als zusätzlicher "Akteur" ist zulässig. Charakteristisch ist also die Existenz mehr als eines Handelnden und das Zustandekommen eines Ergebnisses als Konsequenz des Verhaltens aller; da die verschiedenen Bewertungen sowohl gleich- als auch gegenläufig gestaltet sein können, sind gemeinsame Interessen mehrerer Individuen ebenso möglich wie Interessenkonflikte.

Im spieltheoretischen Jargon nennen wir Entscheider üblicherweise "Spieler", die Nutzenfunktionen "Auszahlungen" oder "pay-offs" und die gesamte Entscheidungssituation einschließlich der Definition sämtlicher Aktionsmöglichkeiten, Ergebnisse und Bewertungen ein "Spiel". Damit läßt sich die Spieltheorie zusammenfassend als Theorie sozialer Interaktion, die klassische Entscheidungstheorie als Sonderfall der Spieltheorie für die Untermenge der Einpersonenspiele betrachten.[6]

2.1.2 Kooperative und nicht-kooperative Theorie

Im folgenden werden wir wesentliche Begriffe der nicht-kooperativen Spieltheorie definieren, die in der Analyse und Diskussion des im Zentrum dieser Arbeit stehenden Modells zweier Märkte vorausgesetzt werden. Die in der Überschrift angeklungene Differenzierung in *kooperative* und *nicht-kooperative* Spieltheorie basiert auf abweichenden Vorgehensweisen bei der Modellierung von Kommunikationsmöglichkeiten und bindenden Vereinbarungen der Spieler: Während die kooperative Spieltheorie unterstellt, daß die Spieler "außerhalb der durch die Spielregeln definierten Welt" miteinander kommunizieren und (selbst-)bindende Vereinbarungen darüber treffen können, welches Verhalten sie jeweils wählen werden, ohne dies aber entsprechend in der Spieldefinition zum Ausdruck zu bringen, stehen die Vertreter der in diesem Sinne "puristischen" nicht-kooperativen Theorie auf dem Standpunkt, daß alle derartigen Möglichkeiten expliziter Bestandteil der Spielregeln sein müssen: Existiert z.B. die Möglichkeit für Spieler i, eine Mitteilung an Spieler j zu senden, so ist dies ausdrücklich in die

[6]Zweifellos ist der weit überwiegende Teil aller in den Wirtschaftswissenschaften untersuchten Situationen als "soziale Interaktion" charakterisierbar. Dies mag die in der unmittelbaren Vergangenheit besonders stark zu konstatierende Ausbreitung der spieltheoretischen Methodik auf zahlreiche Gebiete der Wirtschaftstheorie (vor allem, jedoch nicht nur mikroökonomische) erklären, deren Bedeutung ja kürzlich auch eine öffentlichkeitswirksame Würdigung erfuhr.

Menge der Aktionen von Spieler i aufzunehmen.[7] Die Bezeichnungen für die beiden "Teilgebiete"[8] erklären sich aus ihrer historischen Entstehung, besagen aber keineswegs, daß Kooperationsphänomene etwa nur von der kooperativen Spieltheorie adäquat beschrieben werden; vielmehr sind diese auch in der nicht-kooperativen Theorie geeignet abzubilden, die zusätzlich den Vorteil bietet, solche Verhaltensweisen als Ergebnisse strategischen Kalküls zu rechtfertigen. Nur von ihr wird daher im folgenden noch die Rede sein.

2.1.3 Extensive und Normalform-Spiele

Beginnen wir mit der Definition der für die eindeutige Beschreibung — und spätere Analyse — eines Spiels notwendigen Elemente. Wir werden zunächst die sogenannte *extensive Form* eines Spiels betrachten, die in sehr umfassender und detaillierter Weise erfaßt, wer wann welche Informationen und Aktionsmöglichkeiten besitzt, wer in welcher Reihenfolge zu entscheiden hat, welche Ergebnisse dabei zustandekommen und wie diese von den einzelnen Spielern bewertet werden.

2.1.3.1 Definition und Darstellung extensiver Spiele

Als erstes Element zur Definition extensiver Spiele wäre die Menge N der Spieler zu benennen, die wir in der Regel mit Hilfe eines Indexes i unterscheiden werden; ihre Anzahl sei mit $n := |N|$ bezeichnet, also $i = 1, ..., n$. Ob es sich bei einem Spieler tatsächlich um eine Einzelperson, eine Gruppe oder einen anderen fiktiven Agenten handelt, ist hierbei insoweit irrelevant, als es nur darauf ankommt, daß dieser Agent zu identifizieren ist und nach außen hin, d.h. im Rahmen der zu beschreibenden Entscheidungssituation, "mit einer Stimme spricht". Sofern auch stochastische Ereignisse auftreten, nennen wir den Zufall "Spieler 0" (Null) und definieren mit dessen Hilfe die "erweiterte Spielermenge" $\overline{N} := N \cup \{0\}$, so daß wir Zufallsereignisse formal mit Entscheidungen anderer Spieler gleichbehandeln können.[9]

Zweitens ist der *Spielbaum* B zu spezifizieren. Dabei handelt es sich um einen (für unsere Zwecke: endlichen) gerichteten, zusammenhängenden und schleifenlosen Graphen mit genau einer *Wurzel* (einem Startknoten) und

[7] Diese Frage spielt zum Beispiel bei der Analyse von *cheap talk* eine besondere Rolle; hier können die Spieler einander kostenlose Signale senden (Informationen übermitteln, ohne daß damit Auszahlungseinbußen für sie selbst verbunden wären), was u.a. zum strategischen Einsatz "falscher" Signale führen kann.

[8] Der Begriff "Teilgebiete" beschreibt das Verhältnis der beiden Theorieansätze nur unvollkommen, da sie sich eher in der Methodik als im Gegenstand ihrer Forschung unterscheiden.

[9] Üblicherweise wird davon ausgegangen, daß im Falle der Existenz mehrerer Zufallsereignisse diese unabhängig sind; es lassen sich jedoch auch Spiele mit korrelierten Zufallsereignissen betrachten.

mindestens einem Terminal- oder *Endknoten*. Der Graph besteht aus einer Menge von Knoten, die durch Kanten (Strecken) miteinander verbunden sind. Die Durchlaufrichtung einer Kante definiert die Vorgänger- bzw. Nachfolgerrelation: Ein Knoten, in dem eine Kante endet, ist der Nachfolger des Knotens, von dem die Kante ausgeht; dieser ist der Vorgänger des anderen. Die Wurzel ist der einzige Knoten, der keine Vorgänger hat; die Endknoten besitzen keine Nachfolger; alle anderen Knoten besitzen genau einen Vorgänger und mindestens einen Nachfolger (vgl. auch die Darstellung der zur Verdeutlichung verwendeten Beispiele in den Abbildungen 1 und 2).

Knoten, die keine Endknoten sind, heißen auch *Entscheidungsknoten*; Kanten, die einen Entscheidungsknoten mit einem seiner Nachfolger verbinden, nennen wir *Züge*. Eine Serie von Zügen, die von der Wurzel zu einem Endknoten führt, bezeichnen wir als *Partie*; da die Zuordnung zwischen Partien und Endknoten bijektiv ist, werden diese manchmal auch identifiziert. Für die Menge aller Entscheidungsknoten schreiben wir K; ergänzen wir diese um die Menge der Endknoten K_E, erhalten wir die Menge aller Knoten $\overline{K}$. Die Menge aller Züge des Spielbaums wollen wir mit Z bezeichnen.

Das dritte wesentliche Element ist die *Spielerzerlegung* P der Knotenmenge. Die Spielerzerlegung besteht in einer Zerlegung der Knotenmenge K in $n+1$ disjunkte Teilmengen

$$\{P_i\}_{i=0}^{n} = \{P_0, P_1, ..., P_n\} \tag{1}$$

mit

$$P_i \cap P_j = \emptyset \ \forall \ (i,j) \in \overline{N} \times \overline{N}, \ i \neq j \tag{2}$$

und

$$\bigcup_{i=0}^{n} P_i = K. \tag{3}$$

Dabei ist P_i ($i \in N$) die Menge der Entscheidungsknoten eines Spielers; für alle Knoten $k_i^j \in P_i$ ($j = 1, ..., |P_i|$) obliegt es dem Spieler i festzulegen, welchen der möglichen Züge $a_i^{j,m} \in A_i^j \subseteq Z$ ($m = 1, ..., \left|A_i^j\right|$) er auswählt, wenn er k_i^j erreicht. Mit A_i^j haben wir hier die Menge der Züge bezeichnet, die zu einem Nachfolgen von k_i^j führen. P_0 enthält alle Knoten des Spielbaums, an denen ein Zufallsereignis stattfindet.

Zur vollständigen Spezifikation eines extensiven Spieles gehört weiterhin als viertes die Festlegung einer *Wahrscheinlichkeitszuordnung* W für alle Zufallszüge, d.h. konkret für alle Entscheidungsknoten $k_0^j \in P_0$ ($j = 1, ..., |P_0|$) des "Spielers Zufall" eine Eintrittswahrscheinlichkeit p^{j,m_j} aller Züge $a_0^{j,m_j} \in A_0^j \subseteq Z$ ($m_j = 1, ..., \left|A_0^j\right|$), wobei natürlich jeweils $\sum_{m_j=1}^{|A_0^j|} p^{j,m_j} = 1$ gelten muß.

Die *Informationszerlegung* $I = \{I_1, ..., I_n\}$ als fünfter Bestandteil verfeinert die Spielerzerlegung und gibt Auskunft darüber, welche Informationen die Spieler in einem bestimmten Stadium des Spieles besitzen. Für alle $i \in N$ definieren wir eine Zerlegung von P_i in $z_i := |I_i|$ disjunkte Teilmengen

$$\left\{I_i^j\right\}_{j=1}^{z_i} = \{I_i^1, ..., I_i^{z_i}\} \tag{4}$$

mit

$$I_i^r \cap I_i^s = \emptyset \; \forall \; (r, s) \in (1, ..., z_i)^2, \; r \neq s \tag{5}$$

und

$$\bigcup_{j=1}^{z_i} I_i^j = P_i \tag{6}$$

mit folgender Bedeutung: Befindet sich Spieler i in einem Informationsbezirk I_i^j, so weiß er zwar um diesen Umstand, ihm ist jedoch nicht bekannt, an *welchem* der in I_i^j gelegenen Entscheidungsknoten $k_i^{j,m}$ er zu entscheiden hat. Daher setzen wir auch voraus, daß die Zahl der möglichen Züge an allen Knoten jeweils eines Informationsbezirks identisch ist und zwischen den einander entsprechenden Knoten und Zügen eine eins-zu-eins-Korrespondenz besteht; die Zugmengen $A_i^{j,m}$ der Knoten $k_i^{j,m} \in I_i^j$ sind also identisch. Weiterhin muß gelten, daß für jeden Spieler i jeder Knoten $k_i^j \in P_i$ ($j = 1, ..., |P_i|$) in genau einem seiner Informationsbezirke liegt, jeder seiner Informationsbezirke mindestens einen seiner Entscheidungsknoten umfaßt, und kein Knoten in einem Informationsbezirk mit einem seiner mittelbaren oder unmittelbaren Nachfolger oder Vorgänger liegt.[10] Ein Spiel, in dem sämtliche Informationsbezirke einelementig sind, heißt *Spiel mit perfekter Information*.

Sechstens schließlich ist für jeden Endknoten $k \in K_E$ ein n-dimensionaler *Auszahlungs-* oder *Pay-off-Vektor* $u(k) = (u_1(k), ..., u_n(k))$ zu spezifieren, welcher die Bewertung des *Ergebnisses* (Terminalknotens) k durch die n Spieler wiedergibt, also den jeweiligen Nutzen, welchen sie diesem Ergebnis zuordnen. Aufgrund der eineindeutigen Abbildung zwischen Terminalknoten und den diese implizierenden Partien wird gelegentlich auch kurz von der Bewertung einer Partie gesprochen. Die Menge $U = \{u(k) \mid k \in K_E\}$ aller Pay-off-Vektoren nennen wir *Auszahlungsfunktion*.

Obwohl wir damit teilweise etwas vorgreifen, soll der Vollständigkeit halber bereits an dieser Stelle eine Bemerkung über die Natur der Nutzenfunktionen erfolgen, welche in der Spieldefinition verwendet werden. Betrachten wir ausschließlich Spiele ohne Zufallsereignisse und beschränken uns auf die Analyse von Gleichgewichten in reinen Strategien (vgl. dazu

[10] Die letzte Bedingung ist als eine Konsequenz des "*perfect recall*", der "perfekten Erinnerung", anzusehen und schließt u.a. aus, daß ein Spieler seine eigenen Züge vergißt. Da wir hier über Idealforderungen für rationale Agenten sprechen, ist diese Forderung nicht außergewöhnlich.

die Abschnitte 2.1.3.2 und 2.1.3.3), so genügt die Angabe von *ordinalen Nutzenwerten* allen notwendigen Anforderungen[11]. Da jedoch selbst die Lösungen nicht-stochastischer Spiele häufig gemischte Strategien (vgl. Abschnitt 2.1.3.2) involvieren — und wir unsere Überlegungen zudem nicht auf solche Spiele einengen wollen — müssen wir den Gebrauch von *kardinalen Nutzenfunktionen* im Sinne eines *von Neumann-Morgenstern-Nutzens* [NM44] (auch: *Bernouilli-Nutzenfunktion* oder *Risiko-Nutzenfunktion*) verlangen, um in solchen Fällen den *Erwartungsnutzen* bestimmen zu können.

Eine zusätzliche Bedingung besteht noch darin, daß die sechs oben definierten Bestandteile *common knowledge* aller Spieler sind, also alle Entscheider über die "Spielregeln" informiert sind. Genauer bedeutet *common knowledge* der Regeln: Alle Spieler kennen die Regeln; alle wissen, daß alle die Regeln kennen; alle wissen, daß alle wissen, daß alle die Regeln kennen; und so fort *ad infinitum*. Die *common knowledge*- Annahme kann als siebter konstituierender Bestandteil aufgefaßt werden, wird jedoch häufig implizit vorausgesetzt, ohne eigens erwähnt zu werden.

Damit haben wir alle benötigten Elemente eingeführt, die für die Definition eines extensiven Spiels

$$\Gamma := (N, B, P, W, I, U) \tag{7}$$

essentiell sind.

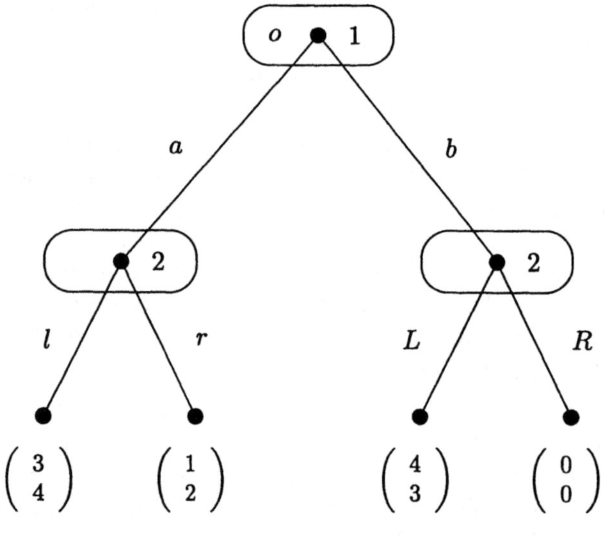

Abbildung 1: Extensives Spiel mit perfekter Information: Γ_1

[11] Ordinale und kardinale Nutzentheorie, insbesondere die üblicherweise geforderten Konsistenzeigenschaften, werden hier als bekannt vorausgesetzt.

Anhand der in den Abbildungen 1 und 2 gezeigten Beispiele wollen wir noch kurz auf die übliche graphische Repräsentation eines solchen Spiels eingehen. Der Spielbaum selbst wird meist als Kombination von die Knoten darstellenden Kreuzen, Punkten oder (in unseren Abbildungen ausgefüllten) Kreisen einerseits und die Züge (Kanten) abbildenden Linien andererseits gezeichnet, der von der Wurzel (die häufig mit "o" für *origin* kenntlich gemacht wird) aus nach unten oder rechts fortschreitet ("wächst").[12] Um die Spielerzerlegung anzugeben, ist meist einfach jeder Knoten mit dem entsprechenden Spielerindex versehen. In den genannten Abbildungen sind dies die Spieler 1 und 2. Die Wahrscheinlichkeiten von Zufallszügen werden an die jeweiligen Kanten geschrieben (hier nicht wiedergegeben). Alle Knoten, die zu einem Informationsbezirk gehören, werden durch eine sie umfassende Figur (häufig Rechtecke, in unserem Beispiel Ovale) kenntlich gemacht.

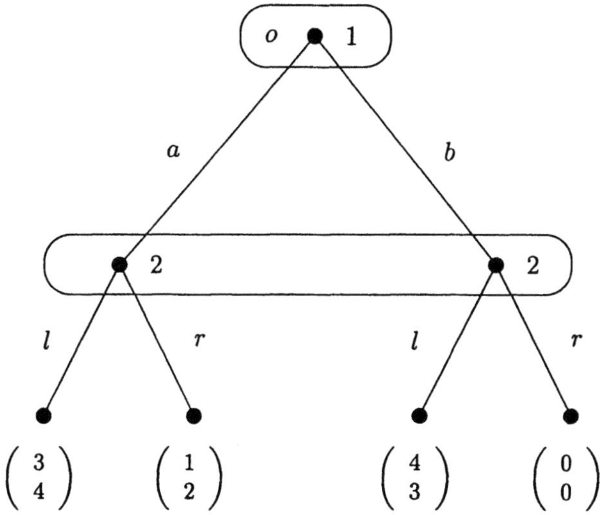

Abbildung 2: Extensives Spiel mit mehrelementigem Informationsbezirk: Γ_2

So wissen in dem Spiel der Abb. 1 beide Spieler stets genau, welcher Knoten erreicht ist, es handelt sich daher um ein Spiel mit perfekter Information. Im Gegensatz dazu ist Spieler 2 in Abb. 2 bei seiner Entscheidung nur bekannt, daß er sich in seinem Informationsbezirk befindet, nicht jedoch an welchem der beiden Entscheidungsknoten; er kennt also den von Spieler 1 gewählten Zug nicht (vielleicht weil beide simultan entscheiden[13]). Die Pay-

[12]Es existiert allerdings keine einheitliche Konvention; manche Autoren lassen Spielbäume auch nach oben oder links "wachsen".

[13]Der Nachfolger eines Entscheidungsknotens wird häufig als in einer chronologischen Abfolge nach seinem Vorgänger befindlich betrachtet; eine Interpretation der Nachfolgerelation im Sinne physikalischer, "realer" Zeit muß jedoch nicht zwangsläufig gegeben sein.

off-Vektoren, häufig auch *Auszahlungsvektoren* genannt, stehen unter bzw. neben jedem Terminalknoten. In beiden beispielhaft dargestellten Spielen erhält etwa bei Erreichen des durch die Züge a und l zu charakterisierenden Ergebnisses (also des ersten Endknotens von links) der Spieler 1 einen Pay-off von 3, der Spieler 2 einen Pay-off von 4 Auszahlungseinheiten.

Ist der Spielbaum B in der beschriebenen oder einer gleichwertigen Weise um alle zu Γ gehörenden Informationen ergänzt, so sprechen wir auch von einem *komplettierten Spielbaum*. Dieser ist für einfache Spiele manchmal eine übersichtlichere, kürzere und intuitiv leichter erfaßbare Darstellungsform als die rein formale Definition.

Die bisher eingeführten Spiele lassen sich als *endlich-diskrete n-Personen-Spiele in extensiver Form* charakterisieren. Während es sich bei Spielen in *Normalform* um eine andere Beschreibungsweise handelt, die im Abschnitt 2.1.3.4 noch näher betrachtet wird, soll eine Erweiterung dieser Klasse hier noch angefügt werden. Wir hatten bisher eine endliche Knotenmenge $\overline{K}$ und endliche Zugmengen A_i^j $(i \in \overline{N};\ j = 1, ..., |\ P_i\ |)$ vorausgesetzt. Diese Einschränkung kann auf verschiedene Weise verletzt werden: Die Knotenmenge kann unendlich groß werden und/oder mindestens eine der Zugmengen kann (abzählbar) unendlich viele Elemente enthalten; in diesem Falle sprechen wir von einem *unendlichen Spiel*. Bei einem *Spiel mit kontinuierlichen Zugmengen* (oder im folgenden auch: *kontinuierlichen Strategien*, vgl. Abschnitt 2.1.3.2) ist mindestens eine der Zugmengen überabzählbar unendlich groß; dies ist typischerweise der Fall, wenn am betreffenden Entscheidungsknoten z.B. die Größe einer reellen Zahl aus einem — beschränkten oder unbeschränkten — Intervall festzulegen ist. Beide Erweiterungen erschweren insbesondere die graphische Darstellung des Spieles, bereiten jedoch bei der formalen Definition keine besonderen Schwierigkeiten. Allerdings liegen über die Existenz und Bestimmung von Lösungen für solche Spiele weitaus weniger praktisch anwendbare Erkenntnisse vor als für endlich-diskrete n-Personen-Spiele.

2.1.3.2 Strategien und ihr Erwartungsnutzen

Im Zentrum fast aller wesentlichen Lösungskonzepte der Spieltheorie steht der Begriff der *Strategie*, den wir nun näher betrachten wollen. Unter einer *reinen Strategie* des Spielers $i\,(i \in N)$ verstehen wir ein Tupel von Zügen, das für alle seine Informationsbezirke I_i^j $(j = 1, ..., z_i \equiv |I_i|)$ einen der in der jeweiligen Zugmenge $A_i^j(I_i^j) = \left\{a_i^{j,m_j} \mid (m_j = 1, ..., \left|A_i^j\right|\right\}$ enthaltenen Züge $a_i^{j,\overline{m}_j}$ $(\overline{m}_j \in \left\{1, ..., \left|A_i^j\right|\right\}$) auswählt:

$$s_i = (s_i^1, s_i^2, ..., s_i^{z_i}) \tag{8}$$

mit

$$s_i^j := a_i^{j,\overline{m}_j} \in A_i^j(I_i^j)\,, \quad j = 1, ..., z_i \quad \text{und} \quad \overline{m}_j \in \left\{1, ..., \left|A_i^j\right|\right\}. \tag{9}$$

Eine (reine) Strategie wird auch als *vollständiger Verhaltensplan* bezeichnet, weil sie für jeden Informationsbezirk eines Spielers eine Anweisung über die dort ggf. zu treffende Entscheidung enthält, unabhängig von der Frage, ob all diese Informationsbezirke jemals in einem Spiel erreicht werden können oder sich möglicherweise sogar gegenseitig ausschließen; in diesem Zusammenhang wird deshalb auch von *kontrafaktischen Überlegungen* gesprochen.

Die Anzahl der Strategien eines Spielers ist aus der formalen Spieldefinition Γ einfach zu bestimmen: Für jeden Informationsbezirk I_i^j ($j = 1, ..., z_i$) enthält eine Strategie einen der $\left|A_i^j\right|$ in der zugehörigen Zugmenge $A_i^j(I_i^j)$ enthaltenen Züge. Die Zahl der Kombinationsmöglichkeiten zu einer bestimmten Strategie ergibt sich also zu

$$|S_i| := \prod_{j=1}^{z_i} \left|A_i^j\right| = |A_i^1| \cdot |A_i^2| \cdot \ldots \cdot |A_i^{z_i}|\,, \tag{10}$$

wobei wir mit S_i die Menge aller reinen Strategien des Spielers i (oder kurz seine *Strategienmenge*) bezeichnen. Sie läßt sich formal angeben als

$$\begin{aligned} S_i := \Big\{ & s_i = (s_i^1, s_i^2, ..., s_i^{z_i}) \mid s_i^j = a_i^{j,\overline{m}_j} \in A_i^j \\ & \forall\, j = 1, ..., z_i\,; \overline{m}_j \in 1, ..., \left|A_i^j\right| \Big\}. \end{aligned} \tag{11}$$

Bilden wir schließlich ein geordnetes n-Tupel, das für jeden Spieler genau eine seiner reinen Strategien s_i enthält, so erhalten wir eine *Strategienkombination* (auch: einen *Strategienvektor*)

$$s := (s_1, s_2, ..., s_n) \text{ mit } s_i \in S_i \;\; (i = 1, ..., n), \tag{12}$$

welche für alle Spieler einen vollständigen Verhaltensplan enthält, folglich also eindeutig eine Partie — und damit ein Ergebnis — impliziert, sofern keine Zufallszüge existieren. Andernfalls führt eine Strategienkombination zu einer Menge von Endknoten, von denen i.a. mehr als einer eine von Null verschiedene Eintrittswahrscheinlichkeit besitzen. Unter der *Erwartungsauszahlung* oder dem *Erwartungsnutzen* einer Strategienkombination s für Spieler i wollen wir den Ausdruck

$$u_i(s) \;:=\; \sum_{k \in K_E} p_s(k)\; u_i(k) \tag{13}$$

verstehen, wobei für die Wahrscheinlichkeit $p_s(k)$, unter der Strategienkombination s einen Endknoten $k \in K_E$ zu erreichen, gilt: Enthält das Spiel keine Zufallsereignisse ($\overline{N} \equiv N$), so ist $p_s(k) = 1$, falls k eindeutig von s impliziert wird, und $p_s(k) = 0$ sonst. Existiert hingegen mindestens ein Zufallsereignis, so ergibt sich $p_s(k)$ aus dem Produkt der Wahrscheinlichkeiten p^{j,m_j} all jener Zufallszüge $a_0^{j,m_j} \in A_0^j$, die zu der von der Wurzel des Spielbaums zu k führenden Partie gehören.[14] Die Abbildung $U_S : S \longrightarrow \mathbb{R}^n$ ist die *Auszahlungsfunktion* des Spiels.

Analog zur Menge der reinen Strategien eines einzelnen Spielers können wir nun noch die *Menge aller reinen Strategienkombinationen*

$$\begin{aligned} S &:= \bigotimes_{i=1}^{n} S_i = S_1 \bigotimes S_2 \bigotimes \ldots \bigotimes S_n \\ &= \{s = (s_1, s_2, ..., s_n) \mid s_i \in S_i \; (i = 1, ..., n)\} \end{aligned} \tag{14}$$

als kartesisches Produkt der Strategienmengen der einzelnen Spieler definieren, für die offensichtlich

$$|S| := \prod_{i=1}^{n} |S_i| = |S_1| \cdot |S_2| \cdot \ldots \cdot |S_n| \tag{15}$$

gilt.

An dieser Stelle sei noch einmal vor einem häufig anzutreffenden Mißverständnis gewarnt, das in der Identifikation von Strategien und Partien besteht: Eine Strategienkombination impliziert in Abwesenheit stochastischer Ereignisse, wie eben festgestellt, eindeutig eine Partie und damit ein Ergebnis — die Umkehrung gilt hingegen nicht, vielmehr existieren i.a. mehrere verschiedene Strategienkombination, welche zur selben Partie führen.

Zur Verdeutlichung seien kurz die bereits eingeführten Beispiele konsultiert. In Γ_1 (vgl. Abbildung 1) besteht die Strategienmenge des Spielers 1 aus den Strategien $s_1^1 = a$ und $s_1^2 = b$, welche hier mit Zügen äquivalent sind. Wir erhalten also $S_1 = \{a, b\}$. Die Strategien des Spielers 2 sind jedoch komplexer, da er jeweils zu spezifizieren hat, welchen Zug er auswählt, falls er sich in seinem "linken" oder "rechten" Informationsbezirk befindet. Er besitzt daher vier Strategien: (l, L), (l, R), (r, L) und (r, R). Hier bedeutet z.B. $s_2^3 = (r, L)$, daß Spieler 2 den Zug r wählen würde, falls sich Spieler 1 für a entscheidet, und andernfalls den Zug L. Seine Strategienmenge besitzt also vier Elemente, die jeweils das Verhalten an *beiden* Informationsbezirken dieses Spielers definieren, obwohl de facto in einem konkreten Spiel stets nur einer der beiden erreicht werden kann: $S_2 = \{(l, L), (l, R), (r, L), (r, R)\}$. Damit haben wir auch die oben bereits angesprochenen kontrafaktischen Überlegungen exemplarisch verdeutlicht. Die Menge der reinen Strategienkombinationen für Γ_1 schließlich umfaßt als kartesisches Produkt von S_1 und S_2 acht Elemente und lautet

$$\begin{aligned} S = \{&(a, (l, L)), (a, (l, R)), (a, (r, L)), (a, (r, R)), \\ &(b, (l, L)), (b, (l, R)), (b, (r, L)), (b, (r, R))\} \end{aligned} \tag{16}$$

[14] Wir beschränken uns hier auf eine halb-verbale Definition, da diese unmißverständlich ist und die vollständig formale Darstellung unnötig kompliziert ausfiele.

Die Zahl der von diesen Strategienkombinationen implizierten Endknoten (Partien) beträgt hingegen lediglich vier. Es ist leicht nachzuvollziehen, daß die Mächtigkeiten aller Mengen den angegebenen Zusammenhängen entsprechen.

In der Variante Γ_2 dieses Spiels, das in Abbildung 2 wiedergegeben ist, sind die beiden Informationsbezirke des Spielers 2 zu einem verschmolzen, es handelt sich um ein Spiel mit unvollkommener (imperfekter) Information. Da beide Spieler nur einen Informationsbezirk mit jeweils zwei Zugalternativen besitzen, liegen hier auch andere Strategien vor. Wir erhalten $S_1 = \{a,b\}$, $S_2 = \{l,r\}$ und $S = \{(a,l),(a,r),(b,l),(b,r)\}$.

Das letzte Konzept, das in diesem Abschnitt noch eingeführt werden soll, ist das der *gemischten Strategie.* Darunter verstehen wir den $|S_i|$-dimensionalen Tupel

$$q_i = (q_i^1, q_i^2, ..., q_i^{|S_i|}) \tag{17}$$

mit

$$0 \leq q_i^j \leq 1 \, \forall j \in (1,2,...,|S_i|) \text{ und } \sum_{j=1}^{|S_i|} q_i^j = 1 \tag{18}$$

und der Interpretation, daß sich Spieler i durch die Wahl dieser gemischten Strategie darauf festlegt, ein Zufallsereignis mit den durch q_i beschriebenen Wahrscheinlichkeiten darüber entscheiden zu lassen, welche seiner $|S_i|$ reinen Strategien zur Anwendung kommen soll. Die Menge

$$\begin{aligned} Q_i := \Big\{ q_i = (q_i^1, q_i^2, ..., q_i^{|S_i|}) \mid 0 \leq q_i^j \leq 1 \\ \forall j \in (1,2,...,|S_i|) \; ; \; \textstyle\sum_{j=1}^{|S_i|} q_i^j = 1 \Big\} \end{aligned} \tag{19}$$

aller gemischten Strategien des Spielers i ist (überabzählbar) unendlich groß; es handelt sich um einen $(|S_i| - 1)$-dimensionalen Einheitssimplex. In diese Menge sind die reinen Strategien S_i eingebettet; wir wollen künftig eine solche reine Strategie $s_i^l \in S_i$ und die ihr äquivalente gemischte Strategie $q_i^{(l)} := (q_i^1, ..., q_i^{|S_i|})$ mit $q_i^j = \delta^{jl}$ miteinander identifizieren.[15]

Formal analog zum Fall der reinen Strategien geben wir schließlich den Raum aller gemischten Strategienkombinationen Q an:

$$\begin{aligned} Q &:= \bigotimes_{i=1}^{n} Q_i = Q_1 \bigotimes Q_2 \bigotimes \cdots \bigotimes Q_n \\ &= \{ q = (q_1, q_2, ..., q_n) \mid q_i \in Q_i \; (i = 1, ..., n) \} \, . \end{aligned} \tag{20}$$

Damit können wir auch noch den Begriff des Erwartungsnutzens auf Kombinationen *gemischter Strategien* $q \in Q$ erweitern: Die Erwartungsauszahlung für Spieler i ist durch den Ausdruck

[15] δ^{jl} ist das "Kronecker-Delta"; es gilt $\delta^{jl} = 1$, falls $j = l$, sonst $\delta^{jl} = 0$. Bei $q_i^{(l)}$ handelt es sich also um einen Einheitsvektor.

$$u_i(q) := \sum_{k \in K_E} p_q(k)\, u_i(k) \tag{21}$$

gegeben, wobei sich die Wahrscheinlichkeit, unter der gemischten Strategienkombination q den Terminalknoten k zu erreichen, nun gemäß

$$p_q(k) := \sum_{s \in S} q_s(k)\, p_s(k) := \sum_{j_1=1}^{|S_1|} \sum_{j_2=1}^{|S_2|} \cdots \sum_{j_n=1}^{|Sn|} p_{(s_1^{j_1},\ldots,s_n^{j_n})}(k) \prod_{i=1}^{n} q_i^{j_i} \tag{22}$$

berechnet. Dabei haben wir die weiter oben bereits definierten Wahrscheinlichkeit $p_s(k)$, einen Knoten k unter der *reinen* Strategienkombination s zu erreichen, zur Definition der erweiterten Auszahlungsfunktion $U_Q : Q \longrightarrow \mathbb{R}^n$ verwendet.

2.1.3.3 Lösungskonzepte für extensive Spiele

Wir sind nun in der Lage, die zentralen Lösungskonzepte der nichtkooperativen Spieltheorie für extensive Spiele zu diskutieren. Zur Verkürzung der folgenden Darstellung definieren wir noch die "Gegenstrategie" s_{-i}, worunter wir eine Kombination reiner Strategien aller Spieler verstehen wollen, in der jedoch die Strategie des Spielers i "gestrichen", d.h. ausgelassen wird:

$$s_{-i} := (s_1, s_2, ..., s_{i-1}, s_{i+1}, ..., s_n) \tag{23}$$

Eine Ergänzung von s_{-i} durch eine bestimmte Strategie $\widehat{s}_i$ des Spielers i schreiben wir dann als

$$(s_{-i}, \widehat{s}_i) := (s_1, s_2, ..., s_{i-1}, \widehat{s}_i, s_{i+1}, ..., s_n). \tag{24}$$

Eine entsprechende Schreibweise ist auf gemischte Strategien(kombinationen) q anzuwenden.

Mit Hilfe dieser Symbole können wir sofort den Begriff der *(schwach) dominanten Strategie* definieren: Eine Strategie $\widehat{s}_i$ des Spielers i *dominiert* eine andere Strategie $\widetilde{s}_i$ desselben Spielers (schwach), falls sie für alle Strategienvektoren s_{-i} seiner Gegenspieler mindestens ebenso gut wie $\widetilde{s}_i$ und für mindestens einen Strategienvektor $\overline{s}_{-i}$ der anderen Spieler echt besser als $\widetilde{s}_i$ ist:

$$u_i(s_{-i}, \widehat{s}_i) \geq u_i(s_{-i}, \widetilde{s}_i)\ \forall s_{-i} \in S_{-i} \tag{25}$$

und

$$\exists\, \overline{s}_{-i} \in S_{-i} : u_i(\overline{s}_{-i}, \widehat{s}_i) > u_i(\overline{s}_{-i}, \widetilde{s}_i)\,. \tag{26}$$

Gilt die Ungleichung in (26) für alle $s_{-i} \in S_{-i}$, nennen wir $\widehat{s}_i$ eine *strikt dominante* oder einfach *dominante* Strategie des Spielers i. Ein rationaler Spieler wird nie eine (schwach) dominierte Strategie wählen, da er hierdurch gegenüber einer sie dominierenden Strategie im günstigesten Falle nichts gewinnen kann, im ungünstigen Falle aber etwas verliert.

Als nächstes führen wir die Menge der besten Antworten $b(q_{-i})$ auf einen Strategienvektor q_{-i} der anderen Spieler ein: Eine (reine oder gemischte) Strategie $\widehat{q}_i$ ist eine ***beste Antwort*** des Spielers i auf eine bestimmte Gegenstrategie q_{-i} seiner Gegenspieler, wenn gilt:

$$u_i(q_{-i}, \widehat{q}_i) \geq u_i(q_{-i}, q_i) \ \forall q_i \in Q_i \tag{27}$$

Es gibt also keine Möglichkeit für den Spieler, seine (Erwartungs-)Auszahlung durch die Wahl einer anderen Strategie zu erhöhen, wenn seine Gegenspieler sich an q_{-i} halten. Im allgemeinen umfaßt $b(q_{-i})$ mehr als eine Strategie.

Damit gelangen wir unmittelbar bei einem der wichtigsten und sehr grundlegenden Lösungsbegriff der Spieltheorie an, dem von John F. Nash [Nas50b, Nas51] eingeführten[16] *strategischen Gleichgewicht* — inzwischen allgemein als *Nash-Gleichgewicht* oder schlicht *Gleichgewichtspunkt* bezeichnet: Eine Strategienkombination $\widehat{q}$ ist ein Nash-Gleichgewicht, wenn für alle Spieler i und alle ihre Strategien q_i die Bedingung

$$u_i(\widehat{q}) \geq u_i(\widehat{q}_{-i}, q_i) \ \forall \, (i \in N, \ q_i \in Q_i) \tag{28}$$

erfüllt ist, d.h. wenn die Strategien *wechselseitig beste Antworten* auf einander sind. Ein Nash-Gleichgewicht stellt eine (selbst-) konsistente rationale Erwartung dar, da kein Spieler einen Anreiz hat, von einer Gleichgewichtsstrategie unilateral abzuweichen, wenn sich alle anderen Spieler an ihre Gleichgewichtsstrategien halten.

Nash [Nas50b, Nas51] bewies das wesentlich auf Fixpunktsätzen (Brouwer/ Kakutani) beruhende fundamentale Existenztheorem: Jedes endliche n-Personenspiel besitzt mindestens einen Gleichgewichtspunkt in gemischten Strategien.[17] Weiterhin konnte Kuhn [Kuh53] zeigen: Jedes endliche n-Personenspiel mit perfekter Information besitzt mindestens einen Gleichgewichtspunkt in reinen Strategien.

Der Vollständigkeit halber sei hinzugefügt: Ist die obige Ungleichung für alle i und alle q_i streng erfüllt ($u_i(\widehat{q}) > u_i(\widehat{q}_{-i}, q_i)$), so nennen wir $\widehat{q}$ ein *striktes (Nash-)Gleichgewicht.*

Zur Verdeutlichung geben wir an dieser Stelle die Gleichgewichtspunkte (in reinen Strategien) unserer Illustrationsbeispiele Γ_1 und Γ_2 an. Das in Abbildung 1 gezeigte Spiel Γ_1 hat drei solche Gleichgewichte, wie der Leser sich überzeugen mag: $(a, (l, R)), (b, (l, L))$ und $(b, (r, L))$, während die in

[16] Augustin Cournot [Cou38] wandte zwar implizit bereits 1838 das Konzept des Gleichgewichtspunkts auf ein Duopolmodell an, definierte diesen Begriff jedoch nicht explizit für eine weniger spezielle Umgebung, und machte auch keinerlei allgemeine Aussagen zu Fragen der Existenz oder Eindeutigkeit. Diese Leistung ist also eindeutig John F. Nash zuzuschreiben.

[17] Hierbei ist an die Einbettung der Menge der reinen Strategien in jene der gemischten Strategien zu erinnern; es können also durchaus auch (nur) Gleichgewichte in reinen Strategien vorliegen.

Abbildung 2 gezeigte Variante Γ_2 mit unvollkommener Information nur das durch (b, l) gegebene Gleichgewicht besitzt.

Eine Problematik des Nash-Gleichgewichts ist damit bereits angedeutet: Zwar ist die Existenz eines Nash-Gleichgewichts für eine umfangreiche Klasse von Spielen gesichert, jedoch liegt häufig eine Multiplizität von Gleichgewichten vor. Will die Spieltheorie jedoch den — von vielen ihrer Vertreter aufgestellten — Anspruch realisieren, ein eindeutiges Optimalverhalten der Agenten vorzuschreiben, so muß diese Mehrdeutigkeit beseitigt werden. Selten [Sel65] hat mit dem Konzept des teilspielperfekten Gleichgewichts ein Kriterium geliefert, das die Möglichkeit bietet, die Menge der Lösungskandidaten einzuengen, und damit die Erfüllung dieses Ziels für extensive Spiele sicherstellen *kann*.

Unter einem *Teilspiel* $\Gamma' = (N', B', P', W', I', U')$ eines extensiven Spiels $\Gamma = (N, B, P, W, I, U)$ verstehen wir ein Spiel, das sich aus Γ ergibt, wenn der Spielbaum B durch einen abgeschlossenen Teilbaum B' ersetzt und aus den anderen Bestandteilen von Γ, also N, P, W, I und U, jene Elemente gestrichen werden, die ausschließlich für solche Entscheidungsknoten relevant sind, die in B, jedoch nicht in B' liegen. Dabei heißt "abgeschlossener Teilbaum", daß B' die Definition eines Spielbaums erfüllen (also insbesondere einen eindeutigen Startknoten besitzen) muß und kein Informationsbezirk in Γ existieren darf, der Knoten enthält, welche zwar zu B, jedoch nicht zu B' gehören.[18] Ist B' mit B identisch (und folglich Γ' mit Γ), so nennen wir Γ' ein *uneigentliches Teilspiel* von Γ', andernfalls ein *eigentliches Teilspiel*. Offensichtlich impliziert eine Strategie für ein Spiel Γ eindeutig eine (Teil-)Strategie für jedes seiner Teilspiele Γ', welche ganz einfach die Züge für außerhalb von B' gelegene Informationsbezirke nicht enthält. Entsprechendes gilt für eine Strategienkombination.

Ein (Nash-)Gleichgewichtspunkt q eines Spiels Γ heißt *teilspielperfekt*, wenn die von q implizierte (Teil-)Strategienkombination *in jedem seiner Teilspiele* Γ' ein Nash-Gleichgewicht darstellt. Daraus folgt unmittelbar, daß jedes teilspielperfekte Gleichgewicht ein Nash-Gleichgewicht ist, jedoch nicht notwendigerweise umgekehrt. Ferner kann das Konzept des teilspielperfekten Gleichgewichts die Zahl der Lösungskandidaten eines extensiven Spiels (die Zahl seiner Nash-Gleichgewichte) nur reduzieren, wenn das Spiel eigentliche Teilspiele besitzt.[19]

---

[18] Anschaulich gesprochen: Die "Abgrenzung" des Teilbaums B' "zertrennt" keinen der ursprünglichen Informationsbezirke von Γ. Man spricht deshalb auch von der *informationellen Abgeschlossenheit* des Teilspiels.

[19] Die Grundidee der Teilspielperfektheit — ebenso wie verschiedener anderer sogenannter *Refinements*, Verfeinerungen des Gleichgewichtskonzepts — besteht darin, verhaltenstheoretisch unplausible Strategien als Lösungskandidaten auszuschließen. So werden durch die Forderung der Teilspielperfektheit Gleichgewichte ausgeschlossen, die auf sogenannten "unglaubwürdigen Drohungen" für Informationsbezirke abseits der Gleichgewichtspartie beruhen. Dem liegt folgende Überlegung zugrunde: Angenommen, die Gleichgewichtseigenschaft einer Strategienkombination basiere lediglich darauf, daß

Werfen wir mit dieser Erkenntnis einen letzten Blick auf unsere Illustrationsbeispiele, so finden wir daher, daß das Gleichgewicht (b, l) von Γ_2 trivialerweise auch teilspielperfekt ist, da das einzige (uneigentliche) Teilspiel von Γ_2 in diesem selbst besteht. Hingegen besitzt Γ_1 zusätzlich zwei eigentliche Teilspiele, die $(a, (l, R))$ und $(b, (r, L))$ als nicht teilspielperfekt aussondern, so daß von den drei Nash-Gleichgewichten als eindeutige Lösung nur noch $(b, (l, L))$ verbleibt.

Damit schließen wir den kurzen Überblick über zentrale Begriffe und Lösungskonzepte der nicht-kooperativen Spieltheorie ab.[20]

2.1.3.4 Normalformspiele

Endliche n-Personen-Spiele lassen sich auch anders denn als extensive Spiele beschreiben. Insbesondere wird häufig die auch als *Matrixform* oder *strategische Form*[21] bezeichnete *Normalform* verwendet, die durch drei Elemente zu definieren ist:

1. Die Menge der Spieler: $N = \{1, 2, ..., n\}$ mit endlichem $n \in \aleph$.
2. Die (endlichen, diskreten) Mengen der reinen Strategien: $s_i \in S_i$ für jeden Spieler $i \in N$.
3. Die Auszahlungsfunktion: $U : S \longrightarrow \mathbb{R}^n$, mit $U(s) = (u_1(s), ..., u_n(s))$ für alle Strategienvektoren $s = (s_1, s_2, ..., s_n) \in S = \bigotimes_{i=1}^{n} S_i$.

Die Normalform verzichtet also auf die Wiedergabe von Informationszusammenhängen, evtl. zeitlich zu interpretierenden "Zugreihenfolgen" etc., wie sie uns von der extensiven Form vertraut sind, ist in ihrem strategischen Gehalt jedoch dieser äquivalent.[22] [23] Wir haben bereits im Abschnitt 2.1.3.2 gesehen,

sie für einen Spieler in einem im Gleichgewicht nicht erreichten Informationsbezirk ein für diesen selbst nachteiliges Verhalten vorsieht. Dann gilt diese "Drohung" als unglaubwürdig, weil der Spieler seinen Verhaltensplan revidieren würde, falls er den Informationsbezirk unerwarteterweise doch erreichen und seine (Teil-)Strategie für das verbleibende Teilspiel noch verändern könnte.

[20] Es versteht sich, daß dieses Kapitel keine vollwertige Einführung in die Spieltheorie ersetzen, sondern lediglich das für die Diskussion des Modells zweier Märkte unerläßliche Instrumentarium zusammenfassen kann. Zu den hier nicht behandelten wesentlichen Gegenständen gehören u.a. *Verhaltensstrategien*, *rationalisierbare* und *inferiore Strategien*, die Lösungskonzepte der (einfachen oder wiederholten) *Elimination dominierter Strategien*, des *sequentiellen* und *perfekten Gleichgewichts* sowie die gesamte *Gleichgewichtsauswahltheorie*, die eindeutige Kriterien zur Auswahl eines von mehreren Gleichgewichten als Lösung eines Spiels anzugeben versucht.

[21] Dieser Begriff ist insofern irreführend, als er die Vermutung nahelegt, in der Repräsentation als extensives Spiel würde *keine* strategische Analyse vorgenommen.

[22] Allerdings wird in der Normalform stets absolute Selbstbindungskraft der Spieler unterstellt; zu dieser Frage und dem Zentralitätsgrad des Spielerbegriffs vgl. weiter unten.

[23] Die Spielermenge N enthält nur strategische (persönliche) Spieler; existieren auch Zufallsereignisse, so sind die durch die Auszahlungsfunktion U definierten Auszahlungen

wie wir aus der extensiven Beschreibung eines Spiels Γ die Strategienmengen der Spieler konstruieren können.

Eine adäquate graphische Darstellungsform für Normalformspiele besteht in einer n-dimensionalen Matrix, deren "Zeilen" bzw. "Spalten" die Strategien der Spieler repräsentieren. In den Feldern der Matrix werden die zu jeder Strategienkombination gehörenden Auszahlungsvektoren eingetragen.

$\mathbf{\Gamma_1}$	$s_2^1 = (l, L)$	$s_2^2 = (l, R)$	$s_2^3 = (r, L)$	$s_2^4 = (r, R)$
$s_1^1 = a$	$(3, 4)$	$(3, 4)$	$(1, 2)$	$(1, 2)$
$s_1^2 = b$	$(4, 3)$	$(0, 0)$	$(4, 3)$	$(0, 0)$

$\mathbf{\Gamma_2}$	$s_2^1 = l$	$s_2^2 = r$
$s_1^1 = a$	$(3, 4)$	$(1, 2)$
$s_1^2 = b$	$(4, 3)$	$(0, 0)$

Abbildung 3: Die Spiele Γ_1 und Γ_2 in Normalform

Für die früher betrachteten Beispiele Γ_1 und Γ_2 wird dies in Abbildung 3 gezeigt. Dabei haben wir die Bezeichnungen der Strategien beider Spieler so gewählt, daß der Leser sie leicht mit jenen der extensiven Form identifizieren kann; für die Normalform besitzt etwa "(l, L)" keinerlei Bedeutung.

Zu einem gegebenen Normalformspiel läßt sich stets eine entsprechende extensive Beschreibung konstruieren; ein eindeutiges Verfahren ist etwa das folgende: Die Wurzel stellt den einzigen Entscheidungsknoten — und gleichzeitig den einzigen Informationsbezirk — des Spielers 1 dar, von dem so viele Kanten ausgehen, wie Spieler 1 reine Strategien besitzt, also genau $|S_1|$. Alle Nachfolger der Wurzel sind Entscheidungsknoten von Spieler 2, die in einem gemeinsamen Informationsbezirk liegen. Von diesen $|S_1|$ Knoten gehen jeweils in identischer Weise $|S_2|$ Kanten aus, die zu insgesamt $|S_1| \cdot |S_2|$ Entscheidungsknoten von Spieler 3 führen, welche zusammen den einzigen Informationsbezirk von Spieler 3 bilden. So fährt man fort, bis man schließlich am Informationsbezirk des letzten Spielers n anlangt, welcher genau $|S_1| \cdot |S_2| \cdot \ldots \cdot |S_{n-1}|$ Entscheidungsknoten enthält. Diese führen zu $|S_1| \cdot |S_2| \cdot \ldots \cdot |S_n|$ Terminalknoten, von denen jedoch i.a. eine große Zahl identische Auszahlungsvektoren besitzen wird.

Es dürfte ersichtlich sein, daß erstens eine große Zahl von derart erzeugten extensiven Spielen existiert, die zur gleichen Normalform gehören (diese

im Sinne von ***Erwartungsauszahlungen*** zu verstehen, in welchen die Wahrscheinlichkeitsverteilung(en) für stochastische Ereignisse bereits berücksichtigt sind. Da es sich um ***kardinale*** Nutzenfunktionen handelt, kann stets von Risikoneutralität über die Nutzenwerte ausgegangen werden.

unterscheiden sich allerdings nur in der Reihenfolge oder Bezeichnung der Spieler und/oder ihrer Strategien), und zweitens in der extensiven mehr Information enthalten ist als in der strategischen Form: Letztere kennt z.B. natürlicherweise nicht den Begriff des Teilspiels und ist auch nicht in der Lage, Informationsbezirke geeignet abzubilden.

Als letzte Anmerkung wollen wir noch kurz auf den Zentralitätsgrad des Spielerbegriffs eingehen. Insbesondere in komplexeren extensiven Spielen kommt es vor, daß ein Spieler mehrmals "nacheinander" zu entscheiden hat.[24] Die daran geknüpfte Frage, ob ein Spieler, der sich anfänglich auf eine bestimmte Strategie festgelegt hat, seine Planung bei Erreichen eines "späteren" Informationsbezirks noch einmal revidieren kann, berührt die *Selbstbindungskraft* des Spielers. In der nicht-kooperativen Spieltheorie unterstellen wir zwar, daß die Spieler *untereinander* keine bindenden Verträge schließen können; folgen wir dem (bisher verwendeten) *zentralen Spielerkonzept*, so setzen wir jedoch für jeden der Spieler voraus, daß er selbst sich an seine ausgewählte Strategie in allen Informationsbezirken hält, also quasi "ein und dieselbe Person bleibt".[25]

Die diametral entgegengesetzte Auffassung weitet sozusagen den Gedanken der fehlenden Möglichkeit zu bindenden Vereinbarungen auch auf die verschiedenen "Instanzen" eines Spielers an all seinen Informationsbezirken aus und definiert so das *dezentrale Spielerkonzept*: Jedem Informationsbezirk wird ein eigener Agent zugeordnet, ungeachtet der Frage, ob diese Agenten zu dem selben oder verschiedenen personalen (zentralen) Spielern gehören. Das resultierende Spiel nennt man die *Agentennormalform*, in welcher die Zahl der Spieler mit der Zahl der Informationsbezirke übereinstimmt.

Mit diesem Kommentar sind wir am Ende unseres "Abrisses der Spieltheorie" angekommen und wenden uns nun den für unsere Arbeit wesentlichen Konzepten der Kapitalmarkttheorie zu.

2.2 Relevante Auszüge der Kapitalmarkttheorie

Bei der Analyse experimentell beobachteter Marktergebnisse, insbesondere der Wertpapierpreise, ist vor allem die fundamentale Bewertung der gehandelten Kapitalgüter als ein Maßstab für die Rationalität des Entscheidungsverhaltens von Bedeutung. Wir werden uns daher auf das

[24] Dies bedeutet exakter, daß ein Informationsbezirk des Spielers mittelbarer oder unmittelbarer Nachfolger eines anderen Informationsbezirks desselben Spielers ist. Damit ist formal nichts darüber ausgesagt, inwieweit die Abfolge von Zügen bzw. Informationsbezirken in der extensiven Form mit der "natürlichen Zeit" (physikalischen Zeit), etwa bei einer realen Durchführung des Spieles als Experiment, zu identifizieren ist.

[25] Wie der Leser bereits bemerkt haben wird, berücksichtigt das Konzept der Teilspielperfektheit keine unbeschränkte Selbstbindungskraft der Spieler, sondern geht gerade von der Tatsache aus, daß die Wahl einer (Gleichgewichts-)Strategie auch dann noch optimal bleiben soll, wenn bereits ein echtes Teilspiel des Gesamtspiels erreicht wurde.

Bewertungsmodell für Kapitalgüter (*Capital Asset Pricing Model*, CAPM) und dessen Grundlagen, insbesondere die *Portfolio Selection Theory*, konzentrieren; *Random-Walk*-Theorien, die *technische Analyse* und andere alternative Ansätze werden hingegen lediglich kurz gestreift werden[26].

2.2.1 Kapitalmarkt und Kapitalgüter

Unter *Kapitalmarkt* wollen wir hier den Ort[27] verstehen, an dem Kapitalgüter gehandelt, d.h. angeboten und nachgefragt, ver- und gekauft werden. In der Literatur sind zahlreiche, teilweise divergente Definitionen des Begriffs "Kapital" und "Kapitalgut" anzutreffen (vgl. etwa Preiser [Pre63], Loistl [Loi86] oder Franke und Hax [FH90]); für unsere Zwecke genügt es, *Kapitalgüter* als verbriefte *Zahlungsströme* zu definieren, die sich aus einer endlichen oder unendlichen, deterministischen oder unsicheren, in Nominalbeträgen oder auf andere Weise festgelegten Folge von Ein- und Auszahlungen zusammensetzen. Der Käufer eines solchen Gutes erwirbt mit dem Eigentum daran den Anspruch, alle verbrieften Einzahlungen zu erhalten, sowie die Verpflichtung, alle verbrieften Auszahlungen zu leisten. Von allen anderen ggf. vorhandenen funktionalen Aspekten von Kapitalgütern, etwa den Einflußmöglichkeiten der Aktionäre eines Unternehmens auf seine Geschäftspolitik, abstrahieren wir hier und stellen ausschließlich auf die Eigenschaft des *Finanztitels* ab.

Potentielle Kapitalmarktteilnehmer können ein und demselben Kapitalgut (wir werden im folgenden auch synonym von Wertpapier sprechen) zu einem bestimmten Zeitpunkt ganz verschiedene subjektive *Werte* zuschreiben; diese hängen u.a. von individuellen Präferenzen, Einschätzungen (Erwartungsbildungen für unsichere Ereignisse) und Bewertungsmethoden (s.u.) ab. Transaktionen auf einem Kapitalmarkt finden hingegen zu objektiv feststellbaren und eindeutigen *Preisen* statt. Eine Funktion eines solchen Marktes — neben zahlreichen anderen[28] — ist daher in der Transformation subjektiver, interpersonal unterschiedlicher Wertvorstellungen in objektive, interpersonal einheitliche Preise zu sehen.

Hauptaufgabe der Kapitalmarkttheorie ist es also, das Zustandekommen solcher Preise auf der Basis der zugrundeliegenden Zahlungsstromcharak-

[26] Teile des folgenden Überblicks sind in Anlehnung an Otto Loistl, "Kapitalmarkttheorie" [Loi93] sowie unter Verwendung der einschlägigen Monographien von Bamberg/Spremann [BS86], Bicksler [Bic77], Copeland/Weston [CW88], Mossin [Mos77] und Sharpe [Sha70] entstanden.

[27] "Ort" ist dabei nicht unbedingt physisch zu verstehen; besonders im Zeitalter der elektronischen Börsen ist der geographische Ort einer Markttransaktion unter Umständen schwer zu definieren, könnte z.B. im Arbeitsspeicher eines Computers liegen. Es kommt uns hier nur auf das Zusammentreffen von Angebot und Nachfrage nach einem Kapitalgut an.

[28] Als Hauptfunktionen der Kapitalmärkte werden meist die *Transformation der Fristen*, der *Risiken*, der *Beträge* (Stückelungen) und *der Anlageformen* (von Spar- in Anlagekapital) betrachtet; so z.B. Loistl [Loi93, S. 30].

teristika, der individuellen Eigenschaften der Marktteilnehmer und der institutionellen Regelungen des Marktes zu erklären. Mit den hierfür vorliegenden Ansätzen werden wir uns nun kurz beschäftigen.

2.2.2 Fundamentale Bewertung einzelner Kapitalgüter

Wir betrachten zunächst eine deterministische Folge von Zahlungen und verallgemeinern anschließend auf den Fall der Unsicherheit.

2.2.2.1 Sichere Zahlungsströme

Eine Folge von Zahlungen d_t, die zu äquidistanten Zeitpunkten $t = 1, 2, ..., T$ ($T \in \mathbb{N}$) jeweils am Ende der Periode t anfallen sollen und im Zeitpunkt $t = 0$ bereits mit Sicherheit bekannt sind, bilden einen deterministischen, endlich-diskreten *Zahlungsstrom*. Dabei werden Einzahlungen (Erträge) durch ein positives, Auszahlungen (Kosten) durch ein negatives Vorzeichen kenntlich gemacht.

Unterstellen wir einen — im allgemeinen periodenspezifischen — *Zinssatz* $i_t \geq 0$, mit dem positive wie negative Zahlungen vom Zeitpunkt t bis $t+1$ verzinst werden, so beträgt der *Vermögensendwert* nach Ablauf der Periode T

$$V_T = \sum_{t=1}^{T} d_t \prod_{\tau=t}^{T} (1 + i_\tau) = \sum_{t=1}^{T} d_t \prod_{\tau=t}^{T} \frac{1}{q_\tau}, \tag{29}$$

wobei wir den *Diskontierungsfaktor* $q_\tau = 1/(1 + i_\tau)$ verwendet und zur Vereinfachung der Notation $i_T := 0$ gesetzt haben[29]; im Falle eines über die Zeit konstanten Zinssatzes i vereinfacht sich dies mit $q = 1/(1+i)$ zu

$$V_T = \sum_{t=1}^{T} d_t \, (1+i)^{T-t} = \sum_{t=1}^{T} d_t \, q^{t-T} \, . \tag{30}$$

Der *Barwert* oder *Gegenwartswert*, also der auf den Zeitpunkt $t = 0$ abdiskontierte Wert des Zahlungsstroms, ergibt sich umgekehrt zu

$$V_0 = \sum_{t=1}^{T} d_t \prod_{\tau=t}^{T} \frac{1}{1 + i_{\tau-1}} = \sum_{t=1}^{T} d_t \prod_{\tau=t}^{T} \frac{1}{q_{\tau-1}}, \tag{31}$$

was sich bei konstantem Zinssatz i auf

$$V_0 = \sum_{t=1}^{T} d_t \left(\frac{1}{1+i} \right)^t = \sum_{t=1}^{T} d_t \, q^t = q^T \, V_T \tag{32}$$

reduziert.

---

[29] Da die Zahlungen zum Ende der Periode erfolgen sollen, wird d_T nicht mehr verzinst.

Es sei angemerkt, daß die Deutung von i bzw. i_t als *Marktzinssatz* nur eine der möglichen Interpretationen darstellt; erfolgt keine verzinsliche Anlage der Ein- und Auszahlungen, so kann der Zinssatz auch als Ausdruck der *subjektiven intertemporalen Präferenz* aufgefaßt werden.[30] Eine entsprechende Verallgemeinerung wäre ebenso unproblematisch wie die Berücksichtigung unterschiedlich hoher Verzinsungen von Guthaben und Krediten, d.h. der Verzicht auf die Fiktion des *vollkommenen Kapitalmarkts*. Schließlich könnte auch die Forderung nach der Endlichkeit des Zahlungsstroms (solange es sich noch um eine konvergente Reihe handelt) und dessen diskretem Charakter (sofern die entsprechenden Integrale für den Vermögensend- bzw. Barwert existieren) aufgehoben werden. Da hierdurch keine grundlegend neuen Erkenntnisse zu erhalten sind, verzichten wir hier wegen der gebotenen Kürze auf die formale Wiedergabe solcher Erweiterungen bzw. Verallgemeinerungen.

Der Barwert eines Zahlungsstroms wird auch als *innerer Wert* oder *Fundamentalwert* bezeichnet.

2.2.2.2 Übergang zu stochastischen Zahlungsströmen

Heben wir nun die Einschränkung des letzten Abschnitts auf, wonach alle Elemente des betrachteten Zahlungsstroms bereits in $t = 0$ festgelegt sein sollten, so erhalten wir einen *stochastischen Zahlungsstrom*. Dabei ist es unerheblich, ob primär Wahrscheinlichkeitsverteilungen für verschiedene Realisierungen des ganzen Zahlungsstroms bekannt sind oder solche für dessen einzelne Bestandteile; in beiden Fällen läßt sich die "gemeinsame" Verteilung für den aus dem Ensemble aller Zahlungen bestehenden Satz von Zufallsgrößen zumindest theoretisch angeben.

Damit stellt bei weiterhin gegebenen Zinssätzen auch der Barwert des Zahlungsstroms eine *Zufallsgröße* dar, deren (diskrete oder kontinuierliche) Verteilung bekannt und durch eine entsprechende *Dichtefunktion* $\omega(V_0)$ charakterisierbar ist.

Statt dieser Dichtefunktion läßt sich die Wahrscheinlichkeitsverteilung auch auf andere Weise definieren, etwa durch die Gesamtheit ihrer (unendlich vielen) *Momente*, sofern diese existieren. Dabei heißen (sofern die jeweiligen Integrale existieren)

$$\alpha_n := \int_{-\infty}^{+\infty} (x)^n \, \omega(x) \, dx \quad (n \in \mathbb{N}) \tag{33}$$

das n-te *Moment* der Zufallsgröße X mit den Realisierungen x und der Dichte ω, sowie

$$\beta_n := \int_{-\infty}^{+\infty} (x - \alpha_1)^n \, \omega(x) \, dx \quad (n \in \mathbb{N}) \tag{34}$$

[30] Diese ließe sich natürlich auch zusätzlich zu einer "echten" Kapitalverzinsung in Form eines zweiten Diskontierungsfaktors berücksichtigen.

ihr n-tes *zentrales Moment*. Die entsprechenden Formeln für diskrete Verteilungen (die im übrigen mit Hilfe der Dirac'schen Delta-Funktion[31] auch durch kontinuierliche dargestellt werden könnten) lauten vollständig analog[32] und werden deshalb nicht zusätzlich angegeben.

Ein bekanntes Resultat aus der Wahrscheinlichkeitstheorie besagt, daß eine *normalverteilte* Zufallsgröße durch Angabe ihres ersten Moments α_1 und ihres zweiten zentralen Moments β_2 vollständig beschrieben ist. Dies sind der *Erwartungswert* oder *Mittelwert*

$$\mu := \alpha_1 = \int_{-\infty}^{+\infty} x\,\omega(x)\,dx \quad =: E\;[X] \tag{35}$$

sowie die *Varianz*

$$\beta_2 := \int_{-\infty}^{+\infty} (x-\mu)^2\,\omega(x)\,dx \; =: V\;[X] \tag{36}$$

oder auch deren Quadratwurzel, die *Standardabweichung*

$$\sigma := \sqrt{\beta_2} =: S\;[X] \tag{37}$$

der Zufallsgröße. Wir können also festhalten, daß an die Stelle eines eindeutigen Barwerts des Zahlungsstroms nun eine Wahrscheinlichkeitsverteilung für alle möglichen Werte der Zufallsgröße "Barwert" tritt, die durch ihre Dichte oder ihre Momente definiert werden kann.

Für *risikoneutrale* Entscheider ist der Erwartungswert $E\;[V_0]$ des Zahlungsstroms das einzige Argument seiner Präferenzrelation oder Nutzenfunktion, so daß in Aussagen über sein Entscheidungsverhalten lediglich V_0 durch $E\;[V_0]$ zu ersetzen wäre. *Risikoaverse* oder *-freudige* Entscheider bewerten prinzipiell die gesamte Wahrscheinlichkeitsverteilung, was sich jedoch durch deren Momente operationalisieren läßt. Häufig diskutiert werden insbesondere Entscheidungsmodelle, die sich auf μ und σ als (nicht notwendig lineare) Entscheidungskriterien beschränken.

2.2.3 Portfolio Selection

Wir haben bisher die isolierte Bewertung eines einzelnen Finanztitels (Zahlungsstroms) untersucht; wenden wir uns nun dem Fall zu, daß mehrere verschiedene Kapitalgüter existieren, in die alternativ oder komplementär investiert werden, d.h. ein *Portfolio* geschaffen werden kann[33]. Wir setzen voraus, daß Ertrag und Risiko der einzelnen Wertpapiere bekannt sind;

[31] vgl. etwa Dirac [Dir58] für eine formale Definition.

[32] Etwas präziser: Die Integrationen über die Wahrscheinlichkeitsdichte werden durch entsprechende Summationen über die diskreten Wahrscheinlichkeiten ersetzt.

[33] Die Theorie der *Portfolio Selection* ist im wesentlichen Harry Markowitz [Mar52, Mar59] zu verdanken.

diese seien, wie am Ende des letzten Abschnitts bereits angedeutet, durch Erwartungswert und Varianz ihrer Rendite quantifiziert. Wir beschränken uns also auf die Analyse von "(μ, σ)-Entscheidungsregeln", wodurch die unendliche Vielfalt denkbarer Präferenzrelationen bzw. Nutzenfunktionen natürlich eingeschränkt ist.[34]

Unter der *Rendite* eines auf dem Kapitalmarkt gehandelten Wertpapiers verstehen wir den (relativen, prozentualen) *Wertzuwachs* bzw. *-verlust* zwischen Beginn ($t = t_1$) und Ende ($t = t_2$) des Betrachtungszeitraums ($t_1, t_2 = 0, 1, ..., T$; $t_2 > t_1$) einschließlich ggf. zwischenzeitlich ausgezahlter Erträge:

$$r^j_{t_1,t_2} := \frac{v^j_{t_2} - v^j_{t_1} + \sum_{t=t_1+1}^{t_2} d^j_t}{v^j_{t_1}} \quad (j = 1, ..., J) \tag{38}$$

Dabei haben wir zur Unterscheidung der einzelnen Wertpapiere den oberen Index j eingeführt; v^j_t ist der Marktpreis (Kurs) des j-ten Wertpapiers zum Zeitpunkt t, d^j_t eine Auszahlung (Dividenden- oder Zinsertrag) zum Zeitpunkt t. Wenn in allgemeinem Zusammenhang die konkreten Perioden t_1, t_2 keine Relevanz besitzen, werden wir auf die Verwendung der zeitlichen Indizes auch verzichten. Es seien also für die Renditen die Erwartungswerte $\mu^j = E\left[r^j\right]$ und Standardabweichungen $\sigma^j = S\left[r^j\right]$ für alle j bekannt.

Unabhängig von Intensität und Verlauf der spezifischen Präferenzrelation eines Investors zieht jeder risikoaverse Entscheider bei gleichen Renditeerwartungen ein Portfolio mit niedrigerem Risiko, bei gleichem Risiko eines mit höherer Renditeerwartung vor. Dies führt zur Definition des *effizienten Portfolios*: Ein Portfolio P^*, das sich zu den Anteilen f^*_j $(j = 1, ..., J)$ aus den einzelnen Wertpapieren zusammensetzt, welche den Restriktionen

$$\sum_{j=1}^{J} f^*_j = 1 \tag{39}$$

und

$$0 \leq f^*_j \leq 1 \ (j = 1, ..., J) \tag{40}$$

genügen, ist genau dann effizient, wenn kein anderes Portfolio $P \neq P^*$, also $(f_1, ..., f_J) \neq (f^*_1, ..., f^*_J)$, mit $\mu_P := E[P] = \mu_{P^*}$ und $\sigma_P := S[P] < \sigma_{P^*}$ existiert:

$$P^* \text{ effizient} \iff \nexists P \neq P^* : \mu_P = \mu_{P^*} \wedge \sigma_P < \sigma_{P^*} \tag{41}$$

[34]Die Implikationen einer solchen Beschränkung werden z.B. in Bamberg/Coenenberg [BC89] und Eisenführ/Weber [EF93] diskutiert; nicht für alle Risiko-Nutzen-Funktionen (im Sinne von von Neumann/Morgenstern) kann die Maximierung des Erwartungsnutzens durch (μ, σ)-Entscheidungsregeln repräsentiert werden. Insbesondere wurde gezeigt, daß geeignete risikoaverse Nutzenfunktionen (quadratische Risikonutzenfunktionen bei beliebiger Renditeverteilung) oder geeignete Renditeverteilungen (z.B. Normalverteilung bei beliebiger Nutzenfunktion mit positiver erster und negativer zweiter Ableitung) äquivalent zu reinen (μ, σ)-Regeln sind; vgl. dazu etwa Bamberg/Spremann [BS86] oder wiederum Eisenführ/Weber [EF93].

Rationale Investoren mit unterschiedlicher Risikoaversion können sich zwar in der Auswahl des für sie optimalen Portfolios unterscheiden, der Alternativensatz besteht jedoch in jedem Falle nur aus der Menge der effizienten Portfolios.

Erwartungswert und Varianz der Rendite für das Gesamtportfolio ergeben sich gemäß folgender Beziehungen:

$$\mu_P = \mathbf{f}' \cdot \boldsymbol{\mu} = \sum_{j=1}^{J} f_j \mu^j \tag{42}$$

sowie

$$\sigma_P^2 = \mathbf{f}' \cdot \boldsymbol{\sigma} \cdot \mathbf{f} = \sum_{i=1}^{J} \sum_{j=1}^{J} f_i f_j \sigma^{ij} \tag{43}$$

Dabei haben wir die Vektoren $\mathbf{f} = (f_1, ..., f_J)$ der Anteilswerte des Portfolios und $\boldsymbol{\mu} = (\mu^1, ..., \mu^J)$ der Rendite der Einzeltitel verwendet; $\boldsymbol{\sigma} = (\sigma^{ij})$ ist die *Kovarianzmatrix*, deren Komponenten aus den individuellen Varianzen $\sigma^{jj} := (\sigma^j)^2$ auf der Hauptdiagonalen und den *Kovarianzen* $\sigma^{ij}\,(i \neq j)$ außerhalb der Hauptdiagonalen bestehen. Mit den *Korrelationskoeffizienten* $\rho^{ij} := \sigma^{ij}/\sigma^i\sigma^j \; (i \neq j)$ läßt sich die letzte Gleichung offensichtlich zu

$$\sigma_P^2 = \sum_{j=1}^{J} f_j^2\,(\sigma^j)^2 + 2\sum_{i=1}^{J} \sum_{\substack{j=1 \\ j<i}}^{J} \rho^{ij}\, f_i f_j\, \sigma^i \sigma^j \tag{44}$$

umformen.

Daraus ist ersichtlich, daß sich im Falle perfekter Korrelation aller Wertpapiere ($\rho^{ij} = 1\,\forall i, j = 1, ..., J; i \neq j$) die Varianz des Portfolios auch als

$$\sigma_P^2 = \sum_{j=1}^{J} f_j^2\,(\sigma^j)^2 + 2\sum_{i=1}^{J} \sum_{\substack{j=1 \\ j<i}}^{J} f_i f_j\, \sigma^i \sigma^j = \left(\sum_{j=1}^{J} f_j\, \sigma^j \right)^2 \tag{45}$$

schreiben läßt, also einfach der gewichteten Summe der Einzelvarianzen entspricht. Trägt man etwa für den Fall zweier Wertpapiere ($J = 2$) alle möglichen Portfolios in einem (μ, σ)-Diagramm ein, so zeigt sich dieser Spezialfall darin, daß die Gesamtheit der Portfolios auf der durch die beiden Einzelwerte definierten Geraden liegt.

Sind die einzelnen Wertpapiere hingegen nicht vollständig perfekt korreliert, so ist die Portfoliovarianz wegen $-1 \leq \rho^{ij} \leq +1$ *geringer* als die gewichtete Summe der Einzelvarianzen; diese Tatsache bezeichnet man als *Risikominderung durch Diversifikation.* Liegen (teilweise) negativ korrelierte Wertpapiere vor, so läßt sich die Gesamtvarianz des Portfolios durch geeignete Wahl der Anteilswerte f_j bis auf Null reduzieren; für ausschließlich positiv korrelierte Wertpapiere ist dies hingegen nur dann möglich, wenn negative Anteilswerte (*Short-Positionen*) zulässig sind.

Im allgemeinen wird die Menge aller aus einer gegebenen Wertpapierkollektion zu bildenden Portfolios durch einen *effizienten Rand* begrenzt, auf dem all jene Portfolios liegen, die bei vorgegebener Rendite minimales Risiko oder bei vorgegebenem Risiko maximale Rendite besitzen. Jedes der "rechts/unterhalb" des effizienten Rands liegende Portfolio besitzt bei gleicher Rendite höhere Varianz bzw. bei gleicher Varianz niedrigere Rendite, und wird deshalb durch ein auf dem effizienten Rand liegendes dominiert. Die Abbildung 4 illustriert dies für den Fall zweier Wertpapiere und unterschiedliche Spezialfälle der Korrelation.

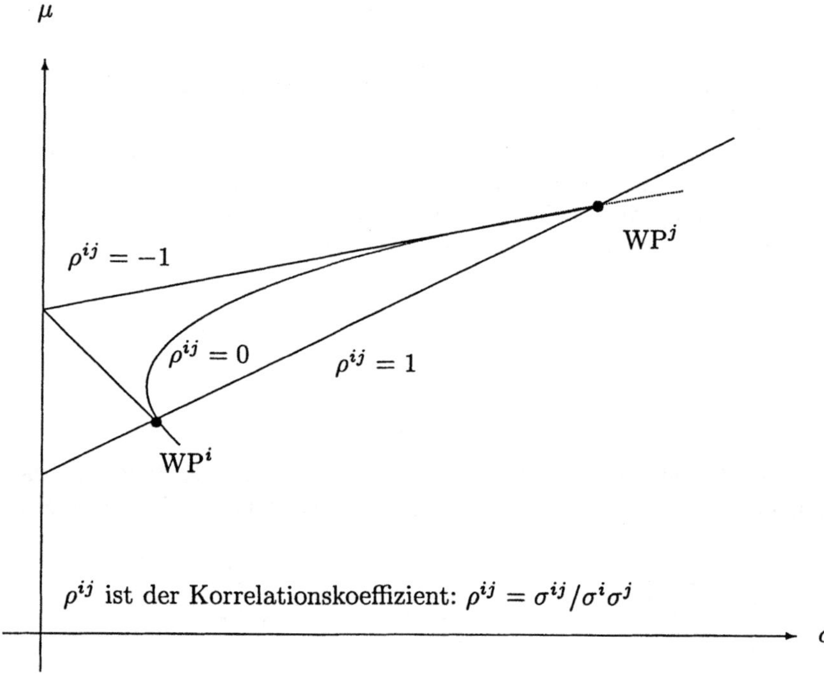

Abbildung 4: Effizienter Rand eines Portfolios aus zwei Wertpapieren i und j. Kurventeile negativer Steigung (die in der Abbildung für $\rho^{ij} = 0$ und $\rho^{ij} = -1$ existieren) gehören nicht zum effizienten Rand, da sie durch Portfolios gleichen Risikos, jedoch höherer Rendite dominiert werden.

Die analytische Bestimmung des *varianzminimalen Portfolios* erfolgt durch Bestimmung eines lokalen Minimums von Gleichung (43) unter der Nebenbedingung (42), der Restriktion (39) für die Anteilswerte f_j und ggf. den Nichtnegativitätsbedingungen (40), sofern Short-Positionen nicht gehalten werden können. Dies stellt eine Übung in linearer Algebra und Differentialrechnung mehrerer Veränderlicher (hier: in der Anwendung des

Lagrange-Verfahrens) dar, deren Details in diesem Zusammenhang nicht von besonderem Interesse sind. Wir verzichten daher auf die Wiedergabe der rechnerischen Lösung und verweisen statt dessen auf die Literatur.[35] [36]

Bisher sind wir ausnahmslos vom Fall $\sigma^j > 0 \; \forall j = 1, ..., J$ ausgegangen. Werden die riskanten Wertpapiere jedoch durch eine sichere Anlagemöglichkeit $P_0 \, (\mu = \mu_0, \;\; \sigma = 0)$ ergänzt, so wird dadurch auf dem effizienten Rand des risikobehafteten Portfolios ein *Tangential-* oder *Marktportfolio* P_M ausgezeichnet, welches unabhängig von der Risikopräferenz des Anlegers stets die einzige Kombination unsicherer Wertpapiere definiert, die mit der sicheren Anlage kombiniert wird.[37] Diese Unabhängigkeit des präferierten riskanten Portfolios von der Risikopräferenz bei Einführung einer sicheren Alternative wird als *Separationstheorem* bezeichnet; die Verbindungsgerade von P_0 und P_M heißt *Kapitalmarktgerade.* Der einzige Einfluß, welcher der Risikoaversion des Investors verbleibt, besteht in der Auswahl eines Portfolios auf der Kapitalmarktgeraden. Die Situation wird in Abbildung 5 verdeutlicht.

Eine wichtige Konsequenz dieser Theorie, speziell des Separationstheorems und der Existenz der Kapitalmarktgeraden, besteht in dem offensichtlich linearen Zusammenhang zwischen Ertrag und Risiko eines effizienten Portfolios bei Anwesenheit einer sicheren Anlagemöglichkeit. Wir werden im folgenden Abschnitt auf diese Eigenschaft zurückkommen.

Damit ist der kurze Überblick über die Bewertung von Zahlungsströmen, ihre Kombination zu Portfolios sowie die Auswahl eines effizienten und — bei Existenz einer sicheren Alternative — dominierenden Portfolios zunächst abgeschlossen.

2.2.4 Effiziente Kapitalmärkte

Die in den folgenden Ausführungen zusammengefaßten Aussagen über effiziente Kapitalmärkte im Gleichgewicht basieren auf den eben dargestellten und teilweise abgeleiteten Zusammenhängen der *portfolio selection theory* sowie der Risikonutzentheorie. Sie sind im wesentlichen Sharpe [Sha63, Sha64], Treynor [Tre61], Mossin [Mos66], Lintner [Lin65, Lin69] und Black [Bla72] zu verdanken. Wir geben nur die im Hinblick auf die in dieser Arbeit aufgeworfenen Fragen wesentlichen Aspekte wieder.

---

[35] Vgl. etwa Sharpe [Sha70, S. 45ff] oder Loistl [Loi93, S. 198ff].

[36] Es sei jedoch noch angemerkt, daß die Existenz und Eindeutigkeit des zu vorgegebener Rendite varianzminimalen Portfolios gesichert sind; für eine große Anzahl von Wertpapieren mit nichtverschwindenden Kovarianzen wird die abstrakte (algebraische) allgemeine Berechnung in geschlossener Form dennoch leicht sehr komplex und zeitaufwendig, so daß man sich in der Regel mit der numerischen Bestimmung begnügt.

[37] Alle anderen unsicheren Portfolios werden durch die Kapitalmarktgerade (vgl. den folgenden Satz) dominiert.

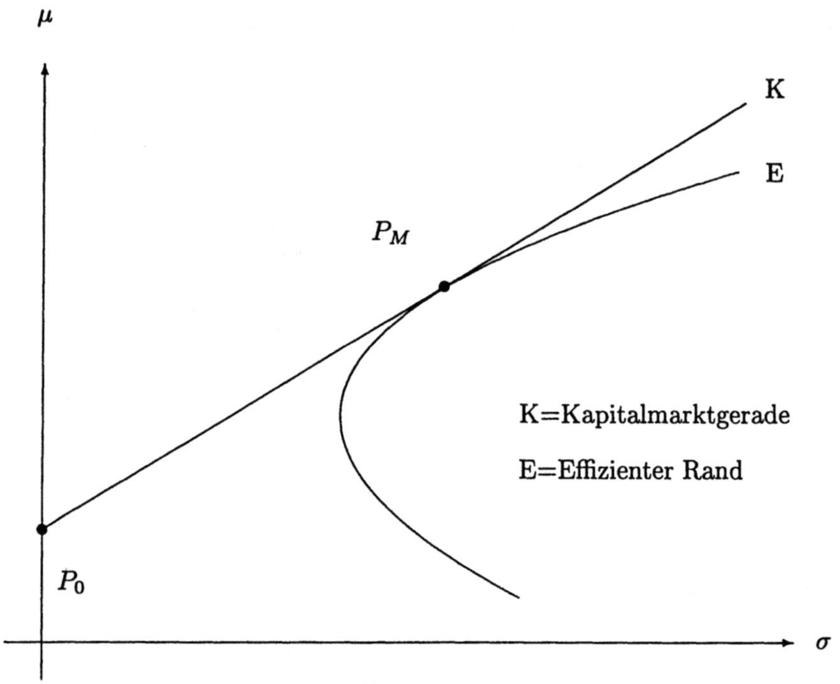

Abbildung 5: Effizienter Rand, Tangentialportfolio und Kapitalmarktgerade

2.2.4.1 Marktgleichgewicht und CAPM

Für die Anwendbarkeit der Portfolioauswahltheorie auf einen im Gleichgewicht befindlichen Kapitalmarkt ist die Effizienz des Marktportfolios entscheidend. Das *Capital Asset Pricing Model (CAPM)* geht daher von folgenden Voraussetzungen aus:

1. Die Investoren sind risikoavers und optimieren den Erwartungsnutzen ihres Endvermögens.

2. Sie verhalten sich auf dem Kapitalmarkt als "Preisnehmer" und besitzen homogene Erwartungen über die (mehrdimensional) normalverteilten Renditen.

3. Es existiert eine risikolose Alternative P_0 mit Ertrag μ_0 und Risiko $\sigma_0 = 0$, die unbeschränkte Einlagen oder Kredite ermöglicht.

4. Alle Wertpapiere sind in gegebenem Volumen vorhanden, auf dem Markt handelbar und beliebig teilbar.

5. Der Wertpapiermarkt ist frei von Unvollkommenheiten wie Transaktionsgebühren, Steuern, Leerverkaufs- oder anderen institutionellen Restriktionen.

6. Alle Informationen sind kostenlos und simultan für alle Anleger verfügbar.

Unter diesen Prämissen läßt sich zeigen[38], daß ein Gleichgewicht, d.h. ein markträumendes Preissystem (ohne Nachfrage- oder Angebotsüberschüsse), existiert und das Marktportfolio P_M effizient im Sinne von Gleichung (41) ist. Es gilt dann das Separationstheorem, und für die Beziehung zwischen (erwarteter) Rendite und Risiko eines aus sicherer Anlage P_0 und Marktportfolio P_M kombinierten Mischportfolios P läßt sich der weiter oben bereits verbal dargestellte und in Abbildung 5 als *Kapitalmarktgerade* wiedergegebene lineare Zusammenhang herleiten:

Die Gleichungen (42) und (44) reduzieren sich bei Einsetzen des speziellen Falls $\sigma_0 = 0$, $\rho^{0M} = 0$ auf

$$\mu_P = f_M\,\mu_M + f_0\,\mu_0 = f_M\,\mu_M + (1 - f_M)\,\mu_0 \tag{46}$$

bzw.

$$\sigma_P = f_M\,\sigma_M, \tag{47}$$

woraus sich durch Elimination des riskanten Investitionsanteils $f_M = 1 - f_0$ direkt die gesuchte Beziehung

$$\mu_P = \frac{\sigma_P}{\sigma_M}\mu_M + (1 - \frac{\sigma_P}{\sigma_M})\,\mu_0 = \mu_0 + \frac{\mu_M - \mu_0}{\sigma_M}\sigma_P \tag{48}$$

ergibt. Dabei bezeichnen μ_M bzw. μ_P die Renditeerwartungen, σ_M bzw. σ_P die Standardabweichungen des Markt- bzw. Mischportfolios. Alle durch diese Gleichung beschriebenen Portfolios sind effizient.

Auf weitgehend analoge Weise ist es möglich, ein zu f_M aus dem Marktportfolio P_M und zu $f'_j = 1 - f_M$ aus einem riskanten Wertpapier j zusammengesetztes Portfeuille P' zu analysieren: Es gilt

$$\mu_{P'} = f_M\,\mu_M + f'_j\,\mu_j = f'_j\,\mu_j + (1 - f'_j)\,\mu_M \tag{49}$$

sowie

$$\sigma^2_{P'} = f'^2_j\,(\sigma^j)^2 + (1 - f'_j)^2\,(\sigma^M)^2 + 2\,f'_j(1 - f'_j)\,\sigma^{jM}\,, \tag{50}$$

wobei σ^{jM} für die Kovarianz zwischen Wertpapier j und dem Marktportfolio steht. Berücksichtigt man die Tatsache, daß im Gleichgewicht, also für $P' = P_M$, der in P_M bereits enthaltene Anteil f_j die Bedingung verschwindender Überschußnachfrage zu erfüllen hat, d.h. $f'_j = 0$, sowie die Tangentialeigenschaft der Kapitalmarktgeraden bezüglich des effizienten Rands in P_M, so erhält man[39] schließlich aus

$$\frac{\mu_j - \mu_M}{(\sigma^{jM} - \sigma^2_M)\,/\sigma_M} = \frac{\mu_M - \mu_0}{\sigma_M} \tag{51}$$

[38] Wir lehnen uns hier eng an Copeland/Weston [CW88, S. 193-239] an.

[39] Vgl. Copeland/Weston [CW88, S. 196-198].

die Gleichung

$$\mu_j = \mu_0 + (\mu_M - \mu_0)\frac{\sigma^{jM}}{\sigma_M^2}, \tag{52}$$

worin die Renditeerwartung (und damit der Gleichgewichtspreis) des Wertpapiers j mit den Renditen der sicheren Anlage und des Marktportfolios über die Kovarianz zwischen dem Wertpapier j und P_M verknüpft werden. Dies stellt das zentrale Ergebnis des CAPM dar.

Führen wir noch das übliche, als *Beta-Faktor* bezeichnete Symbol

$$\beta_j := \frac{\sigma^{jM}}{\sigma_M^2} = \rho^{jM}\frac{\sigma^j}{\sigma_M} \tag{53}$$

ein, so erhält Gleichung (52) die vertraute Gestalt

$$\mu_j = \mu_0 + \beta_j\,(\mu_M - \mu_0)\,. \tag{54}$$

Der zweite Summand der rechten Seite,

$$RP_j := \mu_j - \mu_0 = \beta_j\,(\mu_M - \mu_0)\,, \tag{55}$$

wird gemeinhin als *Risikoprämie* des Wertpapiers interpretiert.

Manche der durch die Modellprämissen bedingten Einschränkungen des Gültigkeitsbereichs des CAPM lassen sich aufheben, ohne die wesentlichen Resultate aufzugeben. So zeigte etwa Black [Bla72], daß die Existenz einer unbeschränkt zu Anlagen bzw. "Krediten" nutzbaren risikofreien Alternative nicht notwendigerweise verlangt werden muß; vielmehr läßt sich herleiten, daß in diesem Fall eine zu Gleichung (54) völlig analoge Beziehung gilt, in der lediglich die sichere Alternative P_0 durch das varianzminimale, mit P_M nicht korrelierte ($\sigma^{MP} = 0 = \beta_P$) Portfolio $P_{(\beta=0)}$ zu ersetzen ist. Allerdings ist zur Konstruktion eines solchen Portfolios in der Regel die Möglichkeit von Leerverkäufen nötig, da die meisten in der Realität anzutreffenden Wertpapiere positive Kovarianzen aufweisen und *long*-Positionen daher nicht zu $\beta = 0$ führen könnten. Diese Kritik geht auf Ross [Ros77] zurück.

Mit den Konsequenzen anderer Abweichungen von den oben genannten Voraussetzungen haben sich weitere Autoren befaßt, so Fama [Fam65a, Fam65b] mit lognormalen oder anderen stabilen, jedoch von der Normalverteilung abweichenden Verteilungen; Merton [Mer73] mit einer Version kontinuierlicher statt diskreter, einperiodiger Zeit; Lintner [Lin69] mit heterogenen Erwartungen der Investoren. Lediglich die letzte Erweiterung ist kritisch insofern, als bei Fehlen homogener Erwartungen die Effizienz des Marktportfolios nicht mehr gesichert ist, während die anderen genannten Restriktionsaufweichungen nur zu beherrschbaren Modifikationen des "klassischen" CAPM führen.

Versuche, das CAPM zu Renditevorhersagen, Bewertungen des Kurspotentials oder ähnlichen Zwecken einzusetzen, stützen sich in der Regel insbesondere auf die Beziehung (52) bzw. (54), indem die aus einer *ex-post*-Analyse historischer Zeitreihen gewonnenen Werte der Varianzen und Kovarianzen zur Bestimmung eines "empirischen" β-Faktors herangezogen werden, welcher dann als stabil unterstellt wird und in die Prognose eingeht. Die genannten Beziehungen können auch zu empirischen Tests des CAPM genutzt werden, wobei allerdings u.U. zusätzlich die Prämisse der Effizienz des Marktportfolios (s.o.) eingeht, die nicht unabhängig testbar ist. Auf dieses — und manch anderes — Problem solcher Untersuchungen soll hier jedoch nicht weiter eingegangen werden. Einige wesentliche Resultate sind kurz im Abschnitt 3.1 diskutiert.

Ross [Ros76] stellte 1976 die *Arbitrage Pricing Theory (APT)* vor, welche als Alternativmodell zum CAPM und gleichzeitig als dessen Erweiterung zu betrachten ist; das CAPM ist als Spezialfall in der APT enthalten. Im Gegensatz zu Gleichung (54) wird die Rendite eines Wertpapiers nicht nur durch *einen* Faktor — nämlich die Rendite des Marktportfolios, dessen Koeffizient β darstellt — erklärt, sondern auf den (linear angenommenen) Einfluß mehrerer Faktoren F_l $(l = 1, ..., L)$ zurückgeführt:

$$r_j = E[r_j] + b_{j1}F_1 + ... + b_{jL}F_L + \varepsilon_j \tag{56}$$

Dabei sind die F_l die allen Wertpapieren $j = 1, ..., J$ gemeinsamen Faktoren, die ε_j statistische Fehlerterme; alle F_l und ε_j besitzen verschwindenden Erwartungswert. Mit b_{jl} bezeichnen wir den Koeffizienten des l-ten Faktors für das j-te Wertpapier, seine *Sensitivität* bezüglich dieses Faktors.

Die APT enthält potentiell einen breiteren Erklärungsansatz als das CAPM, läßt jedoch eine Spezifikation und theoretische Fundierung der Faktoren vermissen, welche daher "nur" empirisch aus einer Faktorenanalyse zu gewinnen sind; im Hinblick auf die praktische Anwendbarkeit zeichnet es sich jedoch durch die Möglichkeit direkter statistischer Tests aus. Im Rahmen dieser Arbeit brauchen die Prämissen der APT und ihre Herleitung nicht im einzelnen diskutiert zu werden; wir verweisen diesbezüglich etwa auf [CW88, S. 219-239]. Die empirische Performance der Theorie wird kurz in Abschnitt 3.1 gestreift.

2.2.4.2 Informationseffizienzhypothese

Ein wichtiger Fragenkomplex, zu dessen weiterer Klärung prinzipiell auch die vorliegende Arbeit, jedenfalls aber das in ihr vorgestellte Modell zweier Märkte beitragen möchte, ist mit dem Begriff der *Informationseffizienz* von Kapitalmärkten verbunden. Darunter wird zunächst wenig spezifisch ein Kapitalmarktgleichgewicht verstanden, in welchem "alle Preise jede relevante Information vollständig widerspiegeln".

Fama [Fam70, Fam76] unterscheidet präzisierend drei Formen von Informationseffizienz, indem er den Begriff der "relevanten Information" näher definiert:

- *schwache* Informationseffizienz liegt vor, wenn mittels einer auf den in der Vergangenheit beobachtbaren Preisen basierenden Investitionsstrategie keine systematischen Überrenditen auf dem Markt erzielbar sind;
- *semi-strenge* Informationseffizienz schließt zusätzlich aus, daß sich öffentlich verfügbare Informationen für eine Performance verwerten lassen, welche systematisch über der risiko-adjustierten Rendite des Marktportfolios liegt;
- *strenge* Informationseffizienz schließlich fordert diese Eigenschaft für jegliche Information, also auch sogenannte "Insider-Informationen", z.B. unternehmensinterne Daten.

Rubinstein [Rub75] und Latham [Lat85] verschärfen den Begriff der strengen Informationseffizienz noch dahingehend, daß die Aktionen eines Investors bei Auswertung aller relevanten Information nicht nur keinerlei Preisänderung herbeiführen und keine Überrendite erlauben sollen, sondern auch keine Veränderung des optimalen Portfeuilles bewirken, also kein Transaktionsbedarf entsteht.

In einem streng informationseffizienten Markt wäre kein Anleger bereit, für den Erhalt irgendwelcher Informationen einen positiven Preis zu bezahlen, da er daraus keine höhere Rendite erwarten könnte. Informationen wären also wertlos, und — um eine theoretisch bedeutungslose Implikation zu erwähnen — die Branche der Wertpapieranalysten wäre hinfällig.

Liegt eine weniger strenge Form von Informationseffizienz vor, so könnte die Sammlung bzw. Auswertung von Informationen gegenüber dem weniger informierten Investor zu Renditevorteilen führen, was positive Preise für die Informationsbeschaffung rechtfertigt. Allerdings sollten im Gleichgewicht wiederum die Kosten des Informationserwerbs die erzielbaren Überrenditen exakt kompensieren, so daß *per saldo* keine Abweichungen von der erwarteten Rendite auftritt. Diese Situation (Informationen sind nicht kostenlos und simultan überall verfügbar) wurde detaillierter von Grossman und Stiglitz [GS76, GS80] sowie Cornell und Roll [CR81] analysiert, welche die Auswirkungen solcher Bedingungen auf die Effizienz von Märkten untersuchen.

2.2.4.3 Fair Game, (Sub-)Martingal und Random Walk

Als Ausgangspunkt der genannten Theorien kann die Frage betrachtet werden, inwieweit den der Beobachtung zugänglichen Phänomenen auf Kapitalmärkten, insbesondere den Preispfaden, systematische Strukturen zugrundeliegen, welche erkannt und zur Erzielung von Überrenditen genutzt werden können.

Das *fair game model* operationalisiert den Begriff der Informationseffizienz in einer auch der statistischen Überprüfung zugänglichen Weise, ohne dabei jedoch die zu beobachtenden bzw. vorhergesagten Preise auf "grundlegende"

Variablen zurückzuführen, wie dies etwa das zweiparametrige CAPM in Form der Abhängigkeit von Varianzen und Kovarianzen versucht. Vielmehr beschränkt es sich auf eine Aussage über die erwarteten Renditen.

Bezeichnen wir mit Φ_t die zur Zeit t verfügbare Information, mit $p_{j,t}$ wiederum den Preis des Wertpapiers j zu diesem Zeitpunkt und mit $r_{j,t} = \frac{p_{j,t}-p_{j,t-1}}{p_{j,t-1}}$ seine (relative) Rendite, so können wir mit der Notation einer konditionalen Erwartung — $E\left[\widetilde{X} \mid \Phi\right]$ sei der Erwartungswert der Zufallsgröße X unter der Bedingung, daß die Information Φ vorliegt — schreiben:

$$E\left[\widetilde{p}_{j,t+1} \mid \Phi_t\right] = \left(1 + E\left[\widetilde{r}_{j,t+1} \mid \Phi_t\right]\right) p_{j,t} \,. \tag{57}$$

Diese Gleichung erscheint zunächst tautologisch, solange sie nicht durch eine Theorie ergänzt wird, welche die erwartete Rendite $E\left[\widetilde{r}_{j,t+1} \mid \Phi_t\right]$ explizit beschreibt; sie enthält jedoch die keineswegs tautologische Aussage, daß alle zur Zeit t verfügbare Information, zusammen mit der — *zu spezifizierenden* — Theorie der Renditeerwartung für die stochastische Rendite der zukünftigen Periode vollständig im tatsächlich realisierten Preis dieser Periode, $p_{j,t}$, enthalten ist: eben die Informationseffizienzhypothese.

Die Annahme eines *fair game* läßt sich dann mithilfe der Überrendite

$$\widetilde{z}_{j,t+1} := r_{j,t+1} - E\left[\widetilde{r}_{j,t+1} \mid \Phi_t\right] \tag{58}$$

einfach als

$$E\left[\widetilde{z}_{j,t+1} \mid \Phi_t\right] = 0 \tag{59}$$

formulieren: Der Erwartungswert der erzielbaren Überrendite verschwindet, die Folge $\{\widetilde{z}_{j,t}\}_{t=1}^{T}$ bildet ein *fair game*.[40]

Erweitern wir Gleichung (57) um spezifische Annahmen über den Verlauf von $p_{j,t}$ bzw. $r_{j,t}$, so erhalten wir die Spezialfälle des Submartingals, Martingals, oder Random Walks:

Gilt für alle t und Φ_t

$$E\left[\widetilde{p}_{j,t+1} \mid \Phi_t\right] \geq p_{j,t} \quad \text{oder} \quad E\left[\widetilde{r}_{j,t} \mid \Phi_t\right] \geq 0 \,, \tag{60}$$

so handelt es sich bei dem Preispfad $\{\widetilde{p}_{j,t}\}_{t=1}^{T}$ um ein *Submartingal*. Es liegt nahe, diese Eigenschaft für real existierende Wertpapiere (etwa börsennotierte Aktien) zumindest langfristig zu unterstellen, da die Rendite solcher Papiere wegen der angenommenen Risikoaversion der Investoren höher als jene einer sicheren Alternativanlage liegen, in jedem Fall also positiv sein sollte. Es überrascht daher nicht, daß das Modell zu empirischen Tests herangezogen wird.[41]

---

[40] Im Zusammenhang mit der Frage der Informationseffizienz von Kapitalmärkten wurden *fair game models* zunächst von Mandelbrot [Man66] und Samuelson [Sam65] diskutiert.

[41] Empirische Untersuchungen kapitalmarkttheoretischer Modelle sind in 3.1 diskutiert.

Gilt in Gleichung (60) das Gleichheitszeichen streng, verschwindet also die erwartete Rendite, so sprechen wir von einem *Martingal.*

Verlangen wir statt (60) für alle t, t' und Φ die sogenannten *IID*-Bedingungen (*independent identically distributed)*

$$\omega\left(\widetilde{r}_{j,t'} \mid \Phi_{t'}\right) = \omega\left(\widetilde{r}_{j,t} \mid \Phi_t\right) \tag{61}$$

und

$$\sigma_j^{t,t'} = 0\,, \tag{62}$$

also die identische und unabhängige Verteilung der Renditeerwartungen für unterschiedliche Perioden, so erhalten wir das *random walk* - Modell. Die beiden vorstehenden Gleichungen lassen sich auch in Form von

$$\omega\left(\widetilde{r}_{j,t} \mid \Phi_t\right) = \omega\left(\widetilde{r}_{j,t}\right) \forall t \tag{63}$$

zusammenfassen, wonach die bedingten und unbedingten Wahrscheinlichkeitsverteilungen der Periodenrenditen zusammenfallen. Gilt weiterhin $E\ [\widetilde{r}_{j,t}] = 0\,\forall t$, so handelt es sich um einen *reinen* Random Walk, die Preisänderungen schwanken also nicht nur stochastisch, sondern heben sich im Mittel gegenseitig auf[42]; im Falle $E\ [\widetilde{r}_{j,t}] > 0\,\forall t$ oder $E\ [\widetilde{r}_{j,t}] < 0\,\forall t$ sprechen wir von einem *Random Walk mit Drift.*

2.2.5 Andere Ansätze

Wir wollen noch kurz andere Theorien oder Methoden erwähnen, welche zur Analyse, Erklärung und Prognose des Kapitalmarktgeschehens herangezogen werden. Allerdings verzichten wir darauf, eine ausführliche Darstellung zu geben oder eine tiefergehende Diskussion zu führen. Gegenstand des Kapitels 2 sind theoretische Grundlagen, welche auf das im Zentrum dieser Arbeit stehende experimentelle Güter- und Kapitalmarktmodell direkt anwendbar sind und zur Konstruktion eines Referenzpunkts im Sinne des Rationalverhaltens herangezogen werden können. Dies ist für die im folgenden skizzierten Ansätze nicht — zum Teil möglicherweise noch nicht — der Fall.

2.2.5.1 Noise Traders

Im direkten Gegensatz zu den Rationalitätsannahmen des CAPM und des Paradigmas effizienter Märkte — übrigens auch zu jenen der normativ

[42] Es ist allerdings zu beachten, daß bei Verwendung der absoluten Renditen (Preisänderungen) als Renditekriterium der Erwartungswert des Preises über die Perioden konstant ist, während dies bei der Verwendung der relativen Renditen (prozentuale Preisänderung, entsprechend logarithmischer Variablentransformation) nicht gegeben ist.

orientierten Spieltheorie — steht der *noise trader*-Ansatz, dem zwei zentrale Prämissen zugrundeliegen:[43] [44]

- Ein (zu spezifizierender) nicht-verschwindender Anteil der an einem Kapitalmarkt agierenden Investoren folgt nicht den Postulaten vollständiger individueller Rationalität, so daß seine Anlageentscheidungen nicht (ausschließlich) durch die relevanten "fundamentalen" Informationen determiniert sind
- Die sonst übliche Annahme der risiko- und kostenlosen Arbitrage ist nicht gewährleistet.

Die Vertreter dieser Thesen nehmen für sich in Anspruch, einen höheren Realitätsgrad insbesondere hinsichtlich der Anforderungen an die Anleger zu erreichen, und gleichzeitig überzeugendere Erklärungen für empirisch beobachtbare "Anomalien" liefern zu können, welche mit den verfügbaren Daten vereinbar seien.[45]

Einen grundlegende Einführung gibt z.B. Black [Bla86], ein Überblick über neuere Entwicklungen findet sich in Shleifer und Summers [SS90], speziellere Ergebnisse im Hinblick besonders auf Markteffizienz und die möglicherweise gegebene Substitutionsfunktion des Marktes als "Ersatz für individuelle Rationalität" sind bei Gode und Sunder [GS93] zu finden. Brown und Sauer [BS93] berichten über empirische Resultate für den (amerikanischen) Markt der professionellen Basketball-Wetten.

2.2.5.2 Nichtlineare Dynamik

Ausgehend von der physikalischen Theorie nichtlinearer Systeme, die in den letzten Jahren unter dem Schlagwort *Chaostheorie* in das Bewußtsein einer breiteren Öffentlichkeit getreten ist und als eines der derzeit dominierenden Paradigmen der theoretischen Physik gelten kann, wurden die dort gefundenen Gesetzmäßigkeiten auf zahlreiche Phänomene in Nachbar- und Fremddisziplinen zu übertragen versucht.

Die nichtlineare Dynamik beschreibt Systeme, deren Verhalten durch eine häufig sehr große Zahl von Komponenten oder Elementen zu charakterisieren ist, zwischen denen eine nichtlineare Wechselwirkung existiert. "Makroskopische", der Beobachtung zugängliche Größen solcher Systeme weisen oft einen vollständig regellos und chaotisch erscheinenden Verlauf auf, obwohl

[43] Der Begriff des *noise traders* wird nicht völlig einheitlich gebraucht und bezeichnet manchmal auch einfach Entscheider, welche aus anderen Handelsmotiven als der Optimierung des Erwartungsnutzens agieren — etwa *liquidity trading*.

[44] Auch Modelle, die im Kern *rational expectations* unterstellen, verwenden teilweise einige *noise traders*; so z.B. Grossman und Stiglitz [GS80] oder Kyle [Kyl85].

[45] Auf die Realitätsbezogenheit vor allem der üblichen Rationalitätsanforderungen werden wir bei der Diskussion unserer experimentellen Ergebnisse noch einmal eingehen.

die zugrundeliegenden Bewegungsgesetze strenggenommen durchaus deterministisch geartet sein können; dies führt auf den Begriff ***deterministisches Chaos***. Als Ursache einer solchen Erscheinung ist die durch die nichtlineare Reaktion bedingte extrem starke Abhängigkeit des Systemzustands von den Anfangsbedingungen anzusehen; infinitesimale Änderungen am "Startwert" einer Zustandsvariablen können zu unbeschränkt großen Änderungen des gesamten Verlaufs führen.

Die nichtlineare Dynamik hat die wirtschaftswissenschaftliche Theorie vor allem in zwei Bereichen beeinflußt: der nichtlinearen Modellbildung sowie der Untersuchung von (betriebs- oder volkswirtschaftlichen) Zeitreihen mit dem Ziel einer Prognose künftiger Werte. Im Rahmen dieser Arbeit wird nur auf die Bedeutung der nichtlinearen Dynamik bei der Analyse von Zeitreihen eingegangen.[46]

In der physikalischen Theorie konzentrierten sich die Untersuchungen der nichtlinearen Dynamik zunächst auf mathematische Modellsysteme wie die *logistische Abbildung* und den *Lorenz-Attraktor*, bei denen die Systemgleichungen bekannt sind.[47] Seit den späteren 80er Jahren werden auch verstärkt physikalische Systeme experimentell untersucht, bei denen die zugrunde liegenden Modellgleichungen noch unbekannt sind. Ein typisches Beispiel hierfür sind die Leitfähigkeitsuntersuchungen eines Halbleitermaterials, BSN (Barium-Sodium-Niobat) von Martin und Martienssen [MM86].

Ansatzpunkt für solche Analysen sind Zeitreihen, die aus den experimentellen Daten gewonnen werden, im o.g. Beispiel die Schwankungen der Leitfähigkeit von BSN im Zeitablauf. Zentrale Grundlage der bisher entwickelten Methoden ist ein von Takens [Tak81] abgeleiteter Satz, wonach mit dem Verfahren der *Phasenraumeinbettung* für jedes System aus einer hinreichend langen Zeitreihe die Systemdynamik (also die Menge der alle Veränderungen des Systems vollständig beschreibenden Gleichungen) rekonstruierbar ist.[48]

Prinzipiell gilt der Satz von Takens für alle Systeme unabhängig von ihrer Komplexität. In der Praxis läßt er sich jedoch nur auf niedrigdimensionale Systeme sinnvoll anwenden, da die zugehörigen Zeitreihen stets nur endlich lang sind.[49] [50]

---

[46] Zum Thema nichtlineare Modellbildung siehe beispielsweise Gabisch und Lorenz [GGL89].

[47] Die Grundlagen der nichtlinearen Dynamik sind z.B. in Schuster [Sch88] oder Leven, Koch und Pompe [LKP89] zu finden.

[48] Auf die Funktionsweise der Phasenraumeinbettung kann an dieser Stelle nicht eingegangen werden.

[49] Die Dimensionalität eines chaotischen Systems läßt sich mit Hilfe der *Grassberger-Procaccia-Analyse* (vgl. Grassberger und Procaccia [GP83]) ermitteln. Im wirtschaftswissenschaftlichen Zusammenhang ist die Dimensionalität des Systems näherungsweise als Zahl der unabhängigen Variablen oder Faktoren interpretierbar.

[50] Martin und Martienssen [MM86] berichten bezüglich der BSN-Analysen z.B. von 100.000 Datenpunkten.

Aufgrund der Endlichkeit und des im Vergleich zu experimentell gewonnenen physikalischen Daten meist sehr geringen Umfangs der Stichproben lieferten erste Versuche, wirtschaftswissenschaftliche Zeitreihen mit dem Verfahren der Phasenraumeinbettung zu analysieren, keine eindeutigen Resultate. Deshalb wurde zunächst der Frage nachgegangen, ob es sich bei solchen Zeitreihen — besonders Aktien- und Devisenkursen — um reine Zufallsprozesse handelt oder regelmäßige Komponenten in den Kursverläufen identifizierbar sind. Scheinkmann und LeBaron [SL89] sowie Peters [Pet91] konnten zeigen, daß die Hypothese zu verwerfen ist, es handle sich um reine lineare Zufallsprozesse.

In jüngster Zeit gab es verschiedene Versuche (vgl. etwa Doerner, Hübinger und Martienssen [DHM94] für einen Überblick), das Prognoseproblem von nichtlinearen stochastischen Systemen in modifizierter Weise anzugehen, die Untersuchungen hierzu haben jedoch noch keine unstrittigen Resultate erbracht.[51] [52]

Neben der Theorie der nichtlinearen Dynamik kommen aus der Physik und anderen außerökonomischen Disziplinen auch "weichere" Methoden wie die Programmierung *genetischer Algorithmen* und besonders *neuronaler Netze* für die Zeitreihenprognose (*data fitting*) zum Einsatz. Aufgrund der fehlenden theoretischen Fundierung — jedenfalls im kapitalmarkttheoretischen Zusammenhang — verzichten wir auf eine Darstellung dieser — in der Praxis allerdings derzeit sehr gefragten — Techniken.

Bei der Beurteilung der Relevanz der genannten Instrumente für die Finanzdatenprognose sollte allerdings bedacht werden, daß der gegenwärtige Stand der Forschung zu diesem Thema nicht notwendigerweise allein auf Basis der Fachliteratur einzuschätzen ist. Alle drei Methoden werden z.B. in den Forschungsabteilungen von Kreditinstituten derzeit verstärkt zur Kursprognose eingesetzt, teils im experimentellen, teils im operativen Betrieb; die Resultate werden jedoch aus naheliegenden Gründen häufig nicht veröffentlicht.

2.2.5.3 Technische Analyse

Der Schlußsatz des letzten Absatzes läßt sich ohne Modifikation direkt auf die sogenannte *technische Analyse* oder *Chart-Analyse* übertragen. Im Gegensatz zur *Fundamentalanalyse* handelt es sich hier ebenfalls um Versuche, aus historischen Kursverläufen Prognosen für die Zukunft abzuleiten. Die zweite Bezeichnung stellt dabei einen stärkeren Bezug zu der graphischen Variante dieser Methode her, während die erste stärker auf die Annahme abstellt,

---

[51] Erste Studien deuten allerdings darauf hin, daß sich derartige Instrumente, wenn überhaupt, vor allem im kurzfristigen (Trading-)Bereich profitabel einsetzen lassen.

[52] Andere "klassische" Verfahren, etwa die auf der Fouriertransformation beruhende *Spektralanalyse*, sollen hier nicht weiter dargestellt werden.

ihre Erkenntnisse seien vornehmlich durch "markttechnische" Reaktionen bedingt.

Es handelt sich jedoch um eine willkürliche Ansammlung vollständig heuristischer Regeln, welchen jede theoretische Grundlage[53] fehlt. Empirische Tests markttechnischer Investitionsregeln konnten denn auch nie überzeugende Belege für systematisch abnorme Performance — jedenfalls unter Berücksichtigung der Transaktionskosten — vorlegen,[54] weshalb sich eine weitere Betrachtung ungeachtet der in der Praxis nach wie vor häufig anzutreffenden Anwendung erübrigt.

2.3 Experimentelle Wirtschaftsforschung

2.3.1 Theorie, Empirie und Experiment

Wissenschaft wird aus zahlreichen verschiedenen Beweggründen und auf ebenso unterschiedliche Art und Weise betrieben. So ist es durchaus legitim, unabhängig von jeglicher empirischen Anwendbarkeit — geschweigedenn Überprüfung oder Vorhersage — gedankliche Objekte zu konstruieren und über deren Zusammenhang und Eigenschaften Theorien zu bilden, sei es deduktiv oder mittels anderer Vorgehensweisen. Aufbauend auf einem *Axiomensystem* ist es dabei auch möglich, *normative* oder *präskriptive*[55] *Aussagen* — "so soll(te) es sein" — abzuleiten, die jedoch stets auf einer Wertung, nämlich der Gültigkeit der zugrundegelegten Axiome, basieren.[56]

Beansprucht eine Theorie für sich, einen Ausschnitt der den menschlichen Sinnen zugänglichen "Objektwelt" zu beschreiben, also eine *deskriptive* Validität, so muß sie sich einer Überprüfung ihres so verstandenen "Wahrheitsgehalts" stellen.[57] Hierzu untersucht man, ob eine in der "Realität" anzutreffende Situation mit der Vorhersage der Theorie vereinbar ist. In der Regel ist es zu diesem Zwecke nötig, außer den grundlegenden Axiomen der Theorie Parameter aus der "Objektwelt" zu extrahieren, die in die Theorie

[53] Jedenfalls ist eine theoretische Grundlage bei unterstellter Rationalität nicht gegeben. Dies schließt nicht aus, daß deskriptiv bedeutsame Verhaltensmuster, etwa *self-fulfilling prophecies*, berücksichtigt werden.

[54] Darüberhinaus wird an den meisten Untersuchungen dieser Art heftigste methodische Kritik geübt.

[55] Es ist in diesem Zusammenhang nicht nötig, die Begriffe "normativ" und "präskriptiv" zu differenzieren; diese werden vielmehr synonym gebraucht.

[56] In diese Kategorie fällt zum Beispiel auch die als normative Wissenschaft verstandene Spieltheorie, die u.a. auf einer Reihe von Rationalitätsaxiomen basiert.

[57] Wir werden hier keine weitere erkenntnistheoretische Problematisierung von Begriffen wie "Existenz", "Wahrnehmung" oder "Realität" vornehmen; vielmehr begnügen wir uns damit, einerseits zunächst willkürliche (wenn auch zumindest selbst-konsistente) theoretische Aussagen und andererseits die in der "Außenwelt" oder "Realität" vorzufindenden (im Sinne von sinnlich wahrnehmbaren) Erscheinungen einander gegenüberzustellen. Um nicht ins Unendliche abzugleiten, gehen wir dabei davon aus, daß an der Existenz menschlicher Beobachter nicht gezweifelt wird und diese in der Lage sind, sich darauf zu einigen, welche Erscheinungen (z.B. ökonomische Variablen) sie in der Welt wahrnehmen.

eingehen; es handelt sich also lediglich um eine *ex-post-Vorhersage*, was den Vorwurf der Tautologie nahelegt.

Kann aus der so vervollständigten Theorie jedoch eine eigentliche, also *ex-ante-Prognose* für eine noch nicht eingetretene Situation abgeleitet werden, und stellt diese sich als zutreffend heraus, so gilt dies zwar nicht als *Verifikation* der Theorie (exemplarisch wahre Aussagen können auch dann generisch falsch sein, wenn die Zahl der zutreffenden Beispiele unendlich groß ist), zumindest aber wird ihr ein mehr als tautologischer Gehalt zugebilligt: Bis zum Beweis des Gegenteils, d.h. der *Falsifikation*, darf behauptet werden, die Theorie beschreibe den betrachteten Ausschnitt der Realität korrekt bzw. sei leistungsfähiger als konkurrierende Theorien, welche falsifiziert werden konnten.[58]

Problematisch an der empirischen "Überprüfung" einer Theorie sind unter anderem der oft hohe *Komplexitätsgrad* und die fehlende *Replikationsmöglichkeit*: "Reale" (Feld-) Phänomene stellen häufig eine Ansammlung zahlreicher interdependenter Objekte, Einflußgrößen und Kausalzusammenhänge dar, die selbst bei einer prinzipiellen Erfaßbarkeit — welche z.B. nach den Erkenntnissen der Physik ohnehin nicht immer gegeben ist — in der Praxis nicht vollständig analysierbar ist; daher sind zu "Tests" einer Hypothese fast stets Schätzungen oder weitere Hypothesen über unbeobachtete Größen oder unbekannte Wirkungen notwendig, so daß allenfalls vom gemeinsamen Test der verbundenen (Haupt- und Hilfs-) Hypothesen gesprochen werden dürfte. Zusätzlich sind viele Situationen aufgrund der "historischen Einmaligkeit" von Ereignissen nicht replizierbar, so daß die bewußte Herstellung einer "Norm-" oder "Testkonfiguration" ausscheidet.

Die geschilderte Problematik hat — zuerst wohl in den Naturwissenschaften[59] — zur Entwicklung der *experimentellen Methode* geführt. Im Experiment wird versucht, eine genau definierte Situation herzustellen, in der die zu untersuchenden Phänomene auftreten, so daß ihre Abhängigkeit von "Parametern" und ihre genauen Charakteristika gezielt und kontrolliert studiert werden können. Idealerweise wird so die (prinzipiell) beliebige Replizierbarkeit geschaffen und die Komplexität auf ein beherrschbares Maß reduziert, so daß einzelne Zusammenhänge isolierbar und beliebig oft beobachtbar werden.

---

[58] Wir folgen insoweit also dem kritischen Rationalismus im Sinne Poppers.

[59] Die Erfolge der experimentellen Vorgehensweise im Zusammenwirken mit der formalen mathematischen und statistischen Analyse in den Naturwissenschaften, an erster Stelle der Physik, dürften nicht unerheblich zu dem — bis heute nur teilweise gelungenen — Versuch beigetragen haben, die gleiche Methodik auch zur Entwicklung von sozialwissenschaftlichen (besonders ökonomischen) Theorien anzuwenden, etwa in der Art der Thermodynamik und der klassischen Mechanik, die ja in der neoklassischen Wirtschaftstheorie eine gewisse Entsprechung findet. Vielleicht ist eine der Ursachen für den noch immer unbefriedigenden Stand der Theorie (besonders der mikroökonomischen) darin zu sehen, daß die Studienobjekte der Sozialwissenschaften — *Menschen!* — im Gegensatz zu Elementarteilchen und -kräften *nicht* identisch und austauschbar sind.

Leider werden Ideale selten erreicht, und so hat auch die experimentelle Vorgehensweise mit Schwierigkeiten zu kämpfen. Vor allem bewegt sich der "Designer" eines Experiments bzw. des der Analyse zugrundegelegten Modells stets auf einem schmalen Grat: Gerät das Modell sehr komplex, so steigt zwar die Wahrscheinlichkeit, alle für die betrachteten Fragestellungen wesentlichen Aspekte und Zusammenhänge abzubilden; dabei droht jedoch die Analysierbarkeit leicht verloren zu gehen, und man gelangt schließlich fast bei einem "1:1-Modell der Welt" an. Vereinfacht und reduziert man andererseits sehr stark, so lassen sich zwar leichter Aussagen und Prognosen ableiten, es besteht jedoch die Gefahr, daß konstitutive Elemente des fraglichen Realitätsausschnitts sich im Modell nicht oder nur sehr unvollständig wiederfinden und die darauf aufbauenden Analysen daher keine Aussagekraft besitzen. Auf die Schwierigkeit einer solchen Abwägung werden wir im Rahmen dieser Arbeit an verschiedenen Stellen stoßen.

2.3.2 Kurzer Abriß der experimentellen Wirtschaftsforschung

Wie Alvin E. Roth in einem Artikel [Rot93] zur "Geschichte der frühen experimentellen Wirtschaftsforschung" zutreffend feststellt, ist es sehr schwierig, das erste jemals durchgeführte wirtschaftswissenschaftliche Experiment zu datieren. Roth ist geneigt, Bernoullis Arbeiten zum St. Petersburger Paradoxon [Ber38] als solches gelten zu lassen, was wir jedoch insofern kritisieren, als die Brüder Bernoulli lediglich Kollegen zu ihrer Meinung über ihre Theorie befragten, sie jedoch nicht *de facto* Entscheidungen treffen ließen.[60]

Die ersten Arbeiten, die im engeren Sinne der experimentellen Wirtschaftsforschung zuzuordnen sein dürften[61], befassen sich mit der Analyse individueller (Ein-Personen-) Entscheidungen und der ordinalen Nutzentheorie; sie erstrecken sich von den 30er bis zu den frühen 50er Jahren dieses Jahrhunderts. Vor allem sind zu nennen: L.L. Thurstone [Thu31], W.A. Wallis und Milton Friedman [WF42], S.W. Rousseas und A.G. Hart [RH51], F. Mosteller und P. Nogee [MN51] sowie Allais' wegweisender Artikel von 1953 [All53], in dem über Experimente zum (später so genannten) "Allais-Paradox" — der inkonsistenten Präferenzstruktur bei der Wahl aus verschiedenen Lotterien — berichtet wird.[62]

Experimentelle Untersuchungen spieltheoretischer (interaktiver) Entscheidungssituationen wurden in den 50er Jahren u.a. von M. Dresher und

---

[60] Im Vergleich zu manch anderen sozialwissenschaftlichen Disziplinen, etwa der psychologischen Forschung, wird der Begriff des Experiments hier also stärker eingeschränkt.

[61] Hier folgen wir Roth [Rot93], dessen Darstellung der Anfänge experimenteller Wirtschaftsforschung an Vollständigkeit kaum zu übertreffen sein dürfte.

[62] Strenggenommen handelt es sich jedoch bei den Untersuchungen, die Allais als Grundlage seiner Veröffentlichung durchführte, nicht um ein Experiment in unserem Sinne, da lediglich *hypothetische* Entscheidungen getroffen und keine Auszahlungen vorgenommen wurden.

M.M. Flood [Flo52, Flo58], G. Kalisch, J.W. Milnor, John F. Nash und E.D. Nering [KMN+54] sowie Thomas C. Schelling [Sch57] durchgeführt. Das von Dresher und Flood 1950 analysierte und 1952 von Flood publizierte [Flo52] *Gefangenendilemma* ist mittlerweile zum "Klassiker" geworden; die Bezeichnung "Prisoner's Dilemma" stammt allerdings nicht von ihnen, sondern wurde — samt der zugehörigen "Cover Story" — erstmals von A.W. Tucker [Tuc50] erwähnt. In diesen (wie auch noch späteren) experimentellen Arbeiten spielt die — mittlerweile weitgehend einstimmig beurteilte — methodische Diskussion insbesondere zu Fragen der Motivation und Bezahlung von Versuchspersonen eine nicht unwesentliche Rolle; darauf soll jedoch im folgenden Abschnitt 2.3.3 gesondert eingegangen werden.

In den folgenden Jahrzehnten wuchs — neben vielem anderen — besonders die Zahl experimenteller Arbeiten zu Fragen der Industrieökonomik, der Rolle von Institutionen und des Geschehens auf Märkten stark an; begonnen hatte diese "Tradition" allerdings bereits 1948 Edward H. Chamberlin [Cha48]. Chamberlin stattete in seinem Experiment Käufer und Verkäufer eines abstrakten Gutes mit Reservationspreisen (Höchst- bzw. Mindestpreisen) aus und ließ sie dann frei und ungeregelt miteinander über den Preis verhandeln, zu dem sie (jeweils) bereit waren zu handeln. Aus den vorgegebenen Grenzpreisen ließen sich theoretische aggregierte Angebots- und Nachfragekurven ableiten, die die Berechnung von Konkurrenzpreis und -umsatz ermöglichten. Die experimentell beobachteten Ergebnisse konnten also mit der theoretischen Prognose verglichen werden; Chamberlin stellte in fast allen der 46 durchgeführten Märkte "zu niedrige" Preise und "zu hohe" Umsätze fest, konnte jedoch keine schlüssige und allgemein akzeptierte Erklärung für diesen Effekt finden.

Es folgten Papiere zu Monopolen und Oligopolen u.a. von Hoggatt [Hog59], Sauermann und Selten [SS59, SS60, Sau67], Siegel und Fouraker [SF60] sowie (später) erneut Selten [Sel67a, Sel67b, Sel67c] und Tietz[Tie67].[63] Vernon Smith nahm 1962 [Smi62] das Chamberlin'sche Marktmodell wieder auf, ersetzte jedoch die freie Kommunikation durch eine geregelte Marktinstitution, die kontinuierliche öffentliche Auktion (*continuous oral auction*), und konnte eine weitaus bessere Übereinstimmung zwischen experimentellen Resultaten und theoretischen Prognosen (die auf dem Konkurrenzgleichgewicht basieren) beobachten.

Seitdem schwoll die Literatur zur experimentellen Wirtschaftsforschung in einem Ausmaß an, das es völlig sinnlos machen würde, hier auch nur den Versuch einer erschöpfenden Darstellung zu unternehmen. Wir verweisen statt dessen auf die inzwischen zahlreichen Lehrbücher und Übersichtswerke

[63] Gerade in einer an der Universität Frankfurt vorgelegten Dissertation sollte nicht versäumt werden, besonders auf die Beiträge von Sauermann und Selten zu verweisen, da von diesen beiden zu einem so frühen Zeitpunkt die "Frankfurter Tradition der Experimentellen Wirtschaftsforschung" begründet wurde, der ein gewisser Monopolgrad im deutschsprachigen Raum zumindest zu jener Zeit nicht abzusprechen war.

wie Davis/Holt [DH93], Friedman/Sunder [FS93], Hey [Hey91] oder das *Handbook of Experimental Economics* [KR94]. Einen sehr knappen, jedoch recht effizienten Überblick mit dem Schwerpukt Kapitalmarktexperimente gibt auch Bienert [Bie94]. Von Smith ist soeben ein sehr kompakter und aktueller Review-Artikel im *Journal of Economic Perspectives* [Smi94] erschienen, der auch auf grundsätzliche Fragen und Motive der experimentellen Methodik und ihren Beitrag zum ökonomischen Erkenntnisfortschritt eingeht.

Der Vollständigkeit halber sollen noch einige Arbeiten genannt werden, die für den zentralen Gegenstand dieser Dissertation — also experimentelle Güter- und Wertpapiermärkte — besonders relevant sind: Forsythe/Palfrey/ Plott [FPP82], Plott/Sunder [PS82], Friedman/Harrison/Salmon [FHS84], Andreassen [And88], Kroll/Levy/Rapoport [KLR88], Smith/Suchanek/ Williams [SSW88], Campbell/LaMaster/Smith [CLS91], Weber/Camerer [WC91, WC92], Copeland/Friedman [CF92], Güth/Krahnen/Rieck [GKR92], Sunder [Sun92] und Gerke/Bienert/Schroeder-Wildberg [GBS93]. Für einige dieser Papiere ist in Abschnitt 3.2 eine kurze inhaltliche Diskussion zu finden, weshalb wir an dieser Stelle nicht näher darauf eingehen, sondern dorthin verweisen.

2.3.3 Experimentelle Methodik

Unter den zahlreichen methodischen Fragen der experimentellen Wirtschaftsforschung nimmt die Motivation der Versuchspersonen eine herausgehobene Stellung ein. Das Grundproblem besteht darin, deren Zielsetzung mit den im analysierten Modell angenommenen Anreizstrukturen nach Möglichkeit vollständig zu identifizieren. In der Regel wird zu diesem Zweck vorgeschlagen, die Probanden durch die Zahlung eines Geldbetrages für die Teilnahme am Experiment zu "entschädigen", welcher dem Wert der modellimmanenten Nutzenfunktion entspricht oder proportional ist.

Andere — nichtmonetäre — "Belohnungen" werden ausgeschlossen, um individuelle Präferenzen bezüglich des Belohnungsgegenstands und dadurch implizierte unsystematische Abweichungen soweit wie möglich zu vermeiden. Um den Einfluß fremder Handlungsmotive — dies könnten etwa ethische Vorstellungen, emotionale Kräfte oder beliebige andere Größen sein — möglichst stark zu verringern oder zu beseitigen, ist es erforderlich, die Höhe der Auszahlungen so zu gestalten, daß eine Variation des Verhaltens eine deutlich spürbare Variation in der Belohnung hervorruft. Weiterhin sollte die pro Zeiteinheit erzielbare "Vergütung" potentiell mit dem Ertrag von Alternativtätigkeiten der Teilnehmer vergleichbar sein oder höher liegen, um Demotivationseffekte zu verhindern und eine tatsächliche Relevanz für das Entscheidungsverhalten zu besitzen.

Die monetäre Motivation war — besonders unter den Vertretern der stärker psychologisch als ökonomisch inspirierten experimentellen Forschung — nicht unumstritten, rein fiktive "Auszahlungen" (oder z.B. die "Entlohnung" in Form der Anrechnung von Studienleistungen) durchaus gebräuchlich. Auch die nicht wahrheitsgemäße oder unvollständige Information der Probanden über verschiedene Aspekte des Experiments, besonders natürlich ihre anschließende Entlohnung, wurde angewandt. Wie u.a. Davis und Holt [DH93, S. 24ff] feststellen, zeigten jedoch verschiedene Studien mit steigender Höhe der Auszahlungen übereinstimmend eine Verringerung der Varianz in den experimentellen Daten, so daß die angemessene Bezahlung der Versuchspersonen — und die wahrheitsgemäße Instruktion — heute als Konsens unter den experimentellen Ökonomen gelten dürfen.[64]

Ein weiterer erwähnenswerter Punkt ist die Auswahl des Teilnehmerkreises. Aus naheliegenden praktischen Gründen dienen in der Mehrzahl der in der Literatur beschriebenen Experimente Studierende als "Versuchsobjekt". Zunächst gibt dies Anlaß für den Verdacht, das beobachtete Verhalten weise möglicherweise systematische Abweichungen vom "durchschnittlichen", "repräsentativen" Verhalten der Bevölkerung auf. Abgesehen davon, daß die Definition der "Grundgesamtheit", deren Entscheidungsverhalten untersucht oder erklärt werden soll, nicht unproblematisch ist[65], lassen im Hinblick auf diese Frage entworfene Kontrollexperimente (vgl. etwa Ball und Cech [BC91] oder Davis und Holt [DH93, S. 17ff] für einen Überblick) erkennen, daß die Auswahl des Teilnehmerkreises zwar keinen verschwindenden, jedoch einen überraschend geringen Effekt hat, der zusätzlich mit steigender Auszahlung und zunehmender Erfahrung schwindet.

Schließlich sollte angesichts der in den letzten Jahren vollzogenen Entwicklung noch ein drittes kurz diskutiert sein: die Computerisierung der experimentellen Wirtschaftsforschung. Traditionell wurden Experimente als *class room, pen-and-paper experiments* durchgeführt: Die Teilnehmer sitzen gemeinsam in einem Raum, der Experimentator erläutert den Ablauf des Experiments und verteilt Instruktions- und Entscheidungsbögen, die Probanden tragen ihre Entscheidungen darauf ein und geben die Formulare wieder ab. Sofern echte Interaktion stattfindet, müssen die Entscheidungsformulare sofort ausgewertet werden, wonach eine neue "Papierrunde" beginnt. Dieser Ablauf wiederholt sich gegebenenfalls mehrmals. Dabei ist auf die Einhaltung der "Spielregeln" — bei Experimenten zur nicht-kooperativen Spieltheorie zum Beispiel das Verbot der Kommunikation — separat zu achten. Nach dem eigentlichen Experiment beginnt die Phase der Datenaufbereitung und -auswertung.

---

[64]Ausnahmen bestätigen die Regel.

[65]Die auf den ersten Blick naheliegende Gruppe "Gesamtbevölkerung" (z.B. eines Landes) scheidet sofort aus, da etwa Säuglinge kaum Gegenstand ökonomischer Entscheidungs- und Rationalitätsforschung sein dürften. Zumindest bei komplexeren Fragestellungen ist aber selbst die "Menge der geistig gesunden Erwachsenen" als Zielgruppe nicht haltbar, weil viele Entscheidungssituationen spezielle ökonomische Kenntnisse voraussetzen. Insofern könnte die Gruppe der wirtschaftswissenschaftlichen Studierenden sogar relativ typisch für den relevanten Probanden-Pool sein.

Seit den achtziger Jahren hat sich hingegen die computergestützte oder vollcomputerisierte Durchführung von Experimenten ausgebreitet und schließlich durchgesetzt, begünstigt durch die Verfügbarkeit schneller, preiswerter und dezentraler EDV-Systeme. Hier finden sich die Probanden in einem Computerraum ein, in dem jedem Teilnehmer ein Personal Computer oder Terminal zur Verfügung steht; der gesamte Informationszugang, in der Regel einschließlich der Instruktionen, erfolgt über den Rechner. Vor allem aber gibt jede Versuchsperson ihre Entscheidungen mittels Tastatur und Maus direkt selbst ein; diese stehen also sofort für die Steuerung des weiteren Ablaufs zur Verfügung, können in Echtzeit *online* verarbeitet werden, und brauchen auch nicht nachträglich erfaßt zu werden. Das Computerexperiment vereint also mehrere wichtige Vorteile in sich:

- Das *Handling* komplexer Entscheidungssituationen, die als *pen-and-paper experiment* nicht implementierbar wären, wird dadurch erst ermöglicht.
- Die Replikation von Experimenten in größerem Umfang, sowohl mit der gleichen Teilnehmergruppe (Lernverhalten, Zeitreihen) als auch für unabhängige Beobachtungen, wird sehr erleichtert — eine genügende Anzahl potentieller Probanden und entsprechende finanzielle Ressourcen vorausgesetzt.
- Die Datenerfassung wird vereinfacht und beschleunigt, die statistisch-analytischen Auswertungsmöglichkeiten schon allein aufgrund des großen Datenvolumens erweitert (wobei auch hier die obige Einschränkung gilt).
- Die Standardisierung von Information und Kommunikation wird in idealer Weise unterstützt.

Obwohl dem Verfasser keine Untersuchungen bekannt sind, die sich dieser Frage explizit annehmen, sollte doch die Möglichkeit erwogen werden, daß die Computerisierung wirtschaftswissenschaftlicher Experimente das beobachtete Verhalten beeinflußt. Davis und Holt [DH93, S. 23] weisen zum Beispiel darauf hin, daß die Glaubwürdigkeit etwa eines Zufallsereignisses bei einem von den Probanden beobachtbaren Würfelwurf deutlich höher einzuschätzen sein dürfte als bei der Versicherung, der Steuercomputer erzeuge mittels eines Zufallsgenerators eine Pseudo-Zufallszahl. Erkenntnisse über systematische Verhaltensabweichungen liegen jedoch nicht vor, und für komplexere Entscheidungsmodelle — wie das in dieser Arbeit untersuchte — besteht ohnehin keine Alternative. Das Risiko eines unbeabsichtigten Nebeneffekts dieser Methode muß daher wohl hingenommen werden.

Former Student: "Professor, this is the same examination you gave to my class when I was a student twenty years ago. Don't you ever change the questions?"
Professor: "The questions don't change — just the answers."

(anonym)

3 Erkenntnisziele und verwandte Arbeiten

Mit theoretischen und empirischen Studien verschiedener Eigenschaften von Güter- oder Kapitalmärkten haben sich bereits zahlreiche Autoren befaßt. Zu den häufig untersuchten Fragen gehören unter anderem die Existenz von Gleichgewichten für solche Märkte und ggf. von Konvergenzprozessen hin zu diesen Gleichgewichten (einschließlich der Geschwindigkeit der Konvergenz), die Markteffizienz sowie die Validität der im wesentlichen von Markowitz eingeführten *portfolio selection theory* [Mar52, Mar59] und des *capital asset pricing model* (CAPM) von Lintner [Lin65], Mossin [Mos66] und Sharpe [Sha64].

In den letzten Jahren wuchs besonders das Interesse an der theoretischen Analyse und der tatsächlichen Gestaltung effizienter Kapitalmärkte[66] sowie an einem tieferen Verständnis und der Erklärung beobachtbarer ("makroökonomischer") Marktergebnisse durch individuelles ("mikroökonomisches") Verhalten der Marktteilnehmer. Hierzu eignen sich offenbar experimentelle Untersuchungen in herausragender Weise, weil sich die "Umweltparameter" — etwa Marktinstitutionen, Informationszuflüsse etc. — nahezu vollständig kontrollieren und an die jeweilige Fragestellung anpassen lassen, was für Feldstudien nur in sehr eingeschränktem Umfang zutrifft. Die Zahl der experimentellen Arbeiten auf diesem Gebiet ist bereits stark angewachsen und erstreckt sich oft auf stark stilisierte Modellmärkte, wobei neben Effizienz und der Rolle von Information gerade bei Finanzmärkten häufig "Anomalien" wie "*bubbles*" (spekulative Blasen) und "*crashes*" (Kurseinbrüche) im Zentrum des Interesses stehen.

In den Augen des Autors lassen solche Modelle jedoch häufig wesentliche Elemente vermissen, die für die Charakteristik der real existierenden Gegenstücke (eben "echter" Kapitalmärkte) unverzichtbar erscheinen. In der vorliegenden Arbeit wird daher versucht, einige dieser möglicherweise zu starken Abstraktionen zurückzunehmen und ein Instrumentarium zur

[66] Die Bedeutung, welche diesen Fragen in Theorie und Praxis zugemessen wird, zeigt sich zum Beispiel an der Einrichtung eines DFG-Schwerpunktprogramms "Effiziente Gestaltung von Finanzmärkten und Finanzinstitutionen" zum 1.1.1995 einerseits, dem Stellenwert dieser Problematik in der "Standortdiskussion" zum internationalen Wettbewerb der Finanzzentren (vgl. etwa Engels [Eng89]) andererseits.

Verfügung zu stellen, welches es erlaubt zu überprüfen, ob sich die dort beobachteten experimentellen Resultate bei Verwendung eines in verschiedenen Aspekten "realitätsnäheren" Modells reproduzieren lassen oder vielleicht neue Phänomene in Erscheinung treten. Zuvor soll eine Einbettung in den Zusammenhang der hier relevanten Literatur hergestellt werden.

3.1 Empirische Untersuchungen

Das Kapitel 2 vorausgehende Zitat bringt bereits die Schwierigkeiten zum Ausdruck, die mit dem Versuch der empirischen Überprüfung des CAPM verbunden sind und in dem theoretischen Abschnitt über das CAPM angedeutet wurden. Dies soll uns jedoch nicht abhalten, einige wesentliche Ergebnisse zur empirischen Kapitalmarktforschung zusammenzufassen.

Die Literatur zu der Frage, inwieweit reale Kapitalmärkte die verschiedenen definierten Grade von Informationseffizienz aufweisen, besitzt einen enormen Umfang und kann hier nur extrem komprimiert wiedergegeben werden. In der Regel wird untersucht, ob historische Kursreihen mit den Aussagen eines Random Walks (mit oder ohne Drift), eines (Sub-)Martingals oder eines allgemeinen Fair Game - Modells vereinbar sind. Fundierte Diskussionen der zahlreichen Studien zu diesem Problemkreis sind etwa in Bicksler [Bic77, S. 47-76] oder Copeland/Weston [CW88, S. 346-395] zu finden; die letztgenannten Autoren gehen insbesondere auch auf "Anomalien" wie den *january effect* oder den *weekend effect* sowie möglichen *Insiderhandel* ein.

Zusammenfassend kann festgestellt werden, daß mit sehr wenigen Ausnahmen fast alle Untersuchungen in der Schlußfolgerung übereinstimmen, für die analysierten Märkte sei die Hypothese der Informationseffizienz jedenfalls in schwacher Form nicht abzulehnen: Informationen über das Marktgeschehen der Vergangenheit ließen sich nicht zur Erzielung systematischer Überrenditen nutzen,[67] und serielle Korrelationen zwischen Preisänderungen bzw. Renditen sukzessiver Perioden seien nicht signifikant von Null verschieden, mit Ausnahme sehr kurzer betrachteter Perioden (Tagesdaten oder kurzfristiger).

Auch das Vorliegen der semi-strengen Form von Informationseffizienz wird fast durchgehend konstatiert, obwohl hier die Definition und Erhebung "relevanter Information" bereits deutlich anspruchsvoller ausfällt.

Hingegen dürfte es eine unzutreffende Annahme sein, reale Kapitalmärkte wiesen die strenge Form der Informationseffizienz auf: Verschiedene Studien weisen z.B. für *specialists* an amerikanischen Aktienbörsen, die vor anderen Marktteilnehmern Zugang zu Informationen über eintreffende Orders besitzen, sowie für Firmeninsider Möglichkeiten zur Erzielung von Überrenditen nach.

[67] Jedenfalls unter Berücksichtigung der Transaktionskosten.

Genereller Ausgangspunkt der Analysen des CAPM ist die lineare Risiko-Ertrags-Relation (54), welche von der *ex-ante*-Interpretation (*erwartete* Renditen und theoretische Kovarianzen bzw. Betas) zu einer *ex-post*-Interpretation (*realisierte* Renditen und empirische Betas) umgedeutet wird und dann statistischen Tests der Regressionsgleichung

$$\mu_j - \mu_0 = \beta_j (\mu_M - \mu_0) + \varepsilon_j \tag{64}$$

unterzogen werden kann, wobei wir mit ε_j einen Störterm (statistischen Fehler) bezeichnet haben.

So zogen Modigliani und Pogue [MP74] Monatsmittelwerte verschiedener Aktien zwischen Januar 1945 und Juni 1970 zur Berechnung empirischer Beta-Faktoren heran; als Marktportfolio diente dabei der NYSE-Index. Die Autoren erhielten einen klaren linearen Zusammenhang zwischen μ_j und β_j mit nur geringen Abweichungen, d.h. eine "empirische Kapitalmarktgerade".

Abgesehen von zahlreichen ökonometrischen Komplikationen und Einwänden gegen solche Studien, die unter anderem in Miller und Scholes [MS72] und Gibbons [Gib82] diskutiert werden, weist insbesondere Roll [Rol77] darauf hin, daß empirische Abweichungen von Gleichung (64) nur dann das CAPM falsifizieren würden, wenn die (*ex-post*-)Effizienz des Marktportfolios gesichert wäre. In der Tat zeigt er, daß alle Wertpapiere bezüglich *irgendeines* effizienten Portfolios (Indexportfolios) auf einer Kapitalmarktgeraden liegen, wenn ihre (Über-)Renditen bezüglich der Indexperformance gemessen werden; ist das Indexportfolio hingegen nicht effizient, ist praktisch jedes Gleichung (64) scheinbar widersprechende Ergebnis möglich. Da das (im CAPM theoretisch definierte) Marktportfolio jedoch alle existenten Kapitalgüter umfaßt — auch solche, die nicht marktgängig sind — ist P_M nicht empirisch zu erfassen, seine Effizienz nicht zu testen und die Frage der Gültigkeit des CAPM damit letztlich nicht zu entscheiden.

Die weit überwiegende Mehrzahl der Studien zu diesem Thema[68], stimmen denn auch mit wenigen Ausnahmen in nicht ganz so positiven Schlußfolgerungen wie Modigliani und Pogue überein:

- Auf Gleichung (64) beruhende Regressionen liefern einen Koeffizienten von β_j, der signifikant geringer als $\mu_M - \mu_0$ ist, und signifikant nichtverschwindende α_j.
- Höhere Potenzen von Beta oder andere Variablen, die das unsystematische Risiko einzelner Wertpapiere berücksichtigen sollen, liefern keinen erkennbaren und stabilen Erklärungsbeitrag; β ist hier dominierend.

[68]Zu den wichtigsten empirischen Tests des CAPM zählen Friend und Blume [FB70], Black, Jensen und Scholes [BJS72], Miller und Scholes [MS72], Blume und Friend [BF73], Blume und Husick [BH73], Fama und Macbeth [FM73], Basu [Bas77], Gibbons [Gib82] und Shanken [Sha85]. Eine noch recht aktuelle Arbeit aus dem deutschsprachigen Raum, die sich auf amerikanische und internationale Aktienmärkte bezieht, ist die Dissertation von Hotz [Hot89].

- Im Vergleich zu verschiedenen alternativen Modellen besitzt die lineare Beziehung (64) den höchsten Erklärungswert. Im längerfristigen Durchschnitt ist der Koeffizient von β signifikant positiv, d.h. die Renditen des Marktportfolios liegen im Mittel höher als jene der sicheren Alternative.
- Für das CAPM theoretisch irrelevante Größen leisten einen signifikanten Erklärungsbeitrag; hierzu gehören insbesondere das Kurs-Gewinn-Verhältnis (KGV), die Firmengröße, Höhe der Dividendenausschüttung und verschiedene Kalendereinflüsse, etwa der *January effect*.

Inwieweit diese Beobachtungen, insbesondere unter Berücksichtigung der von Roll geäußerten Kritik sowie der ökonometrischen Probleme, als Falsifikation des CAPM zu werten oder "lediglich" auf eine unangemessene Spezifikation bzw. Berechnung der Variablen (z.B. welcher Index dient als Bezugsgröße?) zurückzuführen sein mag, ist strittig. Zusammenfassend ist aber wohl die Feststellung unvermeidlich, daß das Capital Asset Pricing Model zwar eine mehr oder minder zutreffende Beschreibung des empirisch vorzufindenden Kapitalmarktgeschehens geben kann, quantitativ jedoch signifikante Abweichungen von seinen (*ex-post-* oder *ex-ante-*) Vorhersagen persistieren und darüber hinaus unberücksichtigte Einflußfaktoren existieren.

Auf empirische Tests weitergehender und/oder speziellerer Kapitalmarktmodelle, etwa der *Arbitrage Pricing Theory (APT)* und des *Option Pricing Models (OPM)* soll hier nicht detailliert eingegangen werden;[69] bezüglich des ersteren sei z.B. auf Roll und Ross [RR80] sowie Chen [Che83] verwiesen, bezüglich des letzteren auf Black und Scholes [BS73], Galai [Gal77], MacBeth und Merville [MM79, MM80] und Rubinstein [Rub85].

Die genannten Studien kommen zu dem Ergebnis, daß die APT einen höheren Anteil der Varianz eines Datensatzes als das CAPM erklären kann. Aufgrund der höheren Anzahl von Variablen ist dies jedoch kein sonderlich überzeugendes Argument, zumal die zugrundeliegende Faktorenanalyse den Nachteil besitzt, kaum Anhaltspunkte für die Interpretation der isolierten Faktoren zu liefern. Einzelne Studien, die exogen spezifizierte Variablen wie Inflationsrate und Bruttosozialprodukt als unabhängige Größen verwenden, können allerdings zumindest ökonomisch plausible Resultate vorlegen.

Im Hinblick auf die Optionspreistheorie soll hier lediglich festgehalten werden, daß systematische Abweichungen vom Black-Scholes-Modell, die zur Gewinnerzielung nutzbar wären, nicht gefunden wurden — jedenfalls bei Berücksichtigung der nichtverschwindenden Transaktionskosten. Die Ergebnisse sind insoweit mit dem OPM und der Hypothese effizienter

[69] Einen umfassenden Überblick empirischer Kapitalmarktforschung insbesondere aus dem deutschsprachigen Raum vermittelt der ZfbF-Sonderband "Empirische Kapitalmarktforschung" [BHS93].

Märkte überwiegend vereinbar. Es verbleiben allerdings auch hier signifikante Abweichungen, die weder vom Black-Scholes- noch von anderen diskutierten Modellen konsistent erklärt werden.

3.2 Experimentelle Untersuchungen

Wir wenden uns nun experimentellen Untersuchungen des Marktgeschehens zu, welche einige der grundlegenden Probleme empirischer Tests — wie sie gerade im letzten Abschnitt zu Tage traten — aufgrund der modellimmanenten Definition der Randbedingungen nicht aufweisen.

3.2.1 Frühe (Güter-)Marktexperimente

Eine etwas breitere Darstellung der experimentellen Wirtschaftsforschung, über Marktexperimente hinaus, wurde bereits in Abschnitt 2.3.2 gegeben. Hier sollen daher lediglich besonders relevante Vertreter dieser speziellen Gruppe diskutiert werden.[70]

Die erste Veröffentlichung, die sich mit einem experimentellen Markt befaßt, erschien schon 1948; im Mittelpunkt dieser Arbeit Chamberlins [Cha48] steht ein *Güter*markt. Wie weiter oben bereits diskutiert, konnten Anbieter und Nachfrager eines fiktiven Gutes, die jeweils individuelle Reservationsnutzen (bzw. -preise) besaßen, in einem unstrukturierten Verhandlungsprozeß individuelle Transaktionen abschließen. Im Vergleich mit den aus theoretischen Angebots- und Nachfragekurven abgeleiteten (kompetitiven) Marktresultaten fand Chamberlin neben großen Varianzen in den beobachteten Preisen vor allem ein erhöhtes Transaktionsvolumen und geringere Preise.

Eine Adaption dieses Modells, worin jedoch die ungeregelte Kommunikation durch eine rigide institutionelle Struktur — nämlich eine *continuous oral auction* — ersetzt wurde, zeigte nach Smith [Smi62] weit präzisere quantitative Prognoseerfolge des Konkurrenzgleichgewichts. Dessen "Versagen" in den Experimenten Chamberlins wurde deshalb insofern auf die dezentral erfolgenden Transaktionen zurückgeführt,[71] als die Transaktionspreise unter diesen Umständen keine allgemein zugängliche Information waren und nicht als Allokationssignal wirken konnten. Unter den (bilateralen) Abschlüssen befanden sich daher stets solche, die bezüglich des Konkurrenzgleichgewichtspreises *extramarginal* waren, also bei einer zentralen Marktabwicklung zu einem einheitlichen Preis nicht getätigt worden wären.

---

[70] Als aktuelle Quellen für einen fundierten Überblick über dieses Gebiet sind unzweifelhaft Roth [Rot93] und, aus dem deutschsprachigen Raum, Bienert [Bie94] zu nennen.

[71] Zudem wurden die Teilnehmer von Chamberlins Experimenten *nicht* entlohnt, es handelte sich um Studenten seiner Kurse.

Die Arbeit Chamberlins hatte das Interesse an experimentellen Studien des Marktgeschehens, insbesondere des Einflusses der institutionellen Regelungen, der Marktformen und -größen stark stimuliert. In der Folge wurden daher auch monopolistische, duopolistische und oligopolistische Märkte untersucht, so von Hoggatt [Hog59], Sauermann und Selten [SS59, SS60], Siegel und Fouraker [SF60], Fouraker, Shubik und Siegel [FSS61, FS63] sowie Fouraker, Siegel und Harnett [FSH62]. Während Hoggatt sich mit Duopolen und Oligopolen befaßte, standen im Mittelpunkt der Arbeiten von Siegel, Fouraker und Koautoren bilaterale Monopole.

Wie Siegel und Fouraker versuchen auch Sauermann und Selten, ihre experimentellen Resultate durch eine "eingeschränkt rationale" Theorie der "Anspruchsniveaus" zu erklären, wobei deren axiomatische Fundierung und allgemeine Formulierung, insbesondere in einer weniger situationsspezifischen Form, jedoch Schwierigkeiten bereitet und die Frage umstritten ist, ob es sich selbst bei ggf. klar definierbaren und empirisch erhebbaren "Anspruchsniveaus" nicht bestenfalls um intermediäre Variablen handelt oder tatsächlich originäre Entscheidungsdeterminanten vorliegen. Die beiden letztgenannten Autoren sind auch stärker auf eine Erfassung und Beschreibung des Entscheidungs*prozesses* aus, wie früher bereits Simon [Sim56, Sim59]. Der Ansatz eingeschränkt rationalen Entscheidungsverhaltens und insbesondere die Anspruchsanpassungstheorie wurden später vor allem im deutschsprachigen Raum weiterentwickelt, so von Selten [Sel67a, Sel67b, Sel67c], speziell im Hinblick auf Oligopolexperimente, und von Tietz [Tie67, Tie83].

3.2.2 Neuere (Kapital-)Marktexperimente

In der neueren Literatur, was hier im Sinne der seit Beginn der achtziger Jahre dieses Jahrhunderts bis heute erschienenen Artikel verstanden werden soll, konzentriert sich der Gegenstand experimenteller Untersuchungen von Märkten relativ stark auf Finanzmarktmodelle.[72]

Als besonders illustrativer Vertreter sei zunächst die Arbeit von Weber und Camerer [WC92] kurz diskutiert: Darin wird das Verhalten von Versuchspersonen in einem Experiment untersucht, das die Möglichkeit

[72]Eine Ausnahme bildet zum Beispiel die von Kruse et al. [KRR+94] durchgeführte experimentelle Studie zum Bertrand-Edgeworth-Wettbewerb oligopolistischer Anbieter, die den deskriptiven Erfolg unterschiedlicher Markttheorien untersucht: das Konkurrenzgleichgewicht, die "Branchenlösung" (d.h. ein Kartell), Edgeworth-Zyklen und Nash-Gleichgewichte. Keine der genannten Theorien ist in der Lage, die beobachteten Daten — bei einer Anbieterzahl von vier — mit zufriedenstellender Präzision zu beschreiben, allerdings ist auch keine hochsignifikant zu verwerfen; die beobachtbaren Preiszyklen sind jedoch mit den Edgeworth-Zyklen am ehesten vereinbar. Hier handelt es sich übrigens auch um eine der seltenen Arbeiten, in der explizit Gleichgewichte in gemischten Strategien für das Gebotsverhalten der Oligopolisten betrachtet werden, da Gleichgewichte in reinen Strategien nicht existieren. Allerdings werden aufgrund der Komplexität des Problems nur symmetrische gemischte Gleichgewichte bestimmt, und diese werden nur für ein *one-shot game*, eine Periode des mehrperiodigen Modells, und nur numerisch ermittelt.

bietet, während einer festgelegten Anzahl von Perioden "Aktien" sechs verschiedener "Unternehmen" zu handeln[73]. Die Preispfade dieser "Aktien" beschreiben jedoch einen *random walk*, sie werden jedoch durch Zufallszüge exogen festgelegt und ergeben sich konkret durch Auf- oder Abwärtsschritte bestimmter Größe, deren Wahrscheinlichkeitsverteilung für die sechs "Unternehmen" A bis F jeweils unterschiedlich ist, so daß die Erwartungswerte der Kursveränderung von "stark positiv" bis "stark negativ" reichen. Dieser Mechanismus der Preisbildung, d.h. der Betrag der möglichen relativen Veränderungen sowie deren Wahrscheinlichkeitsverteilungen, ist *common knowledge*; die Zuordnung zwischen "Unternehmen" und Wahrscheinlichkeitsverteilungen ist jedoch nicht bekannt.

Ein wesentliches Ergebnis der zitierten Arbeit besteht in der Erkenntnis, daß sich die individuelle Portfolio-Zusammensetzung auch nach einer größeren Zahl von Perioden noch signifikant von der Vorhersage der *portfolio selection theory* unterscheidet. So halten zahlreiche Versuchspersonen auch dann noch einen erheblichen Anteil von "Verlierern" in ihrem Depot, wenn sie bereits ausreichend Gelegenheit hatten, die Kursverläufe der Objekte A bis F zu verfolgen.

Die hier vorzubringende Kritik setzt vor allem an der als vielleicht zu weitgehend einzuschätzenden Vereinfachung des betrachteten Modells (respektive an dessen Abweichungen von wesentlichen Stukturmerkmalen existierender Wertpapiermärkte) an: Sicherlich ist es ein interessantes Resultat, die experimentelle Verletzung der Theorie in *dieser* Umgebung reproduzierbar zu beobachten; es fragt sich jedoch, welcher Vorhersage- oder Erklärungsgehalt dieser Beobachtung für das Verhalten auf *realen* Aktienmärkten zukommt, wenn die Teilnehmer wissen, daß sie nicht einmal in ihrer Gesamtheit *irgendeinen* Einfluß auf den Preisverlauf besitzen — warum sollten sie sich in einer solchen Situation auch nur annähernd genauso verhalten oder denselben Prinzipien folgen wie in einer Umgebung, in der sie den Preis *bestimmen*?

In der Tat scheint die Vermutung naheliegend, daß die Versuchspersonen ihre "Alltagserfahrung", wonach die Wahrscheinlichkeit für die "Erholung" eines Aktienkurses mit zunehmender Dauer seines Falls zunimmt (z.B. weil der Anteil potentieller Investoren mit optimistischen Erwartungen wächst), in das Experiment zu übertragen versuchen und sich trotz der expliziten Ankündigung — bewußt oder nicht — weigern, die Unabhängigkeit wiederholter Zufallszüge mit negativem Erwartungswert der Änderung als den preisbestimmenden Mechanismus anzuerkennen ("*gambler's fallacy*").

Als zweites hier relevantes Beispiel wollen wir den experimentellen Finanzmarkt von Plott und Sunder [PS82] und die zweiperiodige Version

[73] Die Anführungszeichen sind hier gesetzt, weil die Identifizierung der experimentellen Objekte mit den ihnen zugeschriebenen Bezeichnungen doch sehr in Frage gestellt werden kann: Wie aus dem folgenden Text hervorgeht, fehlen ihnen einige Aspekte, die als wesentlich und charakteristisch gelten mögen.

von Forsythe, Palfrey und Plott [FPP82] betrachten. Die beiden weitgehend übereinstimmenden Untersuchungen haben "Wertpapiere" (*securities*) mit ein- bzw. zweiperiodiger "Lebensdauer" zum Gegenstand, die von den Teilnehmern gehandelt werden können und am Ende des Experiments zum Preis Null an den Experimentator zurückzuverkaufen sind. Der (Wieder-) Verwendungs- oder -verkaufswert dieser Wertpapiere wird durch einen Zufallszug, den "Umweltzustand", am Ende der Lebensdauer festgelegt, dessen Wahrscheinlichkeitsverteilung sich für die einzelnen Marktteilnehmer unterscheiden kann. Einige der Spieler werden bereits vor Handelsbeginn über den Umweltzustand in Kenntnis gesetzt, erhalten also "Insiderinformationen". Der Markt ist institutionell als zweiseitige öffentliche Auktion (*double oral auction*) implementiert und wird mehrmals repliziert.

Die Autoren zeigen, daß die beobachteten Marktergebnisse mit hoher Präzision von einem Modell rationaler Erwartungen vorhergesagt werden, allerdings gilt dies nur für "erfahrene" Akteure, also solche, die bereits einige Marktperioden bzw. Replikationen erlebt hatten. Jedoch kommentieren Plott und Sunder ihre Resultate aufgrund der nicht unerheblichen Unterschiede zwischen "realen" Börsenmärkten und ihrer Modellexperiment selbst folgendermaßen: "*(we) do not attempt to evaluate these models as applied to the U.S. securities markets or any other complicated, naturally occurring market*" [PS82, S. 664].

In zahlreiche Studien ähnlicher Modelle wurde beachtliche Energie und Zeit investiert; um nur einige der wichtigsten Arbeiten zu erwähnen, die in der Literatur zu finden sind, wären jene von Smith et al. [SWB+82], Friedman, Harrison und Salmon [FHS84], Smith, Suchanek und Williams [SSW88], Güth, Krahnen und Rieck [GKR92], Camerer [Cam92], Gerke und Bienert (1993) [GB93] sowie Stanley [Sta94] zu nennen. Selbstverständlich unterscheiden sich die in diesen Artikeln entworfenen und/oder experimentell untersuchten Modelle in verschiedenen Aspekten: Beispielsweise existieren zum Teil zusätzlich zu den "Kassamärkten" auch Terminmärkte, kommen die Preise hier immerhin endogen, dort hingegen exogen zustande, und so fort. Allen ist jedoch gemeinsam, daß ein Mechanismus zur endogenen Bestimmung der "Fundamentalwerte" fehlt. Vielmehr werden diese durch exogen festgelegte "Wiederverkaufswerte" (die möglicherweise das Ergebnis einer Lotterie darstellen), stochastische "Dividenden" mit a-priori definierten Wahrscheinlichkeitsverteilungen, oder ähnliche Artefakte ersetzt.

3.3 Erkenntnisziele des vorliegenden Modells

Für Finanzmarktexperimente, die insofern die Bezeichnung "realitätsnäher" in Anspruch nehmen könnten, als sie auch einen die Wertpapierdividenden endogen generierenden Gütermarkt implementieren, werden hier folgende Elemente als wesentlich betrachtet:

- Die Interaktion von jeweils mehreren Produzenten und Konsumenten auf einem Gütermarkt: keine Idealisierungen wie Monopole, vollständige Konkurrenz etc.
- Echte strategische Freiheit aller Agenten: keinerlei exogene Angebots- oder Nachfragekurven bzw. -funktionen
- Wertpapiere, deren "Fundamentalwerte" auf erwirtschafteten Gewinnen basieren: keine künstlich definierten "Wiederverkaufswerte" o.ä.
- Echte Marktpreise, die durch Angebot und Nachfrage zustande kommen: keine exogenen Preiskurven, auch keine stochastischen
- Unterschiedliche Informationsbedingungen und Marktkonstellationen

Solche Experimente eröffnen die Möglichkeit, charakteristische Eigenschaften menschlichen Entscheidungsverhaltens auf komplexen Finanzmärkten zu untersuchen; insbesondere sind folgende Fragen von Interesse:

- Inwieweit werden die tatsächlich realisierten Marktpreise durch die zu erwartenden Firmengewinne (und ggf. deren Risiko) bestimmt (CAPM)?
- Welche Portfoliostruktur werden die Akteure erreichen oder anstreben (*portfolio selection theory*)?
- Signalisieren die Marktpreise private Information, etwa über Kosten- und Verwendungswertfunktionen (Informationseffizienz)?
- Wie hoch ist die allokative Effizienz des Marktgeschehens?
- Erreichen die Märkte ein Gleichgewicht im Sinne eines stationären Zustands?
- Handelt es sich dabei, falls ja, um ein Gleichgewicht etwa im Sinne der Spieltheorie (Nash-Gleichgewicht) und/oder traditioneller Markttheorien (Konkurrenzgleichgewicht auf dem Gütermarkt)?
- Ändern sich die Antworten auf die obigen Fragen mit der Zeit (Lernverhalten)?
- Lassen sich die Resultate durch Einsatz von Entscheidungsvorbereitungsinstrumenten verändern (verbessern)?[74]

[74] Diese Fragestellung ist zentraler Gegenstand eines von der Deutschen Forschungsgemeinschaft (DFG) unter dem Aktenzeichen Gu-145/6-1 unterstützten Forschungsprojekts.

Mit dem Design des im folgenden Kapitel vorgestellten Modells verbindet sich die Hoffnung, in Form der darauf basierenden Software ein Instrumentarium als Grundlage für experimentelle Untersuchungen zur Verfügung zu stellen, um einen Schritt in Richtung auf das Ziel voranzukommen, einen größeren Teil des strukturellen Gehalts realer Wertpapiermärkte abzubilden.[75]

[75] Wir stehen mit dieser Zielsetzung nicht allein: Auch andere Autoren, z.B. Hey [Hey91] und Camerer [Cam92], fordern eine stärkere Berücksichtigung "naturalistischer" Aspekte.

Man muß Hypothesen und Theorien haben, um seine Kenntnisse zu organisieren, sonst bleibt alles bloßer Schutt, und solche Gelehrten gibt es in Menge.

Georg Christoph Lichtenberg

4 Ein Modell zweier interdependenter Märkte

4.1 Die allgemeine Grundstruktur

Wie bereits mehrfach betont, betrachten wir es als eine der wesentlichen Eigenschaften des vorgeschlagenen Modells, die zahlreichen exogen vorgegebenen und artifiziellen Aspekte bisher diskutierter Finanzmarktexperimente zu verringern und möglichst weitgehend durch endogene, "naturanaloge" oder realitätsnähere Konstruktionen zu ersetzen. Außer den "technologisch-physischen" Randbedingungen (die sich in Kostenfunktionen der Unternehmen und Verwendungswertfunktionen der Konsumenten niederschlagen) und institutionellen Strukturen (im wesentlichen den Marktmechanismen) sind alle wesentlichen Größen komplett endogenisiert, resultieren also aus dem Verhalten der Agenten, denen vollständige strategische Freiheit gewährt wird. Dies gilt unter anderem für Preise und Umsätze auf dem Gütermarkt, Firmengewinne und -dividenden, Wertpapierkurse und -umsätze, also praktisch alle interessierenden Variablen.[76]

Die Grundidee besteht darin, den aus der Realität vertrauten Sachverhalt abzubilden, wonach den an Wertpapierbörsen gehandelten Finanzinstrumenten[77] in der Regel realwirtschaftliche Korrelate gegenüberstehen, deren strategisches Handeln ausschlaggebend für ihren Erfolg ist — und damit letztlich, jedenfalls langfristig, auch für die Bewertung ihres Aktienkapitals. Diese realwirtschaftliche Korrelate, also Firmen, die auf Güter- oder Dienstleistungsmärkten aktiv sind, sollen anders als bisher explizit modelliert und von realen Agenten verkörpert werden, so daß sich Abstraktionen wie Lotterien, stochastische Preispfade oder ähnliches zur Repräsentation der nicht abgebildeten Aspekte erübrigen.

Eine kurze Anmerkung sei noch vorweggeschickt, bevor die Modellstruktur detailliert erörtert wird: Das betrachtete Grundmodell bietet zahlreiche Möglichkeiten, einzelne Aspekte — unter anderem Informationsbedingungen — auf vielerlei Weise zu variieren. Es sind deshalb an

[76]Eine vorgenommene Einschränkung besteht allerdings in dem Verbot, gleichzeitig Kauf- und Verkaufsgebote für das gleiche Objekt abzugeben. Dies dürfte jedoch für "normale" Marktteilnehmer — im Gegensatz etwa zu *market makers* — keine starke Einschränkung sein.

[77]Hier ist in erster Linie an Aktien und ähnliche Instrumente der direkten Beteiligung am Unternehmenserfolg gedacht, weniger an Derivate und Finanzinnovationen.

verschiedenen Stellen in den folgenden Abschnitten qualifizierende Einschübe wie etwa "potentiell" oder "im allgemeinen" anzutreffen, die darauf hindeuten sollen, daß auch eine abweichende Regelung oder Definition getroffen werden kann, teilweise in der experimentellen Implementation auch wurde. Dies wird jedoch aus dem jeweiligen Zusammenhang stets deutlich werden.

4.2 Das Modell im Detail

4.2.1 Die Partialmärkte und ihre Agenten

Die "Welt" des Modells setzt sich aus den beiden bereits kurz skizzierten Märkten, also einem Güter- und einem Kapitalmarkt, zusammen. Auf dem Gütermarkt existieren zwei disjunkte Mengen von Entscheidern, die $n_f \geq 2$ Produzenten (Unternehmer, Anbieter, Firmen) und die $n_c \geq 2$ Konsumenten (Nachfrager); diese funktionale Trennung bleibt während des gesamten Zeithorizonts des Modells erhalten. Auf dem Kapitalmarkt können n_S Teilnehmer mit Wertpapieren der Unternehmen handeln; eine bleibende Unterscheidung analoger Art besteht nicht, die Investoren können also im Rahmen ihrer Budgets und Depotbestände nach Wahl Wertpapiere erwerben oder veräußern.

Zunächst setzen wir voraus , daß es sich bei den $n_C := n_f + n_c$ Gütermarktteilnehmern und den n_S Investoren um verschiedene Agenten handelt; die Gesamtzahl der Spieler ist dann $n = n_C + n_S$. Diese Prämisse kann jedoch auch aufgehoben werden; auf diese Möglichkeit gehen wir weiter unten ein.

Die beiden Partialmärkte sind in einer zeitlichen Reihenfolge verbunden: Die Abgabe von Geboten für den Wertpapiermarkt ist erst möglich, nachdem der Gütermarkt geräumt wurde. Eine solche Sequenz bildet eine Periode des Modells; bis zu dessen Zeithorizont wird sie T mal wiederholt.

4.2.1.1 Der Gütermarkt

Die institutionelle Struktur des Gütermarkts entspricht jener einer Warenbörse; Gegenstand des Handels ist ein (abstraktes) homogenes, unteilbares, kurzlebiges Konsumgut. Auf dem Markt treten die Produzenten als Anbieter, die Konsumenten als Nachfrager auf. Je Periode und Agent darf höchstens ein Gebot abgegeben werden.[78]

Das Verkaufsgebot (Angebot) eines Unternehmers spezifiziert den geforderten Mindestpreis (pro Stück) sowie die zu diesem Preis erhältliche Menge.

[78] Die Abgabe von Kauf- *und* Verkaufsgeboten durch ein und denselben Agenten scheidet im vorliegenden Modell aufgrund der Differenzierung in Produzenten und Konsumenten natürlicherweise aus. Eine Einschränkung der Aktionsfreiheit liegt also nur insoweit vor, als nicht gleichzeitig mehrere verschiedene Gebote — unabhängig davon, ob diese als alternativ, unabhängig oder gekoppelt zu interpretieren wären — gestattet sind.

Der Anbieter verpflichtet sich, auch eine geringere Stückzahl als angeboten zu liefern. Statt zu einem positiven Minimalpreis darf i.a. auch "unlimitiert" ("bestens") angeboten werden; in diesem Fall erklärt sich der Anbieter bereit, die gebotene (oder eine geringere) Menge zu jedem nichtnegativen Preis zur Verfügung zu stellen.

Durch sein Kaufgebot (seine Nachfrage) gibt ein Konsument an, welchen Höchstpreis (pro Stück) er zu zahlen bereit ist, sowie die zu diesem Preis nachgefragte Menge. Der Nachfrager verpflichtet sich, auch eine geringere Stückzahl als nachgefragt abzunehmen. Statt zu einem endlichen Maximalpreis darf i.a. auch "unlimitiert" ("billigst") nachgefragt werden; in diesem Fall erklärt sich der Nachfrager bereit, die spezifizierte (oder eine geringere) Menge zu jedem nichtnegativen Preis abzunehmen.

Nachdem alle Gebote einer Periode abgegeben wurden — oder, je nach Modellversion, die Gebotsfrist verstrichen ist — findet eine zweiseitige simultane Auktion mit privaten Geboten (*simultaneous, double-sided sealed-bid auction)* statt.[79] Der (fiktive) Auktionator, d.h. der Preisfindungs- und Zuteilungsalgorithmus, bestimmt nach dem üblichen Meistausführungsprinzip (Maximierung der handelbaren Stückzahl) den markträumenden Gleichgewichtspreis[80] sowie die einzelnen Umsätze. Sofern bei dem so ermittelten Marktpreis ein Angebots- oder Nachfrageüberschuß vorliegt, kommt zur eindeutigen Festlegung der individuellen Zuteilungen einer der in Abschnitt 4.2.4 beschriebenen Rationierungsmechanismen zum Einsatz.

Anschließend werden alle Marktteilnehmer über die Ausführung ihres jeweiligen Auftrages informiert, erfahren also zumindest den Marktpreis und ihren individuellen Umsatz. Das Ausmaß der Information über weitere Marktergebnisse ist abhängig von der jeweiligen Modellversion; nähere Angaben sind in Abschnitt 4.2.3 zu finden.

Die hier beschriebene Marktinstitution nennen Smith et al. [SWB+82] den "PQ-Mechanismus",[81] über den sie sich wie folgt äußern: "[*The 'PQ mechanism'*] *is an abstract mechanism with no operating field counterpart known to us. We have chosen it for study because of its important theoretical property (incentive compatibility) ...*" [SWB+82, S. 62].

Die Eigenschaft der Anreizkompatibilität[82] ist auch einer der Gründe für die Auswahl dieses Mechanismus im vorliegenden Modell (neben der auf diese Weise erzielbaren, erwünschten formalen Symmetrie zwischen Güter-

[79] Dieser Marktmechanismus ist auch unter dem Namen *call market* bekannt.

[80] Eine detailliertere Beschreibung der Preisregel ist weiter unten zu finden.

[81] (Price and Quantity)

[82] Ein Mechanismus heißt *anreizkompatibel*, wenn mit der individuellen Rationalität der Spieler nur Strategienkombinationen vereinbar sind, welche die vom *Designer* des Mechanismus gewünschten Resultate implizieren — also kein Anreiz besteht, von dessen "Zielen" abzuweichen. Es muß an dieser Stelle darauf hingewiesen werden, daß der "PQ-Mechanismus" diese Eigenschaft nur unter bestimmten zusätzlichen Prämissen besitzt. Darauf gehen wir in Kapitel 5 im Detail ein.

und Kapitalmarkt): Unter den gegebenen Auktionsregeln[83] ist theoretisch eine sofortige Realisation der durch das Konkurrenzgleichgewicht (*CE, competitive equilibrium*) bestimmten Marktresultate zu erwarten, während z.B. eine kontinuierliche, zweiseitige Auktion einen mehr oder weniger raschen Konvergenzprozeß zu diesem Gleichgewicht aufweisen könnte — oder nicht einmal das. Unter Bezugnahme auf sein wegweisendes Marktexperiment von 1948 schreibt Chamberlin [Cha48]:

> "*My own skepticism as to why actual prices should in any literal sense tend toward equilibrium during the course of a market has been increased ... by failure, upon reflection stimulated by the problem, to find any reason why it should be so. It would appear that, in asserting such a tendency, economists may have been led unconsciously to share their unique knowledge of the equilibrium point with their theoretical creatures, the buyers and sellers, who, of course, in real life have no knowledge of it whatsoever*".[Cha48, S. 102]

Smith [Smi62] fügt in der Diskussion eines sehr ähnlichen Experiments hinzu, daß für derartige Märkte mit zeitlicher Struktur (*continous auctions*, gemeint ist die Wiederholung über mehrere Perioden)

> "*(demand and supply) schedules are modified as trading takes place. Whenever a buyer and a seller make a contract and 'drop out' of the market, the demand and supply schedules are shifted to the left in a manner depending upon the buyer's and seller's position on the schedules*".[Smi62, S. 115]

In einer solchen Situation ist also nicht einmal klar, gegen **welches** Gleichgewicht der Markt gegebenenfalls konvergieren sollte, da sich das theoretische (Konkurrenz-)Gleichgewicht mit jeder Markttransaktion verändert.

Ein weiterer Grund für die Auswahl des "PQ-Mechanismus" liegt in der Tatsache, daß ein '*operating field counterpart*', also eine Implementation dieses Verfahrens auf realen Märkten, entgegen Smiths Meinung durchaus existiert: So werden an den acht deutschen Wertpapierbörsen alle Aufträge für Aktien des Einheitsmarkts und alle "Kleinaufträge" (mit Stückzahlen, die kleiner als 50 oder nicht ganzzahlige Vielfache von 50 sind) nach diesem Verfahren einmal täglich ausgeführt. Auch die Eröffnungskurse der *New York Stock Exchange* werden mit diesem Mechanismus ermittelt.[84]

Im folgenden sollen nun zunächst die rollenspezifischen Eigenschaften des Modells diskutiert werden.

---

[83] und bestimmten zusätzlichen Prämissen, vgl. die vorhergehende Fußnote

[84] Allerdings ist es an diesen Börsen nicht untersagt, mehrere Gebote parallel abzugeben; ein solches Verbot wäre, anders etwa als in experimentellen Märkten, auch nicht verifizierbar.

Unternehmen

Die n_f Unternehmen können durch den Verkauf des Konsumguts Gewinne (oder Verluste) erwirtschaften. Sie sind mit einer Anfangsausstattung an (fiktivem) Bargeld, die durch den "Kontostand" $m_{i,0}$ auf ihrem "Girokonto" repräsentiert wird, sowie einer individuellen Kostenfunktion

$$\begin{aligned} c_{i,t}(q_{i,t}) &= \alpha_{i,t} + \beta_{i,t}(-q_{i,t}) + \gamma_{i,t}q_{i,t}^2 + \delta_{i,t}(-q_{i,t})^3 + \epsilon_{i,t}q_{i,t}^4 \\ & \quad \forall t = 1, ..., T;\ i = 1, ..., n_f \end{aligned} \tag{65}$$

versehen. Alle Funktionen sind vom Typ eines Polynoms (höchstens) vierter Ordnung mit positiver zweiter Ableitung, also steigenden Grenzkosten.[85] Die Parameter $\alpha_{i,t}, ..., \epsilon_{i,t}$ dieser Kostenfunktionen werden aus Verteilungen gezogen und sind im allgemeinen private Information; zumindest die Verteilungsfunktionen der Parameter sind jedoch bekannt.[86] Für die Zuteilung der Kostenfunktionen existieren zwei Varianten: In der "dynamischen Modellversion" erfolgt die Ziehung vor jeder Periode erneut, in der "statischen Version" einmal vor Beginn der ersten Periode. Wie generell innerhalb dieser Arbeit gilt auch hier, daß Güter- oder Wertpapiermengen (Stückzahlen) im Falle eines Kaufs positives, im Falle eines Verkaufs negatives Vorzeichen besitzen. Die Größe $-q_{i,t} \geq 0$ ist also die von Firma i in Periode t verkaufte Menge.

Pro Periode kann ein Verkaufsgebot abgegeben werden, worin die Angebotsmenge $0 \leq -s_{i,t} \leq S_i$ (hier ist S_i die Kapazitätsbeschränkung des Unternehmens) und das Preislimit $l_{i,t}$ zu spezifizieren sind. Je nach ausgewählter Variante kann das Unternehmen gezwungen sein, die angebotene Menge in jedem Falle zu produzieren, auch wenn sie nicht absetzbar ist (Produktion vor Vertrieb), oder die Produktionsmenge erst festzulegen, wenn der realisierbare Absatz bekannt ist (Produktion nach Vertrieb).[87] Im ersten Fall muß das Angebot zumindest die Budgetrestriktion

$$k_i + m_{i,t} - c_{i,t}(s_{i,t}) \geq 0 \ \ \forall t = 1, ..., T;\ i = 1, ..., n_f \tag{66}$$

erfüllen; hierbei wird mit $m_{i,t}$ der Bargeldbestand des Produzenten in Periode t und mit k_i die eingeräumte Kreditlinie bezeichnet. Dies sichert die Zahlungsfähigkeit der Firma selbst für die ungünstigste Möglichkeit eines komplett ausfallenden Absatzes. Für den zweiten Fall ist die *de facto* maßgebliche Budgetrestriktion erst *ex post* anzugeben, da sie von der nachgefragten Menge $-q_{i,t}$ abhängt, die kleiner als $-s_{i,t}$ sein kann: Bei dem gewählten Zuteilungsmechanismus kann trotz kostendeckender Wahl der Gebotspreise und -mengen ein Verlust auftreten, falls nur eine geringere

---

[85] Diese spezielle Form wird hier bereits im Hinblick auf die durchgeführten Experimente und die konkrete Gestaltung der Software eingeführt; wesentlich für die theoretischen Eigenschaften sind nur die positiven, steigenden Grenzkosten.

[86] In *einer* Variante werden auch diese nicht publiziert.

[87] Wegen der Kurzlebigkeit des Guts ist Lagerhaltung ausgeschlossen.

als die geplante Menge abgesetzt werden kann; aufgrund dann höherer Stückkosten beim gleichen Verkaufspreis deckt der Erlös möglicherweise nicht die Gesamtkosten. Daher wird entsprechend einer "konservativen Politik" auch in diesem Fall die oben angegebene Budgetrestriktion gefordert.

Der Gewinn (Verlust) des Unternehmens i in Periode t ist offenbar durch

$$\pi_{i,t} = -q_{i,t}p_t - c_{i,t}(q_{i,t}) \quad \forall t = 1, ..., T;\ i = 1, ..., n_f \tag{67}$$

gegeben. Bilden wir die intertemporale Präferenzstruktur des Unternehmens mit Hilfe eines Diskontfaktors ρ_f $(0 \leq \rho_f \leq 1)$ ab,[88] so ergibt sich der Gesamtgewinn des Unternehmens zu

$$\pi_i = \sum_{t=1}^{T} \rho_f^{t-T} \pi_{i,t} = \sum_{t=1}^{T} \rho_f^{t-T} \left(-q_{i,t}p_t - c_{i,t}(q_{i,t})\right) \quad \forall i = 1, ..., n_f. \tag{68}$$

Sofern das Unternehmen keine weiteren Aktivitäten (z.B. auf dem Wertpapiermarkt) entfalten kann, identifizieren wir diesen Ausdruck mit der Zielfunktion des Unternehmers, dem "*pay-off*". Andernfalls ist eine Ergänzung um entsprechende weitere Auszahlungsbestandteile vorzunehmen; Details hierzu sind weiter unten zu finden.

Konsumenten

Die Präferenzrelationen der $n_c = n_C - n_f$ Nachfrager bezüglich des Konsums einer bestimmten Gütermenge werden durch Verwendungswertfunktionen ("Nutzenfunktionen") der Form

$$u_{i,t}(q_{i,t}) = \kappa_{i,t} + \lambda_{i,t}\sqrt{q_{i,t}} \quad \forall t = 1, ..., T;\ i = n_f + 1, ..., n_C \tag{69}$$

repräsentiert, wobei $q_{i,t}$ für die in der Periode t konsumierte Gütermenge steht. Die Parameter $\kappa_{i,t}$ und $\lambda_{i,t}$ werden — ganz analog zu den Kostenfunktionen der Unternehmer — einmalig oder vor jeder Periode aus einer entsprechenden Wahrscheinlichkeitsverteilung durch Zufallszug ermittelt und sind im allgemeinen nur den jeweiligen Konsumenten selbst bekannt. Auch die Konsumenten sind mit einer Anfangsausstattung an Geld $m_{i,0}$ versehen.

Pro Periode kann jeder Konsument ein (Kauf-)Gebot abgeben, in dem er ein Preislimit $l_{i,t}$ und die nachgefragte Menge $0 \leq d_{i,t} \leq D_i$ spezifiziert; hier ist mit D_i die maximale Konsummenge pro Nachfrager und Periode bezeichnet. Der Aktionsraum wird durch die Budgetrestriktion

$$k_i + m_{i,t} - d_{i,t}l_{i,t} \geq 0 \quad \forall t = 1, ..., T;\ i = n_f + 1, ..., n_C \tag{70}$$

---

[88] An dieser Stelle ist es nicht nötig, bereits eine semantische Interpretation von ρ_f zu geben; erst bei der Verknüpfung mit einer experimentellen Implementation ist zu spezifizieren, ob dieser Faktor die unterschiedliche Bewertung von Auszahlungen zu verschiedenen Zeitpunkten, deren ggf. positive Verzinsung oder beides repräsentiert.

beschränkt, wobei wiederum $m_{i,t}$ für den Bargeldbestand in Periode t und k_i für die Kreditlinie des Konsumenten i stehen.

Führen wir — in Analogie zu dem im letzten Abschnitt über die Unternehmer Gesagten — zur Abbildung der intertemporalen Nutzenpräferenzen der Konsumenten einen einheitlichen, vorgegebenen Diskontfaktor ρ_c ($0 \leq \rho_c \leq 1$) ein, so erhalten wir für die Bewertung des Konsums über alle Perioden den Ausdruck

$$u_i = \sum_{t=1}^{T} \rho_c^{t-T} u_{i,t} \;\; \forall i = n_f + 1, ..., n_C, \tag{71}$$

den wir bei Abwesenheit anderer Aktionsmöglichkeiten mit der Zielfunktion der Konsumenten identifizieren. Ist die Teilnahme am Kapitalmarkt ebenfalls zulässig, so treten die weiter unten spezifizierten Auszahlungsbestandteile hinzu.

4.2.1.2 Der Wertpapiermarkt

Der zweite Markt entspricht einer Wertpapierbörse, an der die Anteile der n_f Firmen notiert und gehandelt werden. Die institutionelle Struktur ist identisch mit jener des Gütermarktes, es findet also eine simultane, zweiseitige Auktion mit privaten Geboten statt, die zu einem eindeutigen, markträumenden Gleichgewichtspreis führt. In jeder Periode t ($t = 1, ..., T$) kann jeder Marktteilnehmer[89] i jeweils nur ein Gebot (also ein Kauf- *oder* Verkaufsgebot) $y^j_{i,t}$ für die Anteile des Unternehmens j ($j = 1, ..., n_f$) abgeben.[90]

Marktteilnehmer

In der striktesten Modellvariante dürfen sich die Teilnehmer eines Marktes auf dem jeweils anderen nicht betätigen; die n_S Investoren sind nicht auf dem Gütermarkt aktiv, die n_C Produzenten und Konsumenten dürfen nicht mit Wertpapieren handeln; es gilt $n = n_C + n_S$. Es ist jedoch auch denkbar, diese Restriktion in unterschiedlichem Grade aufzuweichen: So kann etwa

- den Konsumenten die Teilnahme am Wertpapiermarkt gestattet werden
- zusätzlich den Produzenten, jedoch nicht mit eigenen Anteilen

[89] Wir unterscheiden hier wie generell in dieser Arbeit die Größen einzelner Agenten mit dem unteren Index i. Für den Fall, daß jeder Spieler nur auf einem der beiden Märkte aktiv sein darf (keine Überschneidung der Marktteilnehmer), läuft dieser Index von $i = n_C + 1$ bis $i = n$. Bei teilweiser oder vollständiger Überschneidung läuft i über alle Werte in der Menge der Kapitalmarktteilnehmer. Wo keine Verwechslungsgefahr besteht, verzichten wir auf die ständige Angabe der Indexmenge.

[90] Anders als in Fußnote 78 bezüglich der Gütermarktstruktur handelt es sich nicht um eine durch die funktionale Differenzierung in Unternehmer und Produzenten bedingte Einschränkung.

- schließlich ist auch diese Einschränkung aufzuheben.

In diesen drei Fällen sich ganz oder teilweise überschneidender Marktteilnehmermengen können neben den n_C Agenten des Gütermarkts noch weitere Investoren existieren, welche ausschließlich auf dem Kapitalmarkt aktiv werden, oder nicht. Zusammenfassend sind also alle denkbaren Teilmengenbeziehungen zwischen der Gruppe der Gütermarkt- und der Kapitalmarktteilnehmer möglich.

In der dargelegten Weise wäre es möglich, das Ausmaß der im Finanzmarkt präsenten 'Insider-Information' zu variieren: Die aus der Teilnahme am Gütermarkt resultierenden Kenntnisse sind in ihrer Gesamtheit für die Einschätzung der Wertpapiere relevant; während einer der zahlreichen Konsumenten nur einen sehr beschränkten Ausschnitt dieses Marktes kennt, liefert die Position des Unternehmers bereits mehr Informationen über die Situation der Konkurrenten (jedenfalls dann, wenn die diversen Kostenstrukturen nicht zu unterschiedlich sind) und natürlich ein sehr präzises Bild der Gewinnerwartungen des eigenen Unternehmens. So bietet sich eine Möglichkeit, die Signalfunktion des Marktgeschehens, letztlich also die Informationseffizienz eines solchen Marktes zu testen. Die Variation der Möglichkeit zur Teilnahme am Finanzmarkt ist auch insofern relevant, als in verschiedenen Ländern in der Realität gesetzliche Regelungen existieren, die zum Beispiel den Handel mit eigenen Wertpapieren einschränken oder ganz untersagen.

Außer der bereits früher erwähnten Erstausstattung an (natürlich fiktivem) Bargeld, dem "Kontostand" $m_{i,o}$ vor der ersten Periode, besitzen alle Finanzmarktteilnehmer auch ein Anfangsportfolio, das ihre jeweiligen Wertpapierbestände $a_{i,0}^j$ $(j = 1, ..., n_f)$ enthält.

Auch bei Wertpapiertransaktionen sind eindeutig definierte Restriktionen zu beachten; diese lauten für Kaufgebote

$$k_i + m_{i,t} - \sum_{\substack{j=1 \\ y_{i,t}^j > 0}}^{n_f} y_{i,t}^j w_{i,t}^j \geq 0 \ \forall t = 1, ..., T \tag{72}$$

und für Verkaufsgebote

$$a_{i,t-1}^j + y_{i,t}^j \geq 0 \ \forall t = 1, ..., T; \ j = 1, ..., n_f. \tag{73}$$

Hier steht $y_{i,t}^j$ für die jeweils zu erwerbenden ($y_{i,t}^j > 0$) oder zu verkaufenden ($y_{i,t}^j < 0$) Mengen, mit $w_{i,t}^j$ werden die Limitpreise bezeichnet, und $a_{i,t-1}^j$ sind die entsprechenden Bestände vor Ausführung des Auftrags. Die zweite Bedingung schließt Leerverkäufe ('short sales') aus; diese sind den Agenten untersagt. Ein Terminhandel ist ebenfalls nicht möglich; alle Kontrakte sind 'Kassageschäfte', also in der aktuellen Periode zu erfüllen.[91]

Nachdem alle Gebote abgegeben wurden (oder die Handelsperiode abgelaufen ist), werden die markträumenden Preise bestimmt, wie in Abschnitt 4.2.4 beschrieben. Anschließend werden alle Teilnehmer über ihre individuellen Transaktionsvolumina (Stückzahlen) $x^j_{i,t}$ der ausgeführten Aufträge sowie über die globalen Marktergebnisse, d.h. die Wertpapierpreise v^j_t und die Gesamtumsätze $x^j_t := \sum_{\substack{i=n_C+1 \\ x^j_{i,t}>0}}^{n} x^j_{i,t}$ informiert. Die Portfolios und Konten werden aktualisiert, eventuelle Dividenden (vgl. weiter unten) werden gutgeschrieben, und sämtliche Bestände werden in die nächste Periode übertragen.

Ohne schwerwiegenden Verlust an Allgemeinheit werden die Zinssätze für Guthaben und Kredite aus Gründen der Einfachheit und Übersichtlichkeit gleichgesetzt und auf Null normiert. Dies entspricht einer Interpretation aller im Modell auftretenden Renditen als Über- bzw. Unterrenditen im Vergleich zur Barkapitalverzinsung ('safe investment rate').

Dividendenpolitik

Bezüglich der Verwendung der Periodengewinne der Unternehmen herrscht eine konstante, einheitliche Politik: Ein gegebener Anteil μ $(0 < \mu < 1)$ des Gewinns einer jeden Firma wird an die Eigentümer seiner n_a Wertpapiere ausgeschüttet, so daß sich eine Dividende von

$$\Delta^j_t = \frac{\mu}{n_a} \pi_{j,t} \;\; \forall t = 1, ..., T;\; j = 1, ..., n_f \tag{74}$$

pro Aktie ergibt. Der verbleibende Anteil $1 - \mu$ stellt die (somit rein erfolgsabhängige) Vergütung des Unternehmers (Agenten des Unternehmens, Vorstands)

$$W_{i,t} = (1 - \mu)\, \pi_{i,t} \;\; \forall t = 1, ..., T;\; i = 1, ..., n_f. \tag{75}$$

---

[91] Der Autor ist sich darüber im Klaren, daß aus der Sicht des Praktikers ebenso wie der des Theoretikers der Einwand naheliegt, hierbei handle es sich um eine sehr weitgehende Einschränkung der strategischen Freiheit. In der Tat ist bekannt, daß z.B. in mehrperiodigen Finanzmarktexperimenten die Konvergenz zu ggf. existierenden Gleichgewichten durch Einführung von Terminmärkten beschleunigt werden kann, wenn "Insider" vorhanden sind; vgl. etwa Forsythe, Palfrey und Plott [FPP82]. Dem ist jedoch nicht nur entgegenzuhalten, daß bereits das vorliegende Modell an die Grenzen der kognitiven Kapazitäten der Teilnehmer in experimentellen Implementationen reicht; vielmehr verweisen wir explizit auf die weiter oben diskutierte Abwägung zwischen zu starker Abstraktion und zu hoher Komplexität, welche *gerade* bei der Aufnahme zusätzlicher als konstitutiv betrachteter Elemente in das Modell zu einer Konzentration auf wenige wesentliche *features* zwingt. Dies glauben wir mit der Einbeziehung des Gütermarkts und der Endogenisierung der Dividenden verwirklicht zu haben. Die verwendete Software ließe allerdings auch Leerverkäufe problemlos zu, wenn dies gewünscht wäre.

dar. Verluste werden nicht sozialisiert, sondern sind voll vom Unternehmer zu tragen, wobei die Dividende entfällt.

Wie bereits im entsprechenden Abschnitt 4.2.1.1 dargestellt wurde, ist unter den getroffenen Annahmen bei Abwesenheit anderweitiger Aktionsmöglichkeiten die Identität der Ziele "individuelle Nutzenmaximierung des Unternehmers" und "Maximierung des Unternehmensgewinns" sichergestellt:

$$u_{i,t} = W_{i,t} = (1 - \mu)\, \pi_{i,t} \;\forall t = 1, ..., T;\; i = 1, ..., n_f. \tag{76}$$

Sofern Unternehmern der Handel mit eigenen Wertpapieren erlaubt ist, wird die Situation hierdurch etwas komplexer. Unterstellt ein Produzent jedoch allen anderen Agenten Rationalität im Sinne wechselseitig konsistenter Erwartungen und handelt auch selbst entsprechend, so besteht aufgrund der konstanten Dividendenpolitik eine Proportionalität zwischen Unternehmensgewinn und Dividende sowie zwischen dem (über die verbleibenden Perioden aggregierten und ggf. diskontierten) Unternehmensgewinn und dem Kurs (dies wird bei der theoretischen Analyse des Modells, vergleiche Abschnitt 5, hergeleitet); in der Zielfunktion ändert sich daher hinsichtlich des eigenen Unternehmens lediglich die Proportionalitätskonstante zwischen $u_{i,t}$ und $\pi_{i,t}$.

Kann der Unternehmer auch mit Wertpapieren "fremder" Firmen handeln, so tritt die Vereinnahmung entsprechender Dividenden sowie möglicherweise die Realisation von Spekulationsgewinnen als weiterer Einkommensbestandteil hinzu.

4.2.2 Auszahlungsstruktur und -modus

In den vorhergehenden Abschnitten haben wir die Aktionsmöglichkeiten der Agenten auf den einzelnen Märkten, die mit entsprechenden Auszahlungsbestandteilen verbunden sind, dargestellt. Es verbleibt nun noch die Aufgabe, diese zu einer Gesamtauszahlung für jeden Spielertyp zusammenzufassen, die als Zielgröße im Sinne des "pay-off" der Spieltheorie zu interpretieren ist. Hierbei handelt es sich also um den mit einem bestimmten "Spielausgang" verbundenen Nutzenwert im Sinne der von Neumann-Morgensternschen Nutzentheorie.

An dieser Stelle sollte darauf hingewiesen werden, daß bei der Durchführung experimenteller Untersuchungen mit einer Implementation des Modells sorgfältig zwischen modellimmanenten, vom Experimentator definierbaren Nutzenfunktionen einerseits und "realen" Nutzenfunktionen, die den Versuchspersonen unterstellt werden bzw. ihr Verhalten zu beschreiben vermögen, zu unterscheiden ist.

Innerhalb des Experimentes bzw. Modells ist daher nur von objektiv meßbaren Größen die Rede gewesen, nämlich Geldbeträgen, Stückzahlen und Verwendungswerten; diese gehen als Argumente in eine Nutzenfunktion ein.

Aufgabe der experimentellen Wirtschaftsforschung ist es nun, die so definierte Nutzenfunktion möglichst mit der Zielsetzung der Versuchspersonen zu identifizieren. Als bisher einziges unumstrittenes Verfahren, diesen Zustand wenigstens näherungsweise zu erreichen, gilt eine Entlohnung der Subjekte in echter ("harter") Währung, die dem während des Experiments erzielten "Nutzenwert" direkt proportional ist. Sind die fraglichen Beträge hoch genug, so wird im allgemeinen von einer (annähernden) Identität zwischen theoretischer Nutzenfunktion und persönlicher Zielgröße der Versuchsteilnehmer ausgegangen.[92]

Im folgenden sollen also die in diesem Sinne theoretischen Nutzenfunktionen für Agenten, welche auf dem Gütermarkt entweder als Konsumenten oder als Produzenten auftreten können, angegeben werden.

4.2.2.1 Konsumenten

Wie sich aus der detaillierten Beschreibung der beiden Modellmärkte ergibt, tragen zum Ergebnis von Konsumenten

- der Kauf und Konsum von Gütern (Güterverwendungswert),
- der Handel mit Wertpapieren (Spekulationsgewinn) und
- die Vereinnahmung von Dividenden (Kapitaleinkünfte)

bei, sofern die strikte Trennung der Marktteilnehmer aufgehoben ist.[93] Ihr Geldbestand wird auf einem "Bankkonto" (Girokonto) von Periode zu Periode übertragen, wobei der Zinssatz für derartige Kassenbestände auf Null normiert ist. Die jeweils erzielten Verwendungswerte aus dem Güterkonsum werden auf einem separaten "Verwendungswertkonto" saldiert und gelten nicht als Zahlungsmittel, können also nicht für anderweitigen Erwerb eingesetzt werden.

Die Verwendungswertfunktion $u_{i,t}(q_{i,t})$ $(t = 1, ..., T;\ i = n_f + 1, ..., n_C)$ repräsentiert den Verwendungswert, im üblichen Sprachgebrauch den "Nutzen", der dem Konsumenten i durch den Kauf und Konsum einer bestimmten Menge $q_{i,t}$ des Gutes in der Periode t entsteht. Er repräsentiert gleichzeitig den Gegenwert des für den Erwerb aufgewandten Geldbetrages, der für andere Zwecke nicht mehr zur Verfügung steht. Da wir im Versuchsteilnehmer eine Nutzenfunktion induzieren möchten, die mit der hier definierten Verwendungswertfunktion koinzidiert, muß das "Verwendungswertkonto" offenbar zur Endauszahlung beitragen. Aus der (möglicherweise

---

[92] Vergleiche zu dieser Problematik auch die in Abschnitt 2.3 erfolgte Diskussion der experimentellen Methodik sowie Smith [Smi76].

[93] Hier und in den folgenden Ausführungen zur anderen Marktseite sind im — einfacheren — Fall ohne Marktüberschneidung die jeweils aus unzugänglichen Aktionen stammenden Auszahlungskomponenten gleich Null zu setzen.

diskontierten) Summe der Perioden-Verwendungswerte $u_{i,t}$ ergibt sich dessen Endstand $u_i = \sum_{t=1}^{T} \rho_c^{t-T} u_{i,t}$.

Der Kontostand des "Bankkontos" am Ende der letzten Periode spiegelt den Erfolg aller finanziellen Transaktionen wider, enthält also Spekulationsgewinne bzw. -verluste und Kapitaleinkünfte, vermindert um die Kosten des Gütererwerbs. Die Differenz zwischen End- und Anfangsbestand dieses Kontos stellt also einen weiteren Auszahlungsbestandteil dar.

Die Wertpapiere selbst hingegen besitzen keinerlei intrinsischen Wert, sondern erhalten nur aus dem Dividendenbezugsrecht (und ggf. der Hoffnung auf Spekulationsgewinne) einen abgeleiteten Wert, der jedoch mit Ablauf der letzten Periode verschwindet, da beide Einkommensquellen dann nicht mehr existieren. Gegebenenfalls noch vorhandene Depotbestände werden daher nach der letzen Periode mit Null bewertet. Dies steht übrigens — trivialerweise — in völliger Übereinstimmung mit dem *Capital Asset Pricing Model*, da der Erwartungswert zukünftiger Zahlungsströme in diesem Zeitpunkt auf Null fällt.

Zusammenfassend läßt sich die Auszahlungsfunktion (der *pay-off*) eines Konsumenten also folgendermaßen schreiben:

$$
\begin{aligned}
P_i &= m_{i,T} - m_{i,0} + \sum_{t=1}^{T} \rho_c^{t-T} u_{i,t}(q_{i,t}) \qquad (77)\\
&= m_{i,T} - m_{i,0} + \sum_{t=1}^{T} \rho_c^{t-T} \left(\kappa_{i,t} + \lambda_{i,t}\sqrt{q_{i,t}}\right) \quad \forall i = n_f + 1, ..., n.
\end{aligned}
$$

Nachdem wir den Zinssatz für Bargeld-Guthaben auf Null normiert haben, repräsentiert der Diskontierungsfaktor ρ_c nur noch die intertemporalen Präferenzen der Konsumenten. Da diese im allgemeinen individuell unterschiedlich und nicht objektiv meßbar sind, läßt es sich auch ohne großen Verlust an Realitätsnähe rechtfertigen, diesen mit eins zu identifizieren: $\rho_c = 1$. — Ohnehin ist die Verwendung von Diskontierungsfaktoren für experimentelle Realisationen spieltheoretischer Modelle umstritten, wenn der im Modell abzubildenden Ursache der Diskontierung (niedrigere Bewertung von Zahlungsströmen, die sehr weit von der Gegenwart entfernt sind) im Experiment kein vergleichbar langer Zeitraum (etwa die Dauer einer Periode) gegenübersteht. — Damit erhält man

$$
\begin{aligned}
P_i &= m_{i,T} - m_{i,0} + \sum_{t=1}^{T} u_{i,t}(q_{i,t})\\
&= m_{i,T} - m_{i,0} + \sum_{t=1}^{T} \left(\kappa_{i,t} + \lambda_{i,t}\sqrt{q_{i,t}}\right) \quad \forall i = n_f + 1, ..., n. \qquad (78)
\end{aligned}
$$

Selbstverständlich wäre es ohne Schwierigkeiten möglich, doch einen von eins verschiedenen Diskontierungsfaktor zu berücksichtigen, oder — naheliegend — für alle Agenten jeweils einen individuellen Faktor. Es ist jedoch nicht zu erkennen, welche grundsätzlichen Einsichten hierdurch zusätzlich zu gewinnen wären; es werden lediglich einige analytische Berechnungen etwas umfangreicher, und die (von den Versuchsteilnehmern ohnehin bereits als sehr hoch empfundene) Komplexität des Modells würde weiter steigen. Im folgenden soll daher stets von $\rho = 1$ ausgegangen werden.

4.2.2.2 Produzenten

Produzenten konsumieren keine Güter und verfügen deshalb auch nicht über ein Verwendungswertkonto. Sie können (bei Marktüberschneidung) durch

- die Herstellung und den Verkauf von Gütern (Produktionsgewinn),
- den Handel mit Wertpapieren (Spekulationsgewinn) und
- die Vereinnahmung von Dividenden (Kapitaleinkünfte)

Einkommen erzielen. Das "Bankkonto" eines Produzenten gibt den Gesamterfolg all seiner Transaktionen wieder. Unter analoger Anwendung der bereits über die Auszahlungsfunktion der Konsumenten getroffenen Aussagen, wobei wir auch den Diskontierungsfaktor der Produzenten mit eins identifizieren ($\rho_f = 1$), erhalten wir deren Auszahlung

$$P_i = m_{i,T} - m_{i,0} \;\; \forall i = 1, ..., n_f. \tag{79}$$

4.2.2.3 Investoren

Für Agenten, denen ausschließlich die Betätigung auf dem Wertpapiermarkt gestattet ist, ist der Gesamterfolg und damit die Geldauszahlung einfach durch

$$P_i = m_{i,T} - m_{i,0} \tag{80}$$

gegeben. Die oben für Konsumenten bzw. Produzenten angegebenen Formeln fallen natürlich zusammen und sind hiermit identisch, wenn die aus dem Gütermarkt stammenden Auszahlungskomponenten gleich Null gesetzt werden.

Bei der experimentellen Durchführung wird die Geldauszahlung in DM, $\overline{P}_i$, aus den erzielten Auszahlungswerten P_i $(i = 1, ..., n)$ in der fiktiven Währungseinheit ECU ("Experimental Currency Unit") durch einen vorher festgelegten und allgemein bekannten Proportionalitätsfaktor ("Devisenkurs") ϕ ermittelt.

4.2.3 Informationsbedingungen

Die institutionellen Strukturen der Märkte, die einzelnen Aktionsmöglichkeiten und ihre Reihenfolge und alle anderen "grundsätzlichen Merkmale" des Modells bzw. Experiments sind allen Agenten bekannt; in spieltheoretischer Diktion sind also die Spielregeln *common knowledge*.[94] Dies gilt auch für einige generelle Parameter der konkreten Modellvariante; dazu gehören unter anderem

- die Anzahl der Konsumenten, Produzenten und Kapitalmarktteilnehmer,
- die Zahl der Perioden,
- die optionale Verpflichtung der Unternehmer, angebotene Mengen tatsächlich zu produzieren sowie
- die optionale Möglichkeit, zu Preisen unter Stückkosten anzubieten.

Für eine Reihe weiterer Daten kann jedoch festgelegt werden, wer diese wann in welchem Umfang erhalten soll; hierdurch lassen sich die Informationsbedingungen in vielerlei Hinsicht variieren:

- Die aggregierten Gütermarktergebnisse einer Periode, also Preis (einschließlich Kurszusatz) und Umsatz, können jeweils vor Öffnung des Wertpapiermarkts dieser Periode, nach dessen Abschluß, oder gar nicht veröffentlicht werden. Hier könnte auch noch hinsichtlich der Empfänger solcher Informationen differenziert werden.
- Individuelle Gütermarktergebnisse, insbesondere die Umsätze der einzelnen Firmen, können allen, einzelnen oder keinen Teilnehmern mitgeteilt werden.
- Auch die Information über die Firmengewinne (und, daraus abgeleitet, Dividenden) kann vor oder nach der Abwicklung des Wertpapiermarkts erfolgen, wobei erneut nach Teilnehmergruppen unterschieden werden könnte. Auf diese Weise entsteht die Möglichkeit, einen "Insider"-Status zu definieren: Wer bereits zwischen Güter- und Wertpapiermarkt über die Höhe der realisierten Gewinne bzw. Dividenden informiert wird, kann als Insider gelten; wer diesen Informationsvorsprung nicht besitzt, ist "Nicht-Insider". Die Unternehmer selbst, die zumindest ihren eigenen wirtschaftlichen Erfolg kennen, nehmen in dieser Charakterisierung eine Zwischenstellung ein und sind als "natürliche (Teil-)Insider" zu betrachten, falls sie am Kapitalmarkt teilnehmen dürfen.

[94] Allerdings gibt es in der Realität — und damit auch in der experimentellen Implementation — wegen des dem Konzept des *common knowledge* zugrundeliegenden infiniten Informationsregresses — prinzipiell keine Möglichkeit, sich davon zu überzeugen, daß tatsächlich alle Agenten die gleichen Informationen besitzen.

- Das Wertpapiermarktgeschehen kann mehr oder weniger detailliert wiedergegeben werden: Lediglich die Kurse, auch die Kurszusätze, die Volumina, oder sogar die aggregierten Nachfrage- und Angebotskurven.
- Wie bereits früher erwähnt, kann die Zuweisung von Kosten- und Verwendungswertfunktionen einmalig zu Beginn ("statische Version") oder vor jeder Periode ("dynamische Version") erfolgen. In ersterem Falle ist ein indirektes Erschließen der realisierten Funktionstypen mit zunehmender "Erfahrung" zumindest potentiell möglich, in letzterem hingegen nicht.
- Den einzelnen Konsumenten kann lediglich ihre eigene Verwendungswertfunktion bekannt sein, sie können die gesamte Verteilung (im statistischen Sinne) kennen, oder auch die tatsächlichen Realisationen (jedoch im allgemeinen nicht die persönliche Zuordnung). Auf diese drei Abstufungen in der Kenntnis der Funktionstypen werden wir gelegentlich als "geschlossen", "halboffen" oder "offen" Bezug nehmen.
- Entsprechende Möglichkeiten bieten sich für die Kostenfunktionen der Unternehmen.

Weitere Variationen sind natürlich denkbar, jedoch im Rahmen dieser Arbeit nicht Gegenstand der Betrachtung — und in der eingesetzten Software bisher nicht implementiert. Es dürfte aber erkennbar sein, daß bereits mit den hier skizzierten Modifikationen eine ganze Reihe interessanter Studien zu verschiedenen Einzelfragen, insbesondere eben dem Einfluß unterschiedlicher Informationsbedingungen und "Insiderkenntnissen", realisierbar sind. Nur wenige der dargestellten Varianten wurden in den zu diskutierenden Experimenten bereits eingesetzt.[95]

4.2.4 Preisbestimmung und Rationierungsmechanismen

Die institutionelle Marktstruktur ist für Güter- und Finanzmarkt identisch: Alle Gebote werden privat abgegeben, vom Auktionator (in Form eines Computerprogramms) gesammelt und zu Angebots- und Nachfragefunktionen aggregiert; Marktpreis ist derjenige Preis, welcher den Stückumsatz maximiert und den Markt räumt:

$$p_t = \arg\min_p \left| \sum_{\substack{i=1 \\ l_{i,t} \le p}}^{n_f} s_{i,t} + \sum_{\substack{i=n_f+1 \\ l_{i,t} \ge p}}^{n_C} d_{i,t} \right| \tag{81}$$

[95] Aufgrund der statistischen Eigenschaften des Modells — hinsichtlich der meisten Variablen stellt ein Experiment strenggenommen genau eine Beobachtung dar — kann die Gewinnung signifikanter Aussagen allerdings relativ hohen Aufwand erfordern, wie später noch festzustellen sein wird.

und

$$\sum_{i=1}^{n_C} q_{i,t}(p_t) = 0 \quad \forall t = 1, ..., T \tag{82}$$

für den Preis p_t auf dem Gütermarkt, sowie

$$v_t^j = \arg\min_v \left| \sum_{\substack{i=1 \\ y_{i,t}^j<0 \\ w_{i,t}^j \leq v}}^{n_S} y_{i,t}^j + \sum_{\substack{i=1 \\ y_{i,t}^j>0 \\ w_{i,t}^j \geq v}}^{n_S} y_{i,t}^j \right| \tag{83}$$

und

$$\sum_{i=1}^{n_S} x_{i,t}^j(v_t^j) = 0 \quad \forall t = 1, ..., T; \; j = 1, ..., n_f \tag{84}$$

für die Wertpapierpreise v_t^j auf dem Finanzmarkt.

Liefert dieser Algorithmus keinen eindeutigen Marktpreis, weil bei einer mehr als einelementigen Menge von Preisen der gleiche (höchste) Stückumsatz erzielt wird, so werden sekundäre Kriterien zur Festsetzung herangezogen. Herrscht z.B. auf dem gesamten in Frage kommenden Preisintervall Angebotsüberschuß (Nachfrageüberschuß), so wird die untere (obere) Intervallgrenze als Marktpreis definiert; bei ausgeglichener Marktlage der Mittelpunkt des Intervalls. Feinere Details sollen hier nicht diskutiert werden; sie sind der Dokumentation des entsprechenden Software-Moduls zu entnehmen.[96] Die angewandten Verfahren entsprechen dem an realen Börsen vorzufindenden Usus.[97]

Zusatz	Bedeutung	Erläuterung
b	bezahlt	Der Markt ist zu diesem Kurs ausgeglichen
G	Geld	nur Nachfrage, dies ist das höchste Kauflimit
bG	bezahlt Geld	zu diesem Kurs noch unbefriedigte Nachfrage
B	Brief	nur Angebot, dies ist das niedrigste Verkaufslimit
bB	bezahlt Brief	zu diesem Kurs noch unbefriedigtes Angebot
T	Taxkurs	kein Umsatz; Kurs geschätzt
-	gestrichen	es kam kein Kurs zustande
a	ausgesetzt	keine oder nur unlimitierte Gebote

Tabelle 1: Kurszusätze bei der Preisfeststellung

[96] Vgl. den auf Seite 4 erwähnten, separaten Dokumentationsband.

[97] An (noch?) nicht automatisierten Börsenplätzen ist häufig keine explizite Regelung für solche Spezialfälle getroffen; die Preisfestsetzung steht dann meist im Ermessen des Händlers bzw. Market Makers, oder wird durch dessen Selbsteintritt (Eigenhandel) "gelöst".

Außer dem Marktpreis selbst wird auch ein Kurszusatz ermittelt (und ggf. zusammen mit dem Preis angezeigt), der die Marktlage zusätzlich charakterisiert. So steht etwa "bezahlt Geld", abgekürzt "bG", für einen Nachfrageüberschuß beim festgestellten Gleichgewichtspreis; es waren also noch Kaufgebote vorhanden, die nicht oder nicht vollständig ausgeführt werden konnten, obwohl ihr Limitpreis nicht zu niedrig angesetzt war. Tabelle 1 gibt die definierten Kurszusätze wieder.

Sofern die Marktseiten unterschiedlich lang sind, kommt einer der unten beschriebenen Rationierungsmechanismen zum Einsatz; Selbsteintritt des Auktionators, d.h. Kauf oder Verkauf von Stücken zugunsten bzw. zu Lasten eines ansonsten inaktiven "Depotreservoirs", findet nicht statt.

Für das Modell und dessen programmtechnische Implementation wurden vier Rationierungsvarianten in Erwägung gezogen und vorbereitet, die sich in der Auswahl der in die Rationierung einbezogenen Bieter und im Zuteilungsmechanismus unterscheiden: Einerseits wird entweder nur unter den marginalen Bietern rationiert (Gebotspreis = Marktpreis) oder unter den marginalen und supramarginalen Bietern (Gebotspreis gleich dem oder "besser" als der Marktpreis, d.h. bei Kaufgeboten höher, bei Verkaufsgeboten niedriger); andererseits können unter den zu rationierenden Geboten die zu berücksichtigenden zufällig ausgewählt werden, oder alle Gebote werden entsprechend der Übernachfrage bzw. des Überangebots linear gekürzt. Allen vier Varianten ist natürlich gemeinsam, daß submarginale Bieter stets leer ausgehen und alle berücksichtigten Bieter zum einheitlichen Marktpreis bedient werden.

Für alle in dieser Arbeit dokumentierten Experimente wurde stets der als "marginal, zufällig" (*MarginRandom*) bezeichnete Rationierungsmechanismus angewandt. Sei also z.B. beim ermittelten Marktpreis die Nachfrage höher als das Angebot; dann werden zunächst die Gebote aller Nachfrager ausgeführt, deren Limitpreise über dem Marktpreis liegen. Unter den marginalen Nachfragern wird per Zufall einer ausgewählt und, sofern das verbleibende Angebot hierzu ausreicht, voll bedient; dieser Vorgang wiederholt sich so lange, bis die zum ermittelten Marktpreis angebotene Menge vollständig zugeteilt wurde. Damit ist die Bestimmung der individuellen Zuteilungen abgeschlossen.

4.2.5 Buchhaltung

Die Kassenbestände der Agenten seien mit $m_{i,t}$ $(t = 1, ..., T; i = 1, ..., n)$, die Wertpapierbestände mit $a^j_{i,t}$ $(t = 1, ..., T; i = 1, ..., n; j = 1, ..., n_f)$ bezeichnet; der obere Index j identifiziert das jeweilige Unternehmen. Die Erstausstattungen sind $e_i = (m_{i,0}, a^1_{i,0}, a^2_{i,0}, ..., a^{n_f}_{i,0})$. Die für die einzelnen Märkte und Agententypen geltenden Budgetrestriktionen wurden bereits weiter oben angegeben. Zur Vereinfachung der Notation bezeichnen wir im folgenden die Produzenten mit den Indizes von 1 bis n_f, die Konsumenten mit den Indizes von $n_f + 1$ bis n. Sofern einer dieser Gruppen der Wertpapierhandel nicht gestattet ist, sind die entsprechenden Größen gleich Null zu setzen; analoges gilt umgekehrt für Investoren. Es ergibt sich unmißverständlich aus dem Zusammenhang, welche Gruppe jeweils gemeint ist.

Die Bestandsveränderungen nach einer Periode des Realgütermarkts lautet für die Konsumenten:

$$m_{i,t} := m_{i,t-1} - q_{i,t}p_t \quad \forall i = n_f + 1, ..., n \tag{85}$$

und für die Produzenten:

$$\begin{aligned} m_{i,t} &:= m_{i,t-1} + (1-\mu)\,\pi_{i,t} \\ &= m_{i,t-1} + (1-\mu)(-q_{i,t}p_t - c_{i,t}(q_{i,t})) \quad \forall i = 1, ..., n_f. \end{aligned} \tag{86}$$

Den Konsumenten wird der Güter-Verwendungswert der Periode t

$$u_{i,t}(q_{i,t}) = \kappa_{i,t} + \lambda_{i,t}\sqrt{q_{i,t}} \quad \forall t = 1, ..., T;\ i = n_f + 1, ..., n \tag{87}$$

auf ihrem Verwendungswertkonto ("Nutzenkonto") gutgeschrieben.

Nach einer Finanzmarktperiode errechnen sich die Bestandsveränderungen für alle Marktteilnehmer zu

$$a^j_{i,t} := a^j_{i,t-1} + x^j_{i,t} \quad \forall t = 1, ..., T;\ i = 1, ..., n;\ j = 1, ..., n_f \tag{88}$$

sowie

$$m_{i,t} := m_{i,t} - \sum_{j=1}^{n_f} x^j_{i,t}\, v^j_t + \sum_{j=1}^{n_f} a^j_{i,t}\Delta^j_t \quad \forall t = 1, ..., T;\ i = 1, ..., n. \tag{89}$$

Zur Interpretation von Gleichung (89) sei noch darauf hingewiesen, daß es sich um eine Wertzuweisung im üblichen Sinne handelt: *"Man nehme die Werte der rechten Seite, berechne das Ergebnis und weise dieses der linken Seite zu."* Anders als in Gleichung (85) ist das auf der rechten Seite erscheinende $m_{i,t}$ also der Kontostand vor, das auf der linken Seite erscheinende hingegen der Kontostand nach Berücksichtigung der Wertpapiertransaktionen.

We wish to find the mathematically complete principles which define 'rational behavior' for the participants in a social economy, and derive from them the general characteristics of that behavior.

John von Neumann und Oskar Morgenstern, 1947

Prioritäten setzen heißt auswählen, was liegenbleiben soll.

Helmut Nahr[98]

5 Theoretische Analyse des Modells

Aus spieltheoretischer Sicht stellt eine experimentelle Durchführung des im Abschnitt 4 beschriebenen allgemeinen Modells[99] ein endliches, sequentielles, nicht-kooperatives, extensives n-Personen-Spiel mit unvollständiger Information dar. Die T Perioden sind offensichtlich — wegen der Existenz von Zustandsgrößen und gemeinsamen Erfahrungen — nicht voneinander unabhängig und können nicht einfach als identische Replikationen eines einperiodigen Spiels betrachtet werden. Aufgrund der fehlenden informationellen Abgeschlossenheit existieren keine echten Teilspiele.

Eine (reine) Strategie eines Spielers besteht unter diesem Umständen aus einer Menge von $2\ T(1 + n_f)$ Funktionen der persönlichen Historie ("Spielvergangenheit") jenes Spielers, welche für jede theoretisch mögliche Situation (d.h. jede Konstellation von Zügen und Ereignissen bis zum jeweiligen Zeitpunkt) alle in Periode t $(t = 1, ..., T)$ zu tätigenden Gebote spezifiziert, also Menge und Limitpreis für den Gütermarkt sowie Mengen und Limitpreise für die n_f Wertpapiere. Dabei bedeutet der Ausdruck "Spielvergangenheit" die Gesamtheit aller Informationen, über die der Spieler in der jeweiligen Situation verfügt; im konkret betrachteten Modell sind dies neben den Spielregeln und Parametern unter anderem aktuelle und historische Kurse und Umsätze, Depotbestände, Kontosalden, Kosten- und Verwendungswertfunktionen etc. Der Begriff umfaßt auch sämtliche Erwartungen des Spielers über Parameter oder Größen, die für seine Entscheidung potentiell relevant, ihm jedoch nicht bekannt sind.

Bei der Suche nach einer theoretischen Lösung des Spiels werden wir, wie in der Spieltheorie üblich, volle Rationalität aller Spieler unterstellen. Dies bedeutet konkret, daß alle Agenten sich ausschließlich für die Maximierung ihrer in Abschnitt 4.2.2 definierten (Geld-)Auszahlung interessieren, domi-

[98]Deutscher *Mathematiker und Wirtschaftswissenschaftler*, *1931.

[99]D.h. des nicht durch die Restriktionen der vollständigen Information und des Investitionsverbots für Gütermarktteilnehmer eingeschränkten Modells, wo alle Agenten auf beiden Märkten agieren können.

nierte Strategien vermeiden, stets beste Antworten auf die Strategien ihrer Gegenspieler wählen und über unbegrenzte kognitive Fähigkeiten verfügen, die sie auch einsetzen.

Für den Leser dürfte es offensichtlich sein — wir gehen allerdings in Abschnitt 5.1.2 noch explizit darauf ein —, daß die Anwendung des Nash-Gleichgewichtskonzepts [Nas51] auf das in Betracht stehende allgemeine Modell mit unvollständiger Information und Marktüberschneidung eine (überabzählbar) unendliche Anzahl von Gleichgewichtspunkten liefert: *Nahezu jedes* Marktergebnis kann durch ein Nash-Gleichgewicht induziert werden, wenn entsprechende Strategienkombinationen und "*beliefs*" (Erwartungen) unterstellt werden.

Forsythe, Palfrey und Plott [FPP82, S. 538] bringen dies bereits für einen einzigen, isolierten Markt so zum Ausdruck:

> "*... for any set of vectors of returns to individuals virtually any price vector can be an equilibrium given the proper set of beliefs. This is possible because each individual bases his valuations, and hence his choices, entirely on the expected valuations of other individuals, without stipulating any connection with an underlying stream of returns from holding the asset.*"[100]

Wir beschränken daher in einem ersten Schritt zur Komplexitätsreduktion des Entscheidungsproblems unsere Analyse auf den Fall ohne Marktüberschneidung, in der allen Spielern eine eindeutige Funktion zukommt: Ein Agent tritt entweder als Produzent oder Konsument auf dem Gütermarkt oder als Investor auf dem Kapitalmarkt auf.

5.1 Keine Marktüberschneidung

Auch bei einer in diesem Sinne eindeutigen Rollenverteilung, die eine Kapitalverflechtung der Unternehmen untereinander und eine Beteiligung der Konsumenten an den Unternehmen ausschließt, besteht im allgemeinen noch eine unendlich große Multiplizität von Gleichgewichten in reinen Strategien, welche zu unterschiedlichen Marktpreisen und Allokationen führen; dies führen wir in Abschnitt 5.1.2 näher aus.

Bei dem gegebenen endlichen Zeithorizont verschwindet diese Beliebigkeit jedoch im Falle vollständiger Information, da die Anwendbarkeit der Rückwärtsinduktion dann alle nicht teilspielperfekten Gleichgewichte ausschließt und ein Satz konsistenter, rationaler Erwartungen an die Stelle beliebiger individueller *beliefs* tritt.[101] Wir betrachten daher zunächst diese leichter analysierbare Situation.

---

[100] Vgl. Forsythe, Palfrey und Plott [FPP82, S. 538].

[101] Es besteht eine gewisse Analogie zu der Tatsache, daß nach dem "Folk Theorem" der Spieltheorie für unendlich oft wiederholte Spiele ("Superspiele") nahezu jede beliebige

5.1.1 Formale Lösung des Falls vollständiger Information

Beschränken wir unsere Suche nach einer theoretischen Lösung vorerst auf den Fall vollständiger Information (und vorübergehend auf die statische Modellvariante), so können wir das von Selten [Sel65] eingeführte Konzept des *teilspielperfekten Gleichgewichts* anwenden. Aufgrund des endlichen Horizonts ist die Bestimmung teilspielperfekter Gleichgewichtsresultate hier mittels *Rückwärtsinduktion ("backward induction")* möglich. Im Gegensatz zur Situation bei unvollständiger Information existieren hier echte Teilspiele, wodurch die Menge potentieller Lösungskandidaten erheblich verringert wird.

5.1.1.1 Der Kapitalmarkt der Periode T

Wir beginnen die Analyse in der Periode T, nachdem der letzte Gütermarkt abgeschlossen wurde. Die Gebote für den Wertpapiermarkt dieser letzten Periode erfolgen in Unkenntnis der Gebote der jeweils anderen Marktteilnehmer, in spieltheoretischer Sicht also simultan. Der gesamte vorherige Spielverlauf ist aufgrund der Annahme vollständiger Information bekannt. Damit konstituiert die noch verbleibende Entscheidungssituation ein (echtes) Teilspiel.

Zu diesem Zeitpunkt sind die künftigen Wertpapiererträge eindeutig und deterministisch: Da ein Handel nach der letzten Periode nicht mehr möglich ist und Spekulations- bzw. Handelsgewinne somit ausgeschlossen sind, besteht der Ertrag eines Wertpapiers ausschließlich in der letzten noch ausstehenden Dividendenausschüttung. Dieser ist jedoch durch die Gewinne (oder Verluste) der Firmen auf dem bereits abgeschlossenen Gütermarkt eindeutig und deterministisch festgelegt und (bei den in diesem Abschnitt zugrundegelegten Informationsbedingungen) allgemein bekannt.

Bei Abwesenheit jeglicher Unsicherheit wäre daher jeder rationale Spieler — unabhängig von seiner Risikopräferenz — bereit, jede beliebige Menge von Wertpapieren der Firma j ($j = 1, ..., n_f$), die sich in seinem Depot befindet, zu einem Preis pro Aktie von

$$v_T^j \geq \Delta_T^j, \tag{90}$$

zu verkaufen; Δ_T^j ist hier die (sichere) Dividende je Aktie. Analog würde er zu jedem Preis

$$v_T^j \leq \Delta_T^j \tag{91}$$

Strategienkombination als Nash-Gleichgewicht zu rechtfertigen ist, von denen jedoch die meisten — u.a. wegen "unglaubwürdiger Drohungen", welche z.B. auf *grim strategies* beruhen können — eliminiert werden, sobald eine endliche, bekannte Endperiode eingeführt und das Prinzip der Rückwärtsinduktion einsetzbar wird. Die Anwendung dieses Konzepts wird also nicht nur durch das Vorliegen unvollständiger Information, sondern auch durch einen unendlichen Zeithorizont verhindert.

jede beliebige Menge (soweit es seine Zahlungsfähigkeit zuläßt) erwerben. Der Marktpreis ist folglich eindeutig durch die letzte Dividende bestimmt:

$$v_T^j = \Delta_T^j . \tag{92}$$

Der zu erwartende Umsatz ist abhängig von der Ausgestaltung der Transaktionskosten. Sind letztere positiv ("Maklergebühren"), so stellt sich ein Umsatz von Null ein; sind sie negativ ("Umsatzprovision"), ist der Umsatz nur durch die Portfoliobestände limitiert; sind sie gleich Null, so ist der Umsatz beliebig.[102]

Obwohl aus "anwendungsorientierter" Sicht möglicherweise lediglich die Gleichgewichts*resultate*, also Preise und Umsätze, von Interesse sein mögen, sollten in einer (auch) spieltheoretischen Arbeit doch, wo immer möglich, *vollständige Strategienvektoren* spezifiziert werden; dies ist hier zu leisten.

Aufgrund der unter den gegebenen Bedingungen vorliegenden Teilspielstruktur sind nur solche Strategienkombinationen Nash-Gleichgewichte des Gesamtspiels, welche auch in allen Teilspielen — also insbesondere dem hier betrachteten — die Gleichgewichtseigenschaft besitzen. Für die von solchen gleichgewichtigen Strategien implizierten (Teil-)Strategien für den letzten Wertpapiermarkt läßt sich folgende Aussage treffen:

- Bei positiven Transaktionskosten c_{Tr} (pro Stück, ggf. anteilig) ist der Handel zum Preis $v_T^j = \Delta_T^j$ mit negativen Auszahlungen verbunden und wird durch *no trade* (strikt) dominiert; das gleiche gilt für Käufe zu höheren oder Verkäufe zu niedrigeren Preisen. Käufe zu Preisen, welche mindestens um c_{Tr} unter Δ_T^j liegen und Verkäufe zu entsprechend höheren Preisen würden gegenüber dem "Nichtstun" präferiert, sind aber durch gleichgewichtige Strategienkombinationen nicht realisierbar, wie unmittelbar einleuchtet. Jedes existierende Nash-Gleichgewicht (in reinen Strategien)[103] schreibt für alle Spieler einen Gebotspreis vor, welcher zum Umsatz Null führt: Alle Kaufgebote spezifizieren Preislimits zwischen 0 und $\Delta_T^j - c_{\mathrm{Tr}}$ sowie beliebig große, nur durch die Budgetrestriktion begrenzte Stückzahlen; alle Verkaufsgebote nennen Preise zwischen $\Delta_T^j + c_{\mathrm{Tr}}$ und $+\infty$ sowie Stückzahlen, welche lediglich durch den Depotbestand nach oben beschränkt sind. Der resultierende Umsatz ist Null, es findet kein Handel statt; bei den üblichen Preisregeln wird der Preis $v_T^j = \Delta_T^j$ festgestellt, der jedoch wegen fehlenden Umsatzes ohne Auswirkung auf die Vermögenspositionen der Marktteilnehmer ist.

- Verschwinden die Transaktionskosten, so fallen die beiden Preisgrenzen $\Delta_T^j - c_{\mathrm{Tr}}$ und $\Delta_T^j + c_{\mathrm{Tr}}$ zusammen; alle Agenten sind daher indifferent

---

[102] In keinem der hier zu diskutierenden Experimenten wurden Transaktionskosten eingeführt.

[103] Wegen der strikten Dominanz würde diese Aussage auch für Gleichgewichte in gemischten Strategien gelten.

zwischen Geboten zum Preis Δ_T^j und *no trade*. Es gilt das im ersten Fall Gesagte mit der Modifikation, daß nunmehr jeder Umsatz zwischen Null und dem Gesamtbestand möglich ist.

- Bei negativen Transaktionskosten (Provisionen) wird *no trade* durch jeden Handel zu Preisen zwischen Δ_T^j und $\Delta_T^j - c_{\mathrm{Tr}}$ bzw. $\Delta_T^j + c_{\mathrm{Tr}}$ dominiert. Es existiert damit ein endliches Intervall möglicher Gleichgewichtspreise. Den Fall negativer Transaktionskosten wollen wir im folgenden jedoch nicht weiter betrachten.

Damit ist das rationale Verhalten für den Kapitalmarkt der letzten Periode vollständig spezifiziert. Wir fassen zusammen: Der Wertpapierumsatz ist abhängig von der Ausgestaltung der Transaktionskosten, der Preis jedes Titels jedoch durch $v_T^j = \Delta_T^j$ eindeutig determiniert; Handelsgewinne sind[104] nicht erzielbar.

5.1.1.2 Der Gütermarkt der Periode T

Schreiten wir nun bei der Analyse des Modells in Gedanken fort, nämlich zurück zum Gütermarkt der Periode T, so können an jener Stelle die Ergebnisse des folgenden Wertpapiermarktes bereits antizipiert werden. Tatsächlich stellt sich heraus, daß diese unter den gegebenen Bedingungen nicht einmal nötig sind, um das Rationalverhalten auf dem letzten Gütermarkt zu bestimmen: Da die Agenten dieses Marktes keine Wertpapiere halten, führt *jedes* spätere Verhalten der Kapitalmarktteilnehmer für sie zu der gleichen Auszahlung. Für die Produzenten und Konsumenten des Gütermarkts sind daher in dem aus den *beiden* letzten Märkten der Periode T bestehende Teilspiel lediglich die Aktionen auf dem Gütermarkt dieser Periode relevant.

Das resultierende Entscheidungsproblem ist ein *truncated game*, ein "verkürztes" Spiel: Zwar existieren nach dieser Stufe noch weitere Entscheidungsknoten, d.h. Teilbäume; diese können jedoch für die Bestimmung teilspielperfekter Gleichgewichtspunkte der Periode T für die Gütermarktteilnehmer "abgeschnitten" und durch die implizierten Auszahlungen, welche determiniert und antizipierbar sind, ersetzt werden.

Der nächste Lösungsschritt besteht also in der Analyse eines isolierten, einperiodigen Gütermarkts mit endlichen Zahlen von Agenten auf beiden Marktseiten und der in Abschnitt 4.2.1.1 definierten Struktur unter vollständiger Information.

Smith et al. weisen in ihrem AER-Papier von 1982 über '*Competitive Market Institutions*' [SWB+82, S.66] darauf hin, daß der weiter oben bereits diskutierte und in unserem Modell angewandte "PQ-Mechanismus" auf einem Markt mit statischen Angebots- und Nachfragefunktionen (die hier durch Kosten- und Verwendungswertfunktionen induziert werden)

---

[104] abgesehen von Provisionen

sicherstellt, daß jedes Konkurrenzgleichgewicht (*'competitive equilibrium'*, CE) ein Nashgleichgewicht (*'Nash equilibrium'*, NE) ist. Dies wurde bereits früher von Shubik [Shu77] sowie Dubey und Shubik [DS80] gezeigt.

Diese Aussage kann als Erweiterung bzw. Verallgemeinerung der Anreizkompatibilitätseigenschaften von *'single-unit double auctions'* (zweiseitigen Auktionen, bei denen Gebote jeweils nur für einzelne Einheiten abgegeben werden) betrachtet werden, die von Vickrey [Vic61, Vic62, Vic76] untersucht worden waren. Der darin zum Ausdruck kommende Grundgedanke kann etwa folgendermaßen wiedergegeben werden: Bei Anwesenheit von Fixkosten ist es kostspielig, vom Markt ausgeschlossen zu werden; daher ist das Unterbieten als potentieller Käufer bzw. Überbieten als potentieller Verkäufer unter den gegebenen Umständen dominiert und ein Gebotsverhalten optimal, das als "vollständig nachfrage-enthüllend" (*'fully demand-revealing'*) bzw. "vollständig angebots-enthüllend" bezeichnet werden könnte. Käufer und Verkäufer formulieren in diesem Fall also ihre jeweiligen Gebote entsprechend ihren wahren Bewertungen. Dieses Verhalten stellt eine wechselseitig konsistente (und in diesem Sinne rationale) Strategienkombination dar, die keinerlei Anreiz zur Abweichung bietet, mit anderen Worten: ein Nash-Gleichgewicht (in reinen Strategien). Wegen der Dominanzeigenschaft des ehrlichen Bietens läßt sich zeigen, daß kein anderes Nash-Gleichgewicht in nicht-dominierten Strategien existieren kann; es handelt sich also um die eindeutige Lösung.

Folgendes Beispiel verdeutlicht diese Aussage noch einmal: Überlegt z.B. ein Kaufinteressent, für das zu erwerbende Gut infinitesimal weniger als seine wahre Bewertung (den Reservationspreis) zu bieten, so sind zwei Fälle möglich: Liegt seine wahre Bewertung im intramarginalen Bereich (in diesem Falle also über dem festzustellenden Marktpreis), so führen "ehrliches Bieten" und "Unterbieten" zum selben Resultat, der Bieter ist also zwischen beiden Strategien indifferent. Liegt der wahre Wert unter dem Gleichgewichtspreis, ist er ebenso indifferent, da er mit beiden Varianten nicht zum Zuge kommen wird. Handelte es sich bei ehrlichem Bieten hingegen um ein marginales Gebot, so entstünde dem Kaufinteressenten ein Nullgewinn, da der Abwicklungspreis (Marktpreis) genau seiner wahren Bewertung entspricht. Bei Unterbieten hingegen wird sein Gebot submarginal, so daß der Bieter vom Handel ausgeschlossen wird und ihm die Fixkosten entstehen. In diesem Fall würde er "ehrliches Bieten" im Sinne von *fully demand-revealing* präferieren. Zusammenfassend ist Unterbieten bei Kaufgeboten also vom ehrlichen Bieten dominiert. Das analoge Argument gilt für den Fall des Verkaufs.

Um zu der für das Modell zweier Märkte unter den gegebenen Randbedingungen relevanten Marktstruktur zu gelangen, müssen wir die von Vickrey benutzte Voraussetzung aufheben, wonach jeder Marktteilnehmer maximal ein Stück erwerben bzw. veräußern kann, und zu in den Mengen kontinuierlichen Kosten- und Verwendungswertfunktionen übergehen. Zwar haben Shubik [Shu77] bzw. Dubey und Shubik [DS80] bewiesen, daß jedes aus einer Modellierung dieser Situation als nicht-kooperatives Marktspiel mit dem PQ-Mechanismus resultierende CE gleichzeitig ein NE ist, jedoch nicht der Umkehrschluß: Es können also im allgemeinen Nash-Gleichgewichte in reinen Strategien existieren, die nicht kompetitiv sind.

Drei in den folgenden Jahren erschienene Studien[105] haben sich dieser Problematik allerdings umfassend angenommen und vertiefen oder verallgemeinern die o.g. Erkenntnisse. Diese Autoren gelangen unter leicht abweichenden Prämissen zu eindeutigen Aussagen über hinreichende und/oder notwendige Bedingungen für die erwünschte Eigenschaft der Nash-Gleichgewichte — und damit für Anreizkompatibilität — sogar für ein allgemeineres Modell mit $m \geq 1$ Gütern.

Es zeigt sich, daß die genaue Gestalt der institutionellen Marktbeschaffenheit von wesentlichem und kritischem Einfluß für die Resultate ist. Ohne auf die weitreichenden allgemeinen Aussagen an dieser Stelle näher einzugehen, halten wir ein zentrales Theorem fest, welches von Benassy [Ben86] bewiesen wird. Unter der Annahme von fünf explizit formulierten Prämissen, welche für den von uns verwendeten Marktmechanismus bei Einsatz des Rationierungsverfahrens[106] *MarginRandom* (zufällige Rationierung unter den marginalen Bietern) erfüllt sind[107], läßt sich zeigen, daß

1. nicht-triviale Nash-Gleichgewichte[108] existieren,
2. jedes CE gleichzeitig ein NE ist,
3. jedes aktive[109] NE gleichzeitig ein CE ist und
4. jeder aktive Marktteilnehmer zum (walrasianischen) Gleichgewichtspreis bietet.

Diese überraschend eindeutige Aussage beruht maßgeblich auf Benassys *Axiom 5*, einer Forderung über Differentiationseigenschaften der Marktpreis- und Zuteilungsfunktionen der Marktinstitution, welche sich als ***notwendige*** Bedingung für ein CE erweist. Da eine Diskussion dieser Eigenschaft sehr erhellende Einsichten liefert, wollen wir etwas näher darauf eingehen: Die erwähnte notwendige Bedingung für die Existenz eines kompetitiven Gleichgewichts lautet

---

[105] Es handelt sich um die Artikel von Dubey [Dub82], Simon [Sim84] und Benassy [Ben86].

[106] Vgl. für eine nähere Beschreibung die Abschnitte 4.2.4 oder 6.2 dieser Arbeit.

[107] und hier mit einer Ausnahme nicht näher diskutiert werden sollen,

[108] Ein nicht-triviales Nash-Gleichgewichte ist in diesem Zusammenhang als eines definiert, in dem überhaupt Handel stattfindet, also ein positiver Umsatz erzielt wird.

[109] Ein Nash-Gleichgewicht heißt aktiv, wenn auf jeder Seite des Marktes mindestens zwei Agenten nichtverschwindende Mengen umsetzen.

$$\left.\frac{\partial\Phi_i\left(\{(p_k,q_k)\}_k\right)/\partial p_i}{\partial\Psi_i\left(\{(p_k,q_k)\}_k\right)/\partial p_i}\right|_{p_i=p^*} = 0\ \forall i. \tag{93}$$

Dabei ist mit $\Psi_i\left(\{(p_k,q_k)\}_k\right)$die *Marktzuteilungsfunktion* für Spieler i bezeichnet, welche jeder Kombination von Gebotspreisen und -mengen $\{(p_k,q_k)\}_k$ aller Marktteilnehmer die von Spieler i ver- bzw. gekaufte Menge zuordnet, und mit $\Phi_i\left(\{(p_k,q_k)\}_k\right)$seine *Marktpreisfunktion.*

Gleichung (93) ist erfüllt, wenn an der Stelle des Gleichgewichtspreises, $p_i = p^*$, entweder $\partial\Phi_i\left(\{(p_k,q_k)\}_k\right)/\partial p_i$ verschwindet oder $\partial\Psi_i\left(\{(p_k,q_k)\}_k\right)/\partial p_i$ unbeschränkt wird.

Wie Benassy erläutert, kann dies auf zweierlei Weise geschehen: Erstens im Fall der verschwindenden ersten Ableitung der Marktpreisfunktion Φ_i bezüglich des Gebotspreises individueller Bieter, wenn also der von i zu bezahlende Preis[110] an der durch das Gleichgewicht implizierten Stelle nicht auf seinen Gebotspreis reagiert — dies ist nur im Fall unendlich kleiner Marktanteile (unendlich großer Zahl von Marktteilnehmern) gegeben und führt bekannterweise zum Ergebnis der vollständigen Konkurrenz und des Preisnehmerverhaltens. Die zweite Möglichkeit besteht in einer Diskontinuitätsforderung für die Zuteilungsfunktion Ψ_i an derselben Stelle.

Der PQ-Mechanismus, d.h. die zweiseitige, simultane Auktion mit privaten Geboten und ggf. Rationierung der marginalen Bieter wie beschrieben, besitzt jedoch genau die letztgenannte Eigenschaft: Überschreitet der Gebotspreis eines einzelnen Bieters den (Nash-)Gleichgewichtspreis, so sinkt die ihm zugeteilte Menge diskontinuierlich von einem endlichen Wert auf Null.

Durch die Ausgestaltung der in dieser Arbeit verwendeten Marktinstitution haben wir daher sichergestellt, daß die Anreizkompatibilitätseigenschaft *trotz endlicher Zahl von Marktteilnehmern* vorliegt.

Wir können damit zusammenfassen: Abgesehen von Situationen, in denen weniger als zwei aktive Bieter auf mindestens einer Marktseite existieren — also einer *de facto* monopolistischen oder monopsonistischen Marktkonstellation bzw. einem bilateralen Monopol — impliziert jedes Nash-Gleichgewicht des beschriebenen nicht-kooperativen Marktspiels ein Konkurrenzgleichgewicht, in dem die Bieter Gebote entsprechend ihrer Grenzkosten- oder Grenzverwendungswertfunktionen abgeben und zum Gleichgewichtspreis des walrasianischen Marktgleichgewichts bieten.[111] Auch in dem genannten Ausnahmefall ist das CE ein NE, jedoch nicht zwangsläufig das einzige. Als NE wird das CE allerdings auch in diesem Fall immerhin

[110] In Benassys allgemeinem Modell brauchen nicht notwendigerweise alle Bieter zum gleichen Preis zu kaufen bzw. zu verkaufen.

[111] Für die genannten Ausnahmefälle mit nur einem aktiven Bieter auf mindestens einer der Marktseiten tritt eine Multiplizität von Nash-Gleichgewichten auf. Dieses Ergebnis überrascht angesichts der bekannten Analysen von Monopolen, Monopsonen und bilateralen Monopolen nicht.

durch rationale Erwartungen unterstützt: *Erwarten* alle Marktteilnehmer diese Lösung, so existiert für keinen ein individueller Anreiz zur Abweichung. Simon [Sim84] faßt dies wie folgt zusammen:

> *"We present a game-theoretic model of a pure exchange ... economy, in which buyers as well as sellers announce both quantities and prices. When byers act strategically, the 'Edgeworth nonexistence problem' is circumvented: under weak conditions, a pure strategy Nash equilibrium exists for this game. We make precise the Bertrand idea that when agents in a finite economy are permitted to compete-by-price the resulting allocations will be competitive. Specifically, the Nash equilibria for our game yield allocations that are 'competitive' allocations for the underlying exchange economy, provided that there are at least two buyers and two sellers actively trading in every market. Under this characterization of strategic behaviour, then, 'two is enough for competition'."*[112]

Damit können wir feststellen, daß das durch ein Nash-Gleichgewicht des nicht-kooperativen Modells implizierte Ergebnis des Gütermarkts in Periode T für den nicht-degenerierten Fall eindeutig und exakt durch das Konkurrenzgleichgewicht ('*CE result*') beschrieben wird.

5.1.1.3 Frühere Perioden: Rückwärtsinduktion

Diese Argumentationslinie läßt sich nun weiter in Richtung "Vergangenheit" fortsetzen. Wir betrachten zunächst die statische Modellvariante, in der die Zuordnung der Kosten- und Verwendungswertfunktionen einmalig vor der ersten Periode erfolgt und für alle T Perioden gültig bleibt.

Statische Variante

In Periode $T-1$, nachdem die Gütermarktresultate für $t = T-1$ bekannt sind, werden sich als markträumende Gleichgewichtspreise für die Wertpapiere die Summen der jeweiligen (deterministischen) Dividenden für die beiden letzten Perioden, $t = T-1$ und $t = T$, ergeben:

$$v^j_{T-1} = \Delta^j_{T-1} + \Delta^j_T \quad (j = 1, \ldots n_f) \tag{94}$$

Dabei wurde zusätzlich die statische Modellvariante vorausgesetzt; wegen der zeitlich konstanten Kosten- und Verwendungswertfunktionen verändern sich dann auch die aggregierten Angebots- und Nachfragefunktionen nicht, sind also die Unternehmensgewinne und damit die Dividenden in beiden Perioden identisch:

---

[112] Vgl. Simon [Sim84, S. 209].

$$\Delta^j_{T-1} = \Delta^j_T := \Delta^j \quad (j = 1, \dots n_f) \tag{95}$$

Damit erhalten wir für die Wertpapierpreise speziell

$$v^j_{T-1} = 2\,\Delta^j = 2\,v^j_T \quad (j = 1, \dots n_f) \tag{96}$$

Die iterative, analoge Anwendung dieses Induktionsverfahrens bis zur ersten Periode, $t = 1$, führt zu folgenden Aussagen für das statische Modell: Das Gütermarktgeschehen ist in allen Perioden identisch und wird — bis auf inaktive Gleichgewichte — jeweils durch das Gleichgewicht unter vollständiger Konkurrenz ('*competitive equilibrium*') beschrieben. Da die künftigen Dividenden und Wertpapierpreise von Beginn an mit Sicherheit antizipierbar sind, besteht für divergierende Erwartungen oder Risikopräferenzen keinerlei Raum, und die Wertpapierpreise sind vorhersagbar:

$$v^j_t = \sum_{t'=t}^{T} \Delta^j_{t'} = (T - t + 1)\,\Delta^j \tag{97}$$

Dieses Ergebnis entspricht, wie in einer früheren Andeutung bereits vorweggenommen, genau der "naiven" Anwendung des Capital Asset Pricing Modells der Kapitalmarkttheorie auf das hier beschriebene Modell zweier Märkte unter Abwesenheit von unvollständiger Information.[113]

Eine Anmerkung soll an dieser Stelle der Deutlichkeit halber der soeben abgeleiteten Lösung gewidmet werden: Unter den aufgezeigten Voraussetzungen schreibt das einzige teilspielperfekte Gleichgewicht des Gesamtspiels ein Verhalten vor, das auf jedem Gütermarkt exakt dem des klassischen Konkurrenzgleichgewichts entspricht: Alle Marktteilnehmer agieren als "Quasi-Preisnehmer" und "Quasi-Mengenanpasser", bieten also gemäß Grenzkosten bzw. -verwendungswert beim Gleichgewichtspreis. Wichtig ist hier zu betonen, daß dieses Verhalten *nicht* bereits als Prämisse eingeht, sondern *trotz* der oligopolistischen Modellierung als Rationalverhalten aus der spieltheoretischen Analyse der gewählten Marktstruktur resultiert.

Dynamische Variante

Wir betrachten nun die dynamische Modellvariante, in welcher die Zuordnung der Kosten- und Verwendungswertfunktionen vor jeder Periode erneut durch unabhängige Zufallszüge aus periodeninvarianten, bekannten Verteilungen erfolgt. Die Annahme vollständiger Information soll jedoch weiterhin gelten, d.h. nach erfolgten Zufallszügen werden alle Agenten über den Ausgang informiert.

[113]Allerdings legt diese Aussage den Gedanken nahe, "mit Kanonen auf Spatzen" zu schießen: Das CAPM leitet rationales Verhalten von im allgemeinen risikoaversen Entscheidern für risikobehaftete Wertpapiere in Anwesenheit einer sicheren Alternative ab. In dem hier betrachteten Fall beträgt deren — theoretische — Rendite Null und die Varianzen der Wertpapiere verschwinden. Die Vorhersage des CAPM reduziert sich dann auf den — ggf. diskontierten — Barwert des künftigen Zahlungsstroms, hier also der Dividenden.

Die Analyse wird dadurch vereinfacht, daß auch unter diesen Bedingungen Rückwärtsinduktion anwendbar bleibt: Endlicher Zeithorizont und vollständige Information genügen hierfür, weil die durch das Geschehen zwischen dem Beginn einer bestimmten Periode t — *nach* den Zufallszügen für diese Periode — und dem Spielende begrenzten Teilbäume des Spiels nach wie vor informationsmäßig abgeschlossen, d.h. echte Teilspiele sind.

Wir können deshalb einen großen Teil der obigen Resultate übernehmen; beginnen wir wiederum in der letzten Periode. Den Kapitalmarktteilnehmern sind dann vor Handelsbeginn die *ex post* realisierten Gütermarktparameter bereits bekannt, es gilt das früher abgeleitete Ergebnis: die Wertpapiere werden in Höhe der letzten auszuschüttenden Dividenden bewertet.

$$v_T^j = \Delta_T^j \quad (j = 1, \ldots n_f) \tag{98}$$

Vor Beginn des Gütermarkts der Periode T sind auch den Konsumenten und Produzenten die Realisationen der Marktparameter bekannt; wir erhalten hier analog zum früher gesagten das Konkurrenzgleichgewicht als — bis auf die bereits diskutierten Spezialfälle — eindeutige Lösung.

Ein neuer Effekt tritt nun bei der Anwendung der Rückwärtsinduktion um eine Periode auf: In der Bewertung der Aktien ergibt sich an dieser Stelle theoretisch eine Diskontinuität, die jedoch ohne Einfluß auf die Vermögensallokation bleibt, da die Information alle Investoren gleichzeitig erreicht und zwischen den relevanten Zeitpunkten *kein* Wertpapierhandel stattfinden kann, Handelsgewinne oder -verluste nicht realisierbar sind. Unter den gegebenen Bedingungen erfolgt *nach* dem Abschluß des Kapitalmarkts in $T-1$ und *vor* Beginn des Gütermarkts in Periode T ein neuer Informationszugang, nämlich die Information über die durch Zufallsereignisse ausgewählten Marktfunktionen. Diese neue Information wird also in dem Sinne sofort verarbeitet und spiegelt sich in den Marktpreisen der Wertpapiere, welche mit den durch die *ex-post*-Parameter des Gütermarkts determinierten (kompetitiven) Dividenden übereinstimmen.

Vor diesem Informationszugang jedoch ist allen Investoren lediglich die Wahrscheinlichkeitsverteilung der Marktparameter bekannt; sie besitzen identische *a-priori*-Erwartungen ("*common priors*") über deren Realisation. Wie Aumann [Aum76] zeigt, sind bei *common priors* und gleichem Informationsstand keine unterschiedlichen subjektiven Wahrscheinlichkeitsverteilungen möglich. Wir erhalten damit unmittelbar, daß die Wertpapiere zu diesem Zeitpunkt zum Preis der *a priori erwarteten Dividenden* $E\left[\Delta^j\right]$ bewertet werden: Für jede mögliche Realisation der Gütermarktparameter folgt das kompetitive Gleichgewicht; dieses ist zu bestimmen und die dadurch implizierten Dividenden sind mit ihrer Wahrscheinlichkeit zu gewichten, womit die genannte erwartete Dividende $E\left[\Delta^j\right]$ bekannt ist.

Genau diese Situation, dieser Informationsstand, liegt vor Beginn des Kapitalmarkts der Periode $T-1$ vor; die Dividenden dieser Periode stehen fest und sind allgemein bekannt, jene der Periode T hingegen nur im

Erwartungswert bekannt. Dies trifft auf alle Investoren in identischer Weise mit übereinstimmenden Erwartungen zu, so daß sich unmittelbar ergibt:

$$v_{T-1}^{j} = \Delta_{T-1}^{j} + E\left[\Delta^{j}\right] \quad (j = 1, \ldots n_f) \tag{99}$$

Der Gütermarkt der Periode $T - 1$ wird wiederum durch das Konkurrenzgleichgewicht beschrieben.

In analoger Weise läßt sich die Rückwärtsinduktion nun iterativ anwenden und führt zu folgendem allgemeinen Ergebnis:

Das Gütermarktgeschehen ist in der dynamischen Variante bis auf inaktive Gleichgewichte durch das von den jeweils realisierten Marktparametern implizierte Konkurrenzgleichgewicht gegeben. Für die Wertpapierpreise gilt

$$v_t^{j} = \Delta_t^{j} + (T - t)\ E\left[\Delta^{j}\right] . \tag{100}$$

Damit liegt unter der Annahme vollständiger Information auch für die dynamische Variante des Modells, in welcher vor jeder Periode erneut Zufallszüge die Zuordnung der Kosten- und Verwendungswertfunktionen festlegen, eine explizite und — bis auf inaktive Gleichgewichte — eindeutige Lösung vor.

5.1.2 Verallgemeinerung auf den Fall unvollständiger Information

Es ist nun der Versuch zu unternehmen, die Erkenntnisse des vorhergehenden Abschnitts für den Fall zu verallgemeinern bzw. zu modifizieren, daß die Bedingung der vollständigen Information (jedoch nicht die der Separation der Marktteilnehmer) aufgehoben ist. Dies ist z.B. bei den weiter oben bei der Modelldefinition als "halboffen" oder "geschlossen" bezeichneten Informationsbedingungen festgelegt werden (also wenn nicht alle realisierten Kosten- und Verwendungswertfunktionen bekannt sind).

Aus einer derartigen "Informationslücke" resultiert eine unterschiedlich weit gehende Unsicherheit über die Parameter des Gütermarktes; an die Stelle der sicheren Antizipierbarkeit tritt dann notwendigerweise eine Erwartungsbildung, die — je nach Variante — teilweise auf den bekannten Wahrscheinlichkeitsverteilungen beruhen kann (und dann also auch eine Erwartungswertbildung im mathematischen Sinne zuläßt) oder ohne diese Information gebildet werden muß. Hierdurch entsteht die Möglichkeit abweichender Erwartungen der einzelnen Agenten für das Gütermarktgeschehen, die sich in entsprechenden Divergenzen hinsichtlich der Erwartungen für Dividenden und Wertpapierpreise niederschlagen.

In Abwesenheit vollständiger Information wird, wie oben bereits bemerkt, die Anwendung des Konzepts der Teilspielperfektheit obsolet, da das einzige existierende Teilspiel mit dem Gesamtspiel identisch ist. Die bei vollständiger Information gegebene und zur Herleitung der obigen Lösung genutzte Möglichkeit zur isolierten Betrachtung der beiden Märkte einzelner Perioden ist damit nicht mehr vorhanden. Bevor wir auf den Effekt dieser schwerwiegenden Veränderung eingehen, wollen wir jedoch als Grundlage der Diskussion den isolierten Gütermarkt einer Periode unter eben diesen Bedingungen studieren, um dann die Auswirkungen der Einbettung in das mehrperiodige Modell und der Existenz des Kapitalmarkts zu studieren. Gleichzeitig wäre die folgende Analyse für den — vergleichsweise trivialen — Fall $T = 1$ relevant.

5.1.2.1 Der einzelne Gütermarkt

Die hier interessierende Entscheidungssituation kann folgendermaßen charakterisiert werden: Ein Markt mit endlicher Zahl von Agenten auf beiden Marktseiten, die im allgemeinen eine positive Menge (nicht notwendigerweise nur ein Stück) erwerben bzw. veräußern können und auf dem unvollständige Information herrscht, ist als strategisches (nicht-kooperatives) Spiel zu modellieren, in welchem die Agenten Preis- und Mengengebote abgeben. Gefragt ist nach der Existenz, Eindeutigkeit und Beschaffenheit von Nash-Gleichgewichten in reinen Strategien.[114]

Der aktuelle Stand der Forschung zu diesem Thema läßt sich wie folgt zusammenfassen: Die Frage muß unter den angegebenen allgemeinen Bedingungen als ungelöst betrachtet werden. Es existieren verschiedene Resultate für spezielle Situationen, welche in der Aussage übereinstimmen, daß eine unendlich große Zahl von Nash-Gleichgewichten in reinen Strategien existieren; genaueres insbesondere hinsichtlich der Eigenschaft der Kompetitivität, der Eindeutigkeit und der von den möglichen Gleichgewichten implizierten Preise und Allokationen ist nur unter weiteren, teilweise sehr restriktiven Prämissen abzuleiten. Einige wesentliche Ergebnisse sollen hier diskutiert werden.

Aufgrund der Möglichkeit, mehr als eine Einheit des Gutes pro Agent zu handeln, gilt die oben besprochene Dominanzaussage über "ehrliches Bieten" in der Vickrey-Auktion nicht mehr. Dubey sowie Dubey und Shubik [DS80,

[114] Die meisten Autoren stimmen in der Auffassung überein, daß gemischte Gleichgewichte für ein solches Marktspiel verhaltenstheoretisch als unglaubwürdig zu betrachten seien, da es sich um ein *one-shot game* handelt: das Spiel wird nur einmal gespielt, die mit dem Konzept der gemischten Strategie häufig verbundene — obwohl nicht zwingende — Interpretation im Sinne einer stochastischen Beschreibung des Ergebnisses zahlreicher Wiederholungen überzeuge daher nicht. Dies wird als Begründung dafür angeführt, sich bei der Suche nach potentiellen Lösungskandidaten auf reine Strategien zu beschränken.

Im vorliegenden Fall tritt zu diesem allgemeinen Argument die Tatsache hinzu, daß gemischte Strategien über einem bereits kontinuierlichen zweidimensionalen Strategienraum (je Spieler) mit nicht unerheblichen maßtheoretischen Schwierigkeiten verbunden sind.

Sofern gemischte Strategien nicht betrachtet werden (können), scheidet jedoch auch das ansonsten zur Einengung der Kandidatenmenge zu erwägende Konzept des *perfekten Gleichgewichts* aus.

Dub82] zeigten in einer Verallgemeinerung jedoch folgende Resultate für die in der hier interessierenden Modellvariante gegebenen Voraussetzungen:

1. Jedes Konkurrenzgleichgewicht (CE) ist ein Nash-Gleichgewicht in reinen Strategien (NE).
2. Jedes typensymmetrische NE ist ein CE, wenn jeder Typ in der Ökonomie mindestens zweifach vertreten ist.

Zur Erläuterung sind zwei Definitionen nötig: Agenten eines einheitlichen *Typs* besitzen identische Werte für alle sie charakterisierenden Attribute; im Modell zweier Märkte sind dies die Kosten- und Verwendungswertfunktionen sowie die Erstausstattungen. Ein Nash-Gleichgewicht heißt *typensymmetrisch*, wenn es Agenten des gleichen Typs die gleiche Strategie vorschreibt.

Diese interessante Aussage läßt sich als schwächere Version des von Benassy [Ben86] für den Fall vollständiger Information gezeigten Theorems interpretieren, die von Simon in dem bereits zitierten Satz "... two is enough for competition" [Sim84, S. 209] zusammengefaßt wurde: Nun werden *zwei Agenten jeden Typs* benötigt, um zu dem analogen Resultat zu gelangen — und zusätzlich existieren unendlich viele nicht typensymmetrische Gleichgewichte, die jedoch als unplausibel verworfen werden, da für *a priori* identische Agenten (eben Agenten identischen Typs) identische Strategien verlangt werden.

Eine anschauliche, intuitive Deutung dieser Erkenntnis liegt nahe: Die — mindestens zwei — Agenten jeden Typs stehen untereinander in einer Art *Bertrand-Wettbewerb* und sind deshalb gezwungen, kompetitiv zu bieten.

In einem kürzlich erschienenen Econometrica-Artikel von Rustichini, Satterthwaite und Williams [RSW94] werden Obergrenzen für die Abweichung vom Konkurrenzgleichgewicht bestimmt. In einer zweiseitigen Auktion von m Anbietern und n Nachfragern, die jeweils private Information über ihre wahre Bewertung des Guts besitzen, kann jeder Marktteilnehmer maximal ein Stück erwerben oder veräußern. Es werden simultane Gebote abgegeben und der markträumende Preis mit einer Preisregel bestimmt, die im Fall eines nicht punktförmigen volumenmaximierenden Preisintervalls in Abhängigkeit von einem Parameter $k \in [0,1]$ einen durch k determinierten Marktpreis bestimmt; im Fall ungleich langer Marktseiten werden die marginalen Bieter der längeren Marktseite zufällig rationiert.

Neben einigen Charakterisierungen von Gebotsfunktionen für die Agenten, welche hier nicht zu interessieren brauchen, zeigen Rustichini et al., daß eine positive Konstante κ existiert, so daß für die Abweichung des gebotenen Preises v vom wahren Wert $B(v)$ eines Käufers die Abschätzung

$$v - B(v) \leq \kappa\, \varphi(m,n) \tag{101}$$

und die Abweichung des verlangten Mindestpreises $S(c)$ von den Kosten c eines Verkäufers

$$S(c) - c \leq \kappa\, \varphi(m,n) \tag{102}$$

gilt, wobei das Ausmaß des Unter- bzw. Überbietens durch

$$\varphi(m,n) = \max\left\{\frac{1}{n}(1+\frac{m}{n}), \frac{1}{m}(1+\frac{n}{m})\right\} \tag{103}$$

gegeben ist. Für den symmetrischen Fall erhält man also mit $m = n$

$$v - B(v) = o\left(\frac{1}{m}\right) \text{ und } S(c) - c = o\left(\frac{1}{m}\right), \tag{104}$$

d.h. die Abweichungen sind von der Ordnung $\frac{1}{m}$ und streben für wachsendes m gegen Null. Eine analoge Beziehung gilt für die (allokative) Effizienz des Marktes: Die *Ineffizienz* eines Gleichgewichts, definiert durch die Abweichung von der im Konkurrenzgleichgewicht extrahierbaren Marktrente, ist (für den symmetrischen Fall) von der Ordnung $\frac{1}{m^2}$. Die Funktion $\varphi(m,n)$ ist allerdings für $\frac{m}{n} \to 0$ oder $\frac{m}{n} \to \infty$ ersichtlich nicht nach oben beschränkt.

Es läßt sich also zusammenfassend festhalten, daß bei der von Rustichini et al. untersuchten Marktstruktur unter unvollständiger Information eine unendliche Multiplizität von Gleichgewichten in reinen Strategien existiert — darunter auch effiziente —, die für wachsende Zahlen von Marktteilnehmern[115] asymptotisch gegen das Konkurrenzgleichgewicht konvergieren.

Dabei tritt die beobachtete Multiplizität der Gleichgewichte bereits bei institutionell einfach gearteten Märkten auf, etwa dem eben diskutierten Modell von Rustichini et al., worin ja jeder Agent maximal ein Stück handeln kann. Ohne solche einschränkenden Prämissen, für welche wir hier zwei Beispiele diskutierten, ist selbst die Ableitung relativ allgemein gehaltener Aussagen bisher nicht gelungen. Es wäre daher vermessen, wenn wir den Anspruch erheben würden, für den Fall unvollständiger Information für das im Rahmen dieser Arbeit untersuchte Modell eine vollständige Lösung des hier spezifizierten Gütermarkts mit einem PQ-Mechanismus und positiven Mengen angeben zu wollen.

5.1.2.2 Das gesamte Spiel

Dies gilt um so mehr, wenn wir zum Gesamtmodell zurückkehren und dessen mehrperiodige Struktur sowie die Existenz des Kapitalmarkts wieder beachten. Wie bereits weiter oben festgestellt wurde, existieren anders als im Fall der vollständigen Information keine nicht-trivialen echten Teilspiele. Zu der (unendlichen) Uneindeutigkeit des Gütermarkts und den bereits früher diskutierten Bewertungsdisparitäten aufgrund der Möglichkeit unterschiedlicher Erwartungen über die realisierten Marktparameter treten nun angesichts des Auftretens von Unsicherheit potentiell auch noch Unterschiede in der Risikopräferenzstruktur der Individuen hinzu.

[115] außer bei einem stark von 1 verschiedenen Verhältnis m/n

Wir unternehmen nicht den Versuch, positive Aussagen über die Existenz, Eindeutigkeit oder Gestalt möglicher Nash-Gleichgewichte in reinen Strategien zu beweisen; wie wir sahen, gelang dies selbst für einen vergleichsweise trivialen Ausschnitt des hier vorliegenden Modells bisher nicht.

Vielmehr begnügen wir uns für den Rest dieses und des folgenden Abschnitts damit, ohne Beweis einige — mehr oder weniger plausible und/oder intuitive — Hypothesen zu formulieren:

- Die unendliche Vielfalt der Gleichgewichte, welche bereits für einen (unter diesen Bedingungen nicht existenten) *isolierten* Gütermarkt exisitiert, wird sich auf die Lösungsstruktur des Gesamtspiels übertragen; sie schafft Raum für unterschiedliche Erwartungen über Gütermarktparameter und -ergebnisse sowie Wertpapierpreise.
- Daraus resultiert die Möglichkeit zu profitablem und daher individuell rationalem strategischem Verhalten jenseits des Konkurrenzgleichgewichts; unter anderem werden Lösungen möglich, die wir in einem weiteren Sinne als "Reputationsgleichgewichte" bezeichnen wollen.
- Solche Gleichgewichte könnten zum Beispiel Strategien spezifizieren, welche von Seiten der Gütermarktanbieter ein strategisches Überbieten in frühen Perioden implizieren und so im Vergleich zum Konkurrenzgleichgewicht eine Preiserhöhung und Mengenreduktion bewirken; dies könnte in späteren Perioden profitabel genutzt werden. Auf dem Kapitalmarkt könnten ähnliche Auswirkungen beobachtet werden.
- Gleichzeitig erwarten wir, daß die Abweichungen der durch die möglichen Gleichgewichte implizierten Preise und Allokationen von der für den Fall der vollständigen Information abgeleiteten Lösung für steigende Zahlen von Marktteilnehmern asymptotisch verschwinden, ähnlich wie dies oben für das einfachere Modell von Rustichini et al. diskutiert wurde, ohne daß jedoch die dort angegebenen Schranken zu gelten brauchen.

Die Eindeutigkeit der früheren Vorhersagen (d.h. der normativen Lösung im Sinne des teilspielperfekten Gleichgewichts bei vollständiger Information) bricht hier also zusammen. Für eine präzisere Aussage bedürfte es *u.a.* der Ergänzung des Modells durch eine explizite Hypothese über das Lernverhalten bzw. die Erwartungsbildung der Agenten.

Es sollte daher nicht allzu sehr überraschen, in Experimenten mit menschlichen Entscheidern diverse Arten sogenannter "Anomalien", insbesondere also "Bubbles" (spekulative Blasen) und "Crashes" (abrupte Kurseinbrüche) in den Kurszeitreihen zu finden.

5.2 Marktüberschneidungen

Die eingangs dieses Kapitels erwähnte und auch experimentell implementierbare allgemeinste Möglichkeit, die Trennung der Marktteilnehmer aufzuheben und alle Agenten auf beiden Märkten handeln zu lassen, verschärft die eben getroffenen Schlußfolgerungen und Vermutungen noch weiter.

Darüber hinaus läßt sich folgendes feststellen: Die Möglichkeit der Gütermarktagenten zum Wertpapiererwerb wird eine Wirkung entfalten, welche in zwei Komponenten zu differenzieren ist:

1. Eine nichtverschwindende wechselseitige Beteiligung der Produzenten durch den Erwerb entsprechender Wertpapiere (Kapitalverflechtung) führt zu einer Verringerung des "kompetitiven Drucks" der Angebotsseite. Es wird hier postuliert, daß die resultierenden Preise und Allokationen desto näher an der "Branchenlösung" liegen werden, je höher der Grad einer solchen Verflechtung ist, da die Gewinne der anderen Unternehmen entsprechend dem Beteiligungsgrad in die eigene Zielfunktion eingehen. Diese Hypothese wird durch qualitativ analoge Aussagen verschiedener Studien deutlich einfacherer Marktstrukturen gestützt, die in der Regel allerdings nur die interessierende Marktseite strategisch modellieren, während die andere durch gegebene Reaktionsfunktionen abgebildet wird. Vergleiche dazu beispielsweise Bolle und Güth [BG92].

2. Der Erwerb von Wertpapieren verändert die Zielfunktion eines Konsumenten dahingehend, daß nunmehr ein positiver Gewinnanteil der Unternehmen, an welchen er beteiligt ist, in Form der Dividenden in seine Nutzenfunktion einfließt. Die Produzentenrente wird bis auf den verbleibenden Anteil $1 - \mu$ des Unternehmerlohns als Dividende ausgeschüttet, ihre Verteilung ist also eine Funktion der Wertpapierallokation. Eine umgekehrte Verteilung der Konsumentenrente findet hingegen nicht statt: Diese fließt stets dem jeweiligen Konsumenten alleine zu. Aufgrund dieser Asymmetrie wird eine steigende Beteiligung der Konsumenten an den Unternehmen eine wachsende Abweichung der Marktergebnisse vom Konkurrenzgleichgewicht in Richtung der Monopollösung bewirken.

Die beiden geschilderten Effekte wirken in die gleiche Richtung. Es ist daher damit zu rechnen, daß bei Marktüberschneidung zahlreiche Gleichgewichte existieren werden, in denen die Güterpreise generell höher, die Volumen geringer ausfallen werden als im Konkurrenzgleichgewicht. Je geringer die Beteiligung der Konsumenten an den Unternehmen ist, desto weniger fallen die Gewinnanteile im Vergleich zu der direkt erzielbaren Konsumentenrente ins Gewicht; entsprechend klein sollten die Ineffizienzen ausfallen.

Eine letzte Bemerkung sei noch dem Fall der Marktüberschneidung unter vollständiger Information gewidmet: Es wird postuliert, daß unter diesen Umständen aufgrund der oben abgeleiteten Eindeutigkeitsaussagen über den Gütermarkt unter vollständiger Information für jeden möglichen Gütermarkt, d.h. für jede Konstellation von Marktparametern, zumindest ein unter diesen Bedingungen kompetitives Gleichgewicht existiert, das auch ein Nashgleichgewicht ist — allerdings nicht notwendig das einzige — und *von der Wertpapierallokation* abhängig ist. Es erscheint möglich, daß in diesem Falle (Teilspielperfektheit ist anwendbar) sogar eine eindeutige Lösung wie im Falle ohne Marktüberschneidung existiert, welche allerdings anders als dort *eine Funktion der Anfangsausstattung in Wertpapieren* ist.

5.3 Analytische und numerische Berechnungen für implementierte Konfigurationen

In den beiden letzten Abschnitten wurde gezeigt, daß für den Fall vollständiger Information ohne Marktüberschneidung das Lösungskonzept des teilspielperfekten Nash-Gleichgewichts zu einem eindeutigen Ergebnis führt, welches das Konkurrenzgleichgewicht auf den Gütermärkten und rationale Erwartungen auf den Kapitalmärkten impliziert. Unter weniger restriktiven Bedingungen entsteht eine große Anzahl weiterer Nash-Gleichgewichte, über deren Eigenschaften je nach Situation unterschiedlich detaillierte Erkenntnisse vorliegen. So fanden wir bei aufrechterhaltener Trennung der Marktteilnehmer, aber unvollständiger Information eine asymptotische Konvergenz zum Konkurrenzgleichgewicht für steigende Agentenzahlen.

Für die Bewertung der experimentell erhobenen Beobachtungen ist es daher erforderlich, das theoretische Konzept des Konkurrenzgleichgewichts auf die implementierten Marktsituationen anzuwenden und die jeweiligen konkreten Marktergebnisse, d.h. Gleichgewichtspreise und -volumina sowie zur Bestimmung der allokativen Effizienz auch Konsumenten-, Produzenten- und Gesamtrenten analytisch und numerisch zu bestimmen.

Aufgrund der Tatsache, daß wir auf extreme Marktformen wie Monopole oder atomistische Konkurrenz verzichten und endliche Zahlen von Teilnehmern auf beiden Marktseiten besitzen, welche zusätzlich mit Reservationspreisen und Kapazitätsschranken versehen sind, gestaltet sich diese Aufgabe nicht trivial; sie ist im übrigen spezifisch abhängig von der Zahl der Konsumenten und Produzenten und den ihnen zugeordneten Kosten- und Verwendungswertfunktionen und muß für alle Experimente teilweise separat durchgeführt werden.

Wir haben zur Lösung dieses Problems ein Computeralgebra-Programm[116] eingesetzt, welches sowohl abstrakte symbolische Mathematik

[116] Mathematica for Windows, ein komplexes Symbolmanipulationsprogramm, das auf Mustererkennung und wissensbasierten Umformungsregeln basiert, seit einigen Jahren auf

— wie etwa algebraische Umformungen, analytische Differentiation und Integration, Lösung von Differentialgleichungen etc. — als auch numerische Berechnungen aller Art ermöglicht.

Im folgenden geben wir Auszüge[117] aus einer "Mathematica-Session" wieder, in welcher zunächst die allgemeinen Modellkomponenten definiert und zur Bestimmung etwa von individuellen Angebots- und Nachfragefunktionen eingesetzt werden. Anschließend zeigen wir das Vorgehen zur Bestimmung der (Konkurrenz-)Gleichgewichtsergebnisse exemplarisch für eine der experimentell implementierten Situationen. Die vollständigen "Protokolle" der Mathematica-Dateien sind in Anhang B enthalten.

5.3.1 Individuelle Angebotsfunktionen und Marktangebot

Wir beginnen mit der Produzentenseite und definieren Kostenfunktionen $c_i(x)$ und Kapazitätsschranken $x^s_{i,\max}$:

```
(* file name: DEFFULL.M  *)
(* ALL NECESSARY FUNCTIONS AND DEFINITIONS *)
(* FOR THE COMMODITY MARKET *)

(* --------------------------------------------------------------------- *)
(*                 Cost functions and aggregate supply                   *)
(* --------------------------------------------------------------------- *)

c1[x_] := 35 + 3.0 x + 0.04  x^2 - 0.0010 x^3 + 0.000017  x^4
c2[x_] := 30 + 2.7 x + 0.04  x^2 - 0.0010 x^3 + 0.000016  x^4
c3[x_] := 50 + 7.5 x + 0.027 x^2 - 0.0008 x^3 + 0.000008  x^4
c4[x_] := 40 + 8.5 x + 0.027 x^2 - 0.0008 x^3 + 0.000008  x^4

xs1max=100;
xs2max=100;
xs3max=100;
xs4max=100;
```

Zur Definition der Grenzkostenfunktionen $c_i'(x)$ genügt es in Mathematica, die abstrakte, symbolische Definition als Ableitung der Kosten nach der Menge anzugeben:

```
c1p[x_]=D[c1[x],x];
c2p[x_]=D[c2[x],x];
c3p[x_]=D[c3[x],x];
c4p[x_]=D[c4[x],x];
```

Das System bestimmt daraus selbst — bei symbolischen Definitionen die symbolische, bei numerischen die numerische — konkrete Gestalt dieser Ableitungsfunktionen. Die von Mathematica verwendete Notation dürfte

Großrechnern und UNIX-Workstations eingesetzt wird und inzwischen auch für Personal Computer verfügbar ist.

[117]Diese sind durch eine abweichende Schriftart, Courier, gekennzeichnet.

weitgehend selbsterklärend sein; wo dies nötig erscheint, wird jedoch eine entsprechende Erläuterung gegeben. So steht `D[f[x],x]` für $\partial f(x)/\partial x$. Ein Semikolon hinter einer Eingabezeile unterdrückt die Ausgabe des (dennoch berechneten) Ergebnisses.

Wir zeigen nun exemplarisch, wie die individuelle Angebotsfunktion des Unternehmens mit der Kostenfunktion vom Typ $i = 1$ berechnet wird, wenn wir — wie im teilspielperfekten Gleichgewicht des Falls vollständiger Information — Konkurrenzverhalten unterstellen: Wir benötigen zunächst die Umkehrfunktion $(c_i')^{-1}(p)$ der Grenzkostenfunktion $c_i'(x)$:

```
c1pr=Solve[c1p[x]==y,x];
```

Zur Interpretation ist es nötig zu wissen, daß einfache Gleichheitszeichen in Mathematica als Wertzuweisung oder Definition, doppelte hingegen als Ausdruck einer Gleichung (also einer Aussage, der ein logischer Wahrheitswert zuzuordnen ist) zu verstehen ist; `erg=Solve[ls==rs,x]` bedeutet: Löse die Gleichung ls = rs nach x auf und weise das Ergebnis der Variablen erg zu.

Im vorliegenden Fall ist zu beachten, daß die Kostenfunktion $c_1(x)$ ein Polynom vierten, ihre Ableitung $c_1'(x)$ also ein Polynom dritten Grades ist, das im allgemeinen drei Wurzeln (eine reelle und zwei konjugiert-komplexe) besitzt.[118] Mathematica liefert auf die obige Problemstellung daher als Ergebnis eine Menge, welche drei Funktionen von y enthält. Diese potentiellen Kandidaten für individuelle Angebotsfunktionen $s_{1,k}(y)$ isolieren wir, indem wir das jeweils entsprechende Element der Menge extrahieren:

```
s11[y_]=c1pr[[1,1,2]]
s12[y_]=c1pr[[2,1,2]]
s13[y_]=c1pr[[3,1,2]]
```

Es ist nicht nötig, die Einzelheiten der obigen spezifischen Notation zu studieren; wesentlich ist nur, daß aus der mehrelementigen Menge der Lösungskandidaten jeweils ein einzelnes — d.h. jeweils eine reell- oder komplexwertige Funktion — ausgewählt wird. Die Antwort lautet für $s_{1,1}(y)$:

```
                                 9.04545
14.7059 - ------------------------------------------------------- +
                                                             2  1/3
        (-3.74394 + 1. y + 1. Sqrt[14.1178 - 7.48789 y + y ])

                                                            2  1/3
 19.4456 (-3.74394 + 1. y + 1. Sqrt[14.1178 - 7.48789 y + y ])
```

[118]Eine nicht unwichtige Anmerkung: Nicht nur die hier exemplarisch verwendete, sondern alle in der späteren experimentellen Implementation eingesetzten Kosten- und Verwendungswertfunktionen sind so gewählt, daß ihre Ableitungen reelle Potenzfunktionen oder Polynome höchstens dritten Grades und damit noch *analytisch*, nicht nur *numerisch* umkehrbar sind. Dies ermöglicht die Bestimmung von Lösungen, etwa für die individuellen Angebots- und Nachfragefunktionen, in geschlossener Form, ohne auf numerische Näherungsrechnungen angewiesen zu sein.

für $s_{1,2}(y)$:

```
                          -9.04545
14.7059 - (---------------------------------------------------------- +
                                                            2  1/3
           (-3.74394 + 1. y + 1. Sqrt[14.1178 - 7.48789 y + y ])

                                                             2  1/3
    19.4456 (-3.74394 + 1. y + 1. Sqrt[14.1178 - 7.48789 y + y ])    ) / 2\

    I
  + - Sqrt[3] (
    2

                         9.04545
     ---------------------------------------------------------- +
                                                       2  1/3
     (-3.74394 + 1. y + 1. Sqrt[14.1178 - 7.48789 y + y ])

                                                             2  1/3
    19.4456 (-3.74394 + 1. y + 1. Sqrt[14.1178 - 7.48789 y + y ])    )
```

und für $s_{1,3}(y)$:

```
                          -9.04545
14.7059 - (---------------------------------------------------------- +
                                                            2  1/3
           (-3.74394 + 1. y + 1. Sqrt[14.1178 - 7.48789 y + y ])

                                                             2  1/3
    19.4456 (-3.74394 + 1. y + 1. Sqrt[14.1178 - 7.48789 y + y ])    ) / 2\

    I
  - - Sqrt[3] (
    2

                         9.04545
     ---------------------------------------------------------- +
                                                       2  1/3
     (-3.74394 + 1. y + 1. Sqrt[14.1178 - 7.48789 y + y ])

                                                             2  1/3
    19.4456 (-3.74394 + 1. y + 1. Sqrt[14.1178 - 7.48789 y + y ])    )
```

Eine Zusammenfassung und Analyse führt zu dem Ergebnis, daß $s_{1,1}(y)$ die korrekte Umkehrfunktion mit reellen, nichtnegativen Definitions- und Wertebereichen im relevanten Intervall ist; die beiden anderen Funktionen sind im fraglichen Bereich komplexwertig (das Symbol `I` steht hier für die imaginäre Einheit i, nicht zu verwechseln mit einem Index; `Sqrt[x]` ist die Quadratwurzel $\sqrt{x}$ aus x).

Zur Definition der Angebotsfunktion fehlen noch Reservationspreis $p^s_{1,\min}$ und jener Höchstpreis $p^s_{1,\max}$, bei dem das Angebot die Kapazitätsschranke $x^s_{1,\max}$ erreicht und unelastisch wird:

```
ps1max=Solve[s11[p]==xs1max] [[1,1,2]]
49.
ps1min=Solve[s11[p]==0] [[1,1,2]]
3.
```

Damit ist die individuelle Angebotsfunktion $s_1(p)$ von Firma 1 ermittelt; sie ergibt sich korrekterweise durch eine stückweise Definition:

```
s1[p_]:=0      /; 0 <= p <= ps1min
s1[p_]:=s11[p] /; ps1min < p <= ps1max
s1[p_]:=xs1max /; p>ps1max
```

Die Zeichenkombination /; in dem obigen Protokollausschnitt entspricht der logischen Bedingung *falls*. Der Anschaulichkeit halber fügen wir eine von Mathematica erzeugte graphische Darstellung bei, welche die Grenzkostenfunktion, die individuelle Angebotsfunktion und zur Orientierung und Verifizierung die Identität enthält:

```
Plot[{s1[z],c1p[z],z},{z,0,120},PlotRange->{{0,120},{0,120}},
AxesLabel->{"p","s1(p)"}, AspectRatio->1]
```

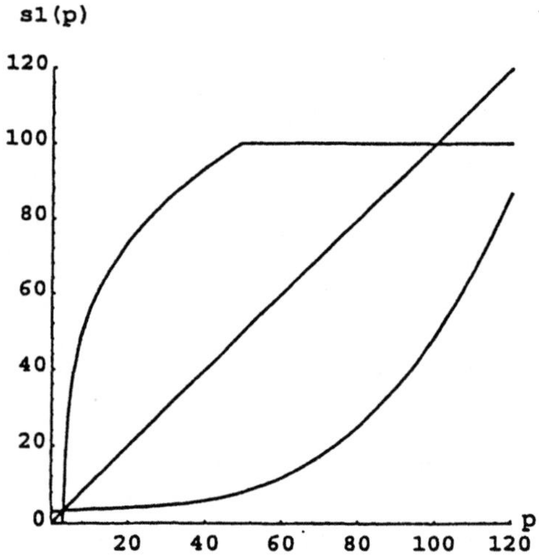

Abbildung 6: Individuelle Angebotsfunktion eines Unternehmens

Das gleiche Verfahren ist für alle existierenden Kostenfunktionen $c_i(x)$ durchzuführen, was zu jeweils unterschiedlichen, stückweise definierten Angebotsfunktionen führt. Nicht immer gilt nur *eine* der Umkehrfunktionen $s_{i,k}(p)$ von $c_i(x)$ über den gesamten Definitionsbereich hinweg; auch eine mehrfache Teilung der Funktionsdefinition (welche jedoch Stetigkeit und Differenzierbarkeit erhält) ist möglich. Wir geben die Resultate hier nicht wieder; sie sind im Anhang B vollständig enthalten.

Für allgemeine "Besetzungszahlen" $n_1^s, n_2^s, \ldots$ ergibt sich die Gesamtangebotsfunktion des Marktes $s_{\mathrm{tot}}(p)$ aus

```
stot[sn1_,sn2_,sn3_,sn4_,z_]:=sn1 s1[z]+ sn2 s2[z]+ sn3 s3[z]+ sn4 s4[z]
```

Einen exemplarischen Fall, in welchem die Typen 1 bis 4 von Kostenfunktionen jeweils einfach vertreten sind, geben wir auch graphisch wieder:

```
Plot[{stot[1,1,1,1,z]},{z,0,70},PlotRange->{{0,80},{0,480}},
AxesLabel->{"p","s_tot(p)"}, AspectRatio->1]
```

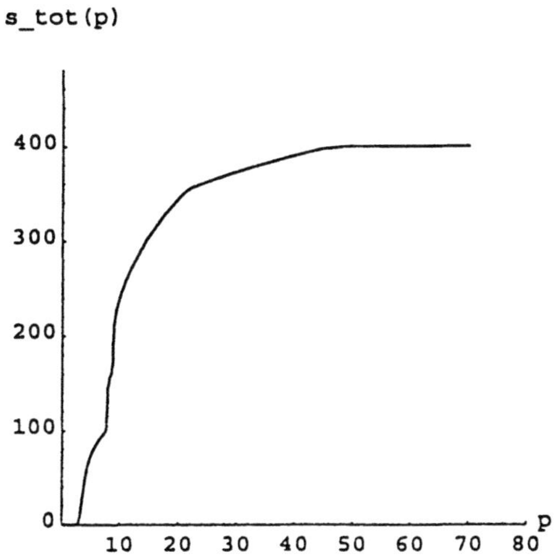

Abbildung 7: Gesamtangebotsfunktion des Marktes

5.3.2 Individuelle Nachfragefunktionen und Marktnachfrage

Ein weitgehend analoges Vorgehen ist auf die Nachfrageseite anzuwenden, wobei sich hier vereinfachend auswirkt, daß alle Verwendungswertfunktionen $u_i(x)$ die Gestalt $u_i(x) = a_i + b_i\sqrt{x}$ besitzen und deren Ableitungen daher eine eindeutige Umkehrfunktion im Bereich der reellen Zahlen besitzen. Wir können den Berechnungsprozeß nun deutlich stärker gerafft wiedergeben:

```
(* ---------------------------------------------------------------- *)
(*              Utility functions and aggregate demand               *)
(* ---------------------------------------------------------------- *)

u1[x_] := - 80 +  85    Sqrt[x]
u2[x_] := - 70 +  80    Sqrt[x]
u3[x_] := - 10 +  55    Sqrt[x]
u4[x_] := -  5 +  50    Sqrt[x]

u1p[x_]=D[u1[x],x]
u2p[x_]=D[u2[x],x]
u3p[x_]=D[u3[x],x]
u4p[x_]=D[u4[x],x]
```

Die Grenzverwendungswertfunktionen $u_i'(x)$ ergeben sich danach zu

```
85
---------
2 Sqrt[x]

  40
-------
Sqrt[x]

   55
---------
2 Sqrt[x]

  25
-------
Sqrt[x]
```

Es folgen unmittelbar die Umkehrfunktionen $d_i(y)$

```
u1pr[y_]=Solve[u1p[x]==y,x] [[1,1,2]]
u2pr[y_]=Solve[u2p[x]==y,x] [[1,1,2]]
u3pr[y_]=Solve[u3p[x]==y,x] [[1,1,2]]
u4pr[y_]=Solve[u4p[x]==y,x] [[1,1,2]]
```

mit dem Ergebnis

```
7225
----
   2
4 y

1600
----
  2
 y

3025
----
   2
```

```
4 y

625
---
 2
y
```

Es verbleiben die maximalen Konsummengen, die Sättigungspreise sowie die Definition der individuellen Nachfragefunktionen:

```
xd1max=20;
xd2max=20;
xd3max=20;
xd4max=20;

pd1min=Solve[u1pr[p]==xd1max,p] [[1,1,2]] // N
pd2min=Solve[u2pr[p]==xd2max,p] [[1,1,2]] // N
pd3min=Solve[u3pr[p]==xd3max,p] [[1,1,2]] // N
pd4min=Solve[u4pr[p]==xd4max,p] [[1,1,2]] // N

d1[p_] := u1pr[p] /; p>pd1min
d1[p_] := xd1max /; p<=pd1min
d2[p_] := u2pr[p] /; p>pd2min
d2[p_] := xd2max /; p<=pd2min
d3[p_] := u3pr[p] /; p>pd3min
d3[p_] := xd3max /; p<=pd3min
d4[p_] := u4pr[p] /; p>pd4min
d4[p_] := xd4max /; p<=pd4min
```

Damit ist auch die Gesamtnachfragefunktion des Marktes gegeben,[119] und wir können diese für einen beliebigen Spezialfall auch darstellen, was in Abbildung 8 geschieht.

```
dtot[nd1_,nd2_,nd3_,nd4_,p_] := nd1 d1[p] + nd2 d2[p] + nd3 d3[p] + nd4 d4[p]

Plot[dtot[1,1,1,1,p],{p,0.1,50},PlotRange->{{0,80},{0,120}},
AxesLabel->{"p","d_tot (p)"}]
```

5.3.3 Gleichgewichtspreis und -volumen

Zur Ermittlung von Preis p_{eq} und Volumen q_{eq} im Konkurrenzgleichgewicht ist die Spezifikation konkreter Marktteilnehmerzahlen und -typen erforderlich. Beispielhaft verwenden wir eine der im Experiment aufgetretenen Konstellationen, in der jeweils eines der Unternehmen Typ 1 bis 4 sowie jeweils vier Konsumenten vom Typ 1 und 2 und jeweils drei vom Typ 3 und 4 vorhanden waren:

[119] Die Ausgaben (Resultate) der obigen Berechnungsformeln haben wir hier unterdrückt; sie geraten etwas umfangreich.

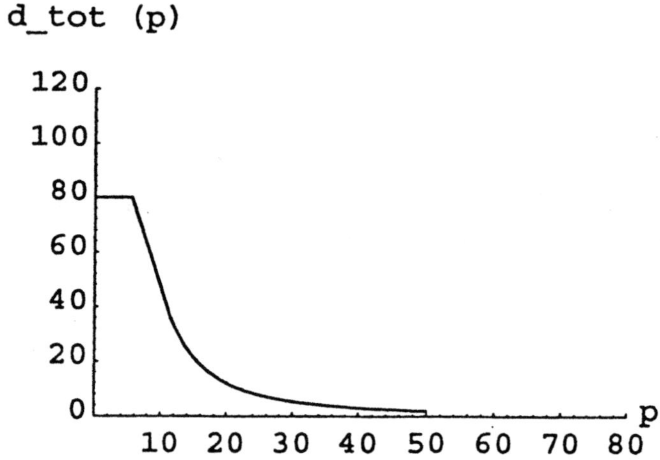

Abbildung 8: Gesamtnachfragefunktion des Marktes

```
(* ------------------------------------------------------------------- *)
(*                       Equilibrium outcomes                          *)
(* ------------------------------------------------------------------- *)

(* for a specific market situation *)

peq=NSolve[stot[1,1,1,1,p]==dtot[4,4,3,3,p],p]
8.9441

Plot[{stot[1,1,1,1,p],dtot[4,4,3,3,p]},{p,0,20},
PlotRange->{{0,25},{0,480}},AspectRatio->1,
AxesLabel->{"p","s_tot (p), d_tot (p)"}]
```

Die Funktion `NSolve[gl,vars]` ist die Entsprechung zu `Solve[.]` für den Fall, daß eine Lösung nur mit numerischen Verfahren ermittelt werden kann, nicht durch algebraische Umformung oder andere analytische Verfahren. `NSolve[gl,vars]` bestimmt also die Lösung(en) der Gleichung (des Gleichungssystems) `gl` für die Variable(n) `vars]`. Aufgrund der stückweisen Definition der Marktangebots- und Nachfragekurven, der darin enthaltenen zahlreichen Fallunterscheidungen, Konsum- und Kapazitätsschranken ist eine Bestimmung von p_{eq} in geschlossener Form nicht möglich.

Der Verlauf dieser Funktionen ist in Abbildung 9 graphisch wiedergegeben. Das zugehörige Volumen q_{eq} finden wir einfach durch Einsetzen:

```
stot[1,1,1,1,peq] - dtot[4,4,3,3,peq]
0.
xeq=stot[1,1,1,1,peq]
211.799
```

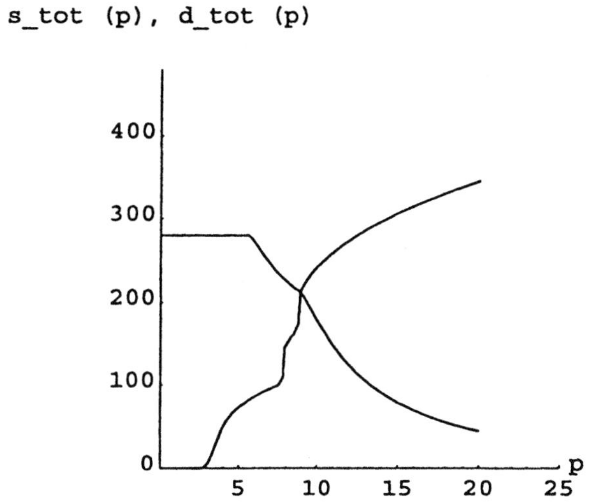

Abbildung 9: Gütermarktgleichgewicht

5.3.4 Konsumenten- und Produzentenrenten, Effizienz

Zur späteren Berechnung der Allokationseffizienz experimenteller Marktresultate benötigen wir die (theoretischen) Konsumenten- und Produzentenrenten: Eine allgemein akzeptierte Definition der Allokationseffizienz für die hier interessierende Marktform[120] ist der Quotient aus realisierter und theoretischer Gesamtrente des Marktes.

Wir erhalten die Produzentenrente durch Subtraktion der Kosten von den Erlösen; dies entspricht graphisch dem Inhalt jener Fläche, welche in einem (q, p)-Diagramm links und rechts durch die Geraden $q = 0$ bzw. $q = q_{\text{eq}}$, oben durch die Gerade $p = p_{\text{eq}}$ und unten durch die Grenzkostenkurve begrenzt wird, vermindert um die Fixkosten. Die gerade beschriebene Fläche läßt sich alternativ auch als Integral über der Marktangebotskurve berechnen, wobei vom Marktreservationspreis (dem Mindestangebotspreis des kostengünstigsten Produzententyps) bis zum Gleichgewichtspreis zu integrieren ist. Dies liefert im vorliegenden Fall

```
surps=NIntegrate[stot[1,1,1,1,p],{p,ps2min,peq}]
523.9
(* WATCH OUT:  integrating marginal cost/marginal utility *)
(* does not account for fixed cost / utility; hence: correct *)
surpsm=surps-35-30-50-40
368.9
```

[120] So schon in Vernon Smiths Variation auf Chamberlins klassisches Marktexperiment in [Smi62].

Dabei wurde Gebrauch von der numerischen Integrationsfunktion von Mathematica, `NIntegrate[f[x],{x,xmin,xmax}]` gemacht. Analog gehen wir hinsichtlich der Konsumentenrente vor:

```
surpd=NIntegrate[dtot[4,4,3,3,p],{p,peq,Infinity}]
1983.85
surpdm=surpd-4*80-4*70-3*10-3*5
1338.85
```

Damit ist die Gesamtrente des Marktes im Konkurrenzgleichgewicht, entsprechend 100% Effizienz:

```
surp=surps+surpd
2507.75
surpm=surpsm+surpdm
1707.75
```

5.3.5 Individualergebnisse

Der Gleichgewichtspreis stellt das zentrale Marktergebnis dar; durch ihn sind nicht nur aggregiertes Volumen, Marktrenten und Effizienz determiniert, sondern auch individuelle Zuteilungen, Erlöse, Kosten, Gewinne, Verwendungswerte und Dividenden.

Wir beginnen mit den individuellen Verkaufsmengen und Stückkosten der Anbieter:

```
(* file name: EQUCALC2.M  *)

(* ------------------------------------------------------------------- *)
(*             Equilibrium outcomes, Part 2: individual data           *)
(* ------------------------------------------------------------------- *)

(* for a specific market situation *)

(* NOTICE: All following results are multiplied with the
   sign of the corresponding number of sellers/buyers of
   this type (that is, ns1...ns4, nd1...nd4),  in order to
   most simply make the result vanish if that particular
   seller/buyer is not existing !
*)


(* set numbers of sellers and buyers *)


ns1=1
ns2=0
ns3=1
ns4=0

nd1=7
```

```
nd2=7
nd3=0
nd4=0

(* Calculate individual supply quantities and average cost*)

Sign[ns1] s1[peq]
Sign[ns1] c1[s1[peq]]/s1[peq]
Sign[ns2] s2[peq]
Sign[ns2] c2[s2[peq]]/s2[peq]
Sign[ns3] s3[peq]
Sign[ns3] c3[s3[peq]]/s3[peq]
Sign[ns4] s4[peq]
Sign[ns4] c4[s4[peq]]/s4[peq]

62.574
6.31194
0
0
80.2659
9.273
0
0
```

Der Gesamtgewinn jedes Produzenten (individuelle Produzentenrente) läßt sich damit natürlich als Differenz aus Gesamterlös und Gesamtkosten berechnen; bei bekannter Zahl an Aktien je Unternehmen erhalten wir daraus zusätzlich direkt die Dividende je Aktie:

```
(* Gross earnings (sales earnings minus total cost), and dividend per share *)

Sign[ns1 ] (peq*s1[peq] -c1[s1[peq]])
% / (100*(ns1+ns2+ns3+ns4+nd1+nd2+nd3+nd4))
Sign[ns2 ] (peq*s2[peq] -c2[s2[peq]])
% / (100*(ns1+ns2+ns3+ns4+nd1+nd2+nd3+nd4))
Sign[ns3 ] (peq*s3[peq] -c3[s3[peq]])
% / (100*(ns1+ns2+ns3+ns4+nd1+nd2+nd3+nd4))
Sign[ns4 ] (peq*s4[peq] -c4[s4[peq]])
% / (100*(ns1+ns2+ns3+ns4+nd1+nd2+nd3+nd4))

413.493
0.258433
0
0
292.73
0.182956
0
0
0
```

Im letzten Protokollauszug wurde dabei eine Mathematica-spezifische Abkürzung verwendet: Das Prozent-Zeichen % steht stets für das jeweils letzte ermittelte Ergebnis.

Die Entsprechung für die Nachfrageseite liefert zunächst die einzelnen konsumierten Mengen und Durchschnittsverwendungswerte:

```
(* Calculate individual demand quantities, and average utility *)

Sign[nd1] d1[peq]
Sign[nd1] u1[d1[peq]]/d1[peq] //N
Sign[nd2] d2[peq]
Sign[nd2] u2[d2[peq]]/d2[peq] //N
Sign[nd3] d3[peq]
Sign[nd3] u3[d3[peq]]/d3[peq] //N
Sign[nd4] d4[peq]
Sign[nd4] u4[d4[peq]]/d4[peq] //N

10.8206
18.4467
9.58506
18.537
0
0
0
0
```

Damit liegen die Nettogesamtverwendungswerte (individuellen Konsumentenrenten) ebenfalls fest:

```
(* Gross earnings (total utility minus cost of buying)  *)

Sign[nd1 ] (u1[d1[peq]] - peq*d1[peq] )  //N
Sign[nd2 ] (u2[d2[peq]] - peq*d2[peq] )  //N
Sign[nd3 ] (u3[d3[peq]] - peq*d3[peq] )  //N
Sign[nd4 ] (u4[d4[peq]] - peq*d4[peq] )  //N

59.8026
53.839
0
0
```

Mit diesem Schritt ist die Berechnung der analytischen Marktergebnisse — wo immer möglich allgemein, soweit sie situationsspezifisch ist, hingegen für eine exemplarische Konstellation — abgeschlossen.

Eine Bemerkung sei der Korrektheit halber allerdings noch angefügt: Die Ganzzahligkeitsrestriktionen wurden bei den obigen Berechnungen entsprechend der theoretischen Annahme der beliebigen Teilbarkeit nicht berücksichtigt. Strenggenommen müßten bei einer 1:1-Wiedergabe der experimentellen Umgebung statt der stetigen und differenzierbaren Funktionen jeder Art (Kosten-, Verwendungswert-, Angebots- und Nachfragefunktionen) stückweise konstante, unstetige und nichtdifferenzierbare "Treppenfunktionen" eingesetzt und bei der Bestimmung von Gleichgewichtslösungen ganzzahlige Optimierungsverfahren verwendet werden.

Wie eine stichprobenhafte Überprüfung der abgeleiteten Ergebnisse zeigt, würden die minimalen Abweichungen von der "wahren" Lösung den unverhältnismäßigen Aufwand jedoch nicht rechtfertigen. Bei den im experimentellen Design gewählten Parametern fallen die durch Rundung auf ganze Stückzahlen entstehenden Differenzen kaum ins Gewicht, was sich z.B. durch Vergleich der summierten (ganzzahligen) individuellen Absatz- oder Konsummengen untereinander und mit den Gleichgewichtsresultaten oder ähnlichen Konsistenztests feststellen läßt.

5.3.6 Zusammenfassender Überblick

Die folgenden Tabellen fassen die relevanten aggregierten und individuellen Ergebnisse für alle im Experiment aufgetretenen Marktkonstellationen zusammen:

Session(s)	2a-c	3a-b, 4a-b	5, 6a-b	7b	7a	8a	8b
n_i^s	(1,1,1,1)	(1,1,1,1)	(1,1,1,1)	(0,1,0,1)	(1,0,1,0)	(1,0,1,0)	(0,1,0,1)
n_i^d	(7,6,6,6)	(5,5,4,4)	(4,4,3,3)	(6,5,0,0)	(6,5,0,0)	(7,7,0,0)	(7,7,0,0)
p_{eq}	10.89	9.76	8.94	11.83	11.76	12.92	12.59
q_{eq}	257.53	236.69	211.79	134.67	136.07	142.84	145.01
R_s	833.00	553.60	368.90	527.40	545.13	706.22	633.40
R_d	1734.12	1500.62	1338.85	762.75	771.01	795.49	842.66
R_{tot}	2566.12	2054.23	1707.71	1290.13	1316.14	1501.72	1476.06

Tabelle 2: Theoretische Gleichgewichtsergebnisse der aggregierten Größen für alle experimentell realisierten Marktkonstellationen

Session(s)	2a-c	3a-b, 4a-b	5, 6a-b	7b	7a	8a	8b
n_i^s	(1,1,1,1)	(1,1,1,1)	(1,1,1,1)	(0,1,0,1)	(1,0,1,0)	(1,0,1,0)	(0,1,0,1)
n_i^d	(7,6,6,6)	(5,5,4,4)	(4,4,3,3)	(6,5,0,0)	(6,5,0,0)	(7,7,0,0)	(7,7,0,0)
$s_1(p_{eq})$	58.17	55.33	53.02	-	60.17	62.57	-
$s_2(p_{eq})$	60.86	58.07	55.80	62.98	-	-	64.59
$s_3(p_{eq})$	71.99	65.69	59.38	-	75.91	80.27	-
$s_4(p_{eq})$	66.49	57.58	43.59	71.69	-	-	75.20
$c_1^{av}(s_1(p_{eq}))$	5.89	5.66	5.50	-	6.07	6.31	-
$c_2^{av}(s_2(p_{eq}))$	5.53	5.30	5.14	5.72	-	-	5.89
$c_3^{av}(s_3(p_{eq}))$	8.98	8.85	8.79	-	9.10	9.27	-
$c_4^{av}(s_4(p_{eq}))$	9.71	9.96	9.74	9.82	-	-	9.94
$\pi_1(p_{eq})$	290.68	226.74	182.41	-	342.65	413.49	-
$\pi_2(p_{eq})$	326.08	259.08	212.50	384.24	-	-	433.42
$\pi_3(p_{eq})$	137.58	59.88	8.58	-	202.55	292.73	-
$\pi_4(p_{eq})$	78.21	7.93	-34.57	143.19	-	-	199.86
$\Delta_1(p_{eq})$	0.1002	0.1031	0.1013	-	0.2636	0.2584	-
$\Delta_2(p_{eq})$	0.1124	0.1178	0.1180	0.2956	-	-	0.2709
$\Delta_3(p_{eq})$	0.0474	0.0272	0.0047	-	0.1558	0.1829	-
$\Delta_4(p_{eq})$	0.0270	0.0036	0	0.1101	-	-	0.1249

Tabelle 3: Theoretische Gleichgewichtsergebnisse der individuellen Größen der Angebotsseite für alle experimentell realisierten Marktkonstellationen

Session(s)	2a-c	3a-b, 4a-b	5, 6a-b	7b	7a	8a	8b
n_i^s	(1,1,1,1)	(1,1,1,1)	(1,1,1,1)	(0,1,0,1)	(1,0,1,0)	(1,0,1,0)	(0,1,0,1)
n_i^d	(7,6,6,6)	(5,5,4,4)	(4,4,3,3)	(6,5,0,0)	(6,5,0,0)	(7,7,0,0)	(7,7,0,0)
$d_1(p_{eq})$	15.23	18.95	20.00	12.91	13.05	10.82	11.38
$d_2(p_{eq})$	13.49	16.78	20.00	11.44	11.56	9.58	10.08
$d_3(p_{eq})$	6.38	7.93	9.45	-	-	-	-
$d_4(p_{eq})$	5.27	6.55	7.81	-	-	-	-
$u_1^{av}(d_1(p_{eq}))$	16.53	15.30	15.01	17.46	17.40	18.44	18.17
$u_2^{av}(d_2(p_{eq}))$	16.59	15.35	14.39	17.53	17.47	18.54	18.25
$u_3^{av}(d_3(p_{eq}))$	20.21	18.26	16.83	-	-	-	-
$u_4^{av}(d_4(p_{eq}))$	20.83	18.76	17.25	-	-	-	-
$P_1(p_{eq})$	85.89	105.03	121.25	72.72	73.51	59.80	63.37
$P_2(p_{eq})$	76.95	93.90	108.89	65.28	65.98	53.84	57.00
$P_3(p_{eq})$	59.45	67.47	74.55	-	-	-	-
$P_4(p_{eq})$	52.40	59.02	64.88	-	-	-	-

Tabelle 4: Theoretische Gleichgewichtsergebnisse der individuellen Größen der Nachfrageseite für alle experimentell realisierten Marktkonstellationen

Nur ein Narr
macht keine Experimente.
Charles Darwin

6 Experimentelle Realisation

Das vorliegende Kapitel dokumentiert die Funktionalität und Struktur der im Rahmen dieser Arbeit erstellten Software, wobei der Schwerpunkt natürlicherweise auf den im Modell zweier Märkte relevanten Aspekten liegt; es wird jedoch auch versucht, darüber hinaus die allgemeinen Eigenschaften des Programmpakets zu vermitteln.

Dies erscheint unverzichtbar, um dem Leser einen fundierten Eindruck davon zu geben, welche Fragestellungen mit dessen Hilfe untersucht und analysiert werden können, welcher Situation der Experimentator und die Probanden während des Experiments gegenüberstehen und welche Komplexität dieses Instrument besitzt. Bevor wir mit der Diskussion beginnen, welcher ein der zentralen Stellung der Software angemessener Umfang eingeräumt wird, sollen kurz das generelle Vorgehen bei Computerexperimenten und die spezifischen Prozeduren bei den vom Autor durchgeführten erläutert werden.

6.1 Vorgehensweise im Computerexperiment

Alle Experimente wurden in einem Computerlabor der Johann Wolfgang Goethe – Universität Frankfurt (dem PC-Pool des Fachbereichs Wirtschaftswissenschaften) durchgeführt. Dort stehen 36 Personal Computer[121] für die Benutzer sowie einige weitere, besser ausgestattete Geräte für Administratoren zur Verfügung. Die Geräte sind über ein lokales Netzwerk (*Local Area Network*, LAN) miteinander verbunden, das mittels des Betriebssystems Netware 3.11[122] verwaltet wird und physikalisch auf einem EtherNet läuft. An den Arbeitsplätzen selbst kommt das Betriebssystem MS-DOS zum Einsatz. Dieser Computerpool wird für selbstbestimmte Arbeit von Studierenden, für die Durchführung von Lehrveranstaltungen sowie die hier zu diskutierenden Experimente genutzt.

---

[121] Bis vor kurzem handelte es sich bei der Mehrzahl der PCs um einfache 80286er Rechner unter Compaq-DOS 3.31 (eine herstellerspezifische Variante von MS-DOS) mit geringem Speicherausbau und Monochrom-Bildschirmen; zwischenzeitlich (nach Abschluß der hier dokumentierten Experimentserie) wurden diese durch Windows-taugliche, (zur Zeit) moderne Geräte unter MS-DOS 6.x mit besserer Speicherausstattung und Farbbildschirmen ersetzt.

[122] Hier und an zahlreichen anderen Stellen dieser Arbeit, besonders dieses Kapitels, werden geschützte Namen, Begriffe und Warenzeichen verschiedener Unternehmen verwendet. Dieser Umstand oder die Tatsache, daß eine explizite einzelne Kennzeichnung nicht erfolgt, berechtigt nicht zu der Annahme, daß ihre Benutzung frei wäre.

Aufgrund der ursprünglich bestehenden Beschränkungen hinsichtlich der vorhandenen Hardware-Ausstattung, stärker aber noch aufgrund der Bestrebung, den Einsatz der zu entwickelnden Software auf einer möglichst großen Zahl verschiedener Plattformen mit möglichst geringen Systemanforderungen zu erlauben, wurde das Programmsystem konsequent auf niedrige Mindeststandards hin konzipiert. So erfolgen keinerlei direkte Aufrufe von Systemfunktionen (BIOS-Routinen) des Netzwerkbetriebssystems, genügen einfache Grafikkarten und Monitore (Standard-VGA-Modus), moderate Geschwindigkeiten und geringe Speicherdimensionen. Alle Steuerungs-, Informations- und Entscheidungsaktivitäten werden über Standard-Dateizugriffe auf ein Netzlaufwerk abgewickelt, so daß das System praktisch auf jedem lokalen Netzwerk eingesetzt werden kann, das für die Arbeitsstationen ein solches Laufwerk als DOS-fähiges lokales Laufwerk emulieren und Standard-DOS-Applikationen ausführen kann. Dies umfaßt u.a. die Betriebssysteme MS-DOS/MS Windows, DR-DOS, Compaq-DOS, MS Windows NT, IBM OS/2 sowie die Netzwerkbetriebssysteme Novell Netware, Microsoft NetBEUI und Banyan Vines, und dürfte damit zur Zeit fast ausnahmslos für alle Computerlabors an westlichen Universitäten gelten.

Im PC-Pool des Fachbereichs stehen in sechs Reihen jeweils sechs Arbeitsplätze nebeneinander, die in der Regel nicht voneinander abgegrenzt sind. Vor Beginn der ersten Experimentserie wurde deshalb eine mobile Trennwandkonstruktion entworfen und produziert, welche die einzelnen Arbeitsplätze akustisch und insbesondere optisch so isoliert, daß die auf einem Bildschirm erscheinenden Informationen oder auf der zugehörigen Tastatur vorgenommenen Eingaben von anderen Teilnehmern nicht erkennbar sind. Hierdurch läßt sich — im Zusammenwirken mit einer Beaufsichtigung während der Experimente und der geeigneten Gestaltung der Software und der Verfahrensabläufe — die gebotene Unabhängigkeit und Anonymität der Entscheidungen sicherstellen.

Die für diese Arbeit entworfene und entwickelte Software *ProCEED*[123] wurde mit dem Ziel einer universelleren Verwendbarkeit, über die experimentelle Untersuchung eines Kapital- und Gütermarkts hinaus, entworfen. In einem modularen Design sind dabei zahlreiche Teile des Steuerungs- und Kommunikationsablaufs "wiederverwendbar", ebenso wie die als Teilnehmerschnittstelle fungierende graphische Benutzeroberfläche. Lediglich die experiment- bzw. modellspezifischen Abläufe und Funktionen werden modifiziert oder neu programmiert und mit den übernommenen Bestandteilen kombiniert. Auf diese Weise wurden inzwischen u.a. auch Experimente zur Verteilung gemeinsam produzierter Güter, zur Entwicklung technischer Stan-

[123] **Pro**grams for **C**omputerized **E**xperiments on **E**conomic **D**ecision-making. Bei *ProCEED* handelt es sich um nicht-kommerzielle, jedoch urheberrechtlich geschützte Software: © 1992–95 *The Frankfurt ExEc Group*. Der Einsatz in Forschung, Lehre, Aus- und Weiterbildung wird ausdrücklich unterstützt; Anfragen bitte an den Autor: Markus Wendel, Friedrich-Ebert-Straße 95, D-61118 Bad Vilbel, Germany. E-Mail: MWENDEL@POBOX.COM

dards (Netzwerk-Externalitäten), zu Prisoners-Dilemma-Problemen sowie zur privaten Bereitstellung öffentlicher Güter konzipiert, implementiert und durchgeführt.[124]

Zur Rekrutierung der Versuchspersonen wurden einige Tage bis Wochen vor dem Termin des Experiments an zahlreichen Stellen des Fachbereichs oder der Universität (je nach Zielgruppe) Plakate ausgehängt, die auf die Möglichkeit zur Teilnahme an wirtschaftswissenschaftlichen Experimenten im Rahmen eines Forschungsprojektes hinweisen und auch den annähernden Zeitbedarf — vier bis sechs Stunden — sowie die erzielbare Vergütung — bis zu 200 DM — nennen. Interessenten wurden gebeten, sich im Sekretariat des Instituts einzufinden und sich dort schriftlich und verbindlich für einen der verfügbaren Termine anzumelden. Dabei erhielten sie auch ein Merkblatt, das neben Ort und Zeit des Experiments nochmals einige Erläuterungen zum Ablauf enthält. Spezifische Informationen über den Inhalt der Untersuchung werden jedoch vorab nicht gegeben.

Für die Mehrzahl der durchgeführten Untersuchungen wurden ausschließlich Studierende der wirtschaftswissenschaftlichen Studiengänge akzeptiert; zu Vergleichszwecken fanden auch *Sessions* mit Studierenden beliebiger Fächer sowie mit wirtschaftswissenschaftlichen Graduierten statt. Die — strikt erfolgsabhängige — Entlohnung wurde bewußt so hoch gewählt, daß die Teilnahme unter Berücksichtigung möglicher Alternativtätigkeiten attraktiv erschien und unter den zahlreichen denkbaren Gründen für eine Beteiligung die monetäre Motivation dominierte.

Bei ihrem Eintreffen vor Beginn des Experiments steht es den Teilnehmern frei, sich für einen der verfügbaren und noch freien Arbeitsplätze im PC-Pool zu entscheiden. Die Plätze sind durch die oben bereits beschriebenen, kabinenartigen Trennwände voneinander isoliert, und die unkontrollierte Kommunikation untereinander ist strikt untersagt, sobald der Ablauf begonnen hat. Die Interaktion findet vollständig über das Computernetzwerk statt: Alle nötigen aktuellen Informationen, Ergebnisse, Hinweise und Aufgaben erscheinen automatisch in Text- oder Grafikform auf dem Bildschirm oder sind auf Anforderung verfügbar; alle Entscheidungen werden per Tastatur oder Maus eingegeben. Aus ergonomischen Gründen wird lediglich die umfangreiche Beschreibung des Experiments, die *auch* am PC abrufbar ist, zusätzlich in gedruckter Form verteilt. Die Zuteilung der Rollen (in diesem Falle: Unternehmer oder Konsument) und weiterer persönlicher Parameter (z.B. Kosten- und Verwendungswertfunktionen) erfolgt zufallsgesteuert, kann jedoch bei Bedarf auch manuell vorgenommen werden.

Alle monetären Größen werden während des gesamten Experiments in einer fiktiven Geldeinheit, dem ECU (*Experimental Currency Unit)* angegeben. Die Endauszahlung wird anschließend mit Hilfe eines fest

[124]Vergleiche dazu die — zur Zeit erst als Arbeitspapiere vorliegenden — Artikel von Königstein und Tietz [KT95], Heyder [Hey95] sowie Güth und Huck [GH95].

vorgegebenen und bekannten Umrechnungsfaktor in DM konvertiert. Die Teilnehmer werden — wiederum via Bildschirm — privat über die so errechnete Höhe ihrer Vergütung informiert und erhalten eine vom Computer generierte Geheimzahl (PIN, *Personal Identification Number*), die ebenfalls nur ihnen bekannt ist. Mit einem unpersönlichen Formular und dieser Geheimzahl kann dann in den folgenden Wochen im Sekretariat des Instituts die Auszahlung abgeholt werden, so daß eine Zuordnung zwischen der persönlichen Identität der Versuchspersonen und ihren Rollen im Experiment unmöglich ist und ihre Anonymität gewahrt bleibt.

Einige kurze Bemerkungen seien noch zum Einsatz von Fragebogen angefügt. Neben dem bereits erwähnten Persönlichkeitsfragebogen 16-PA,[125] der als Bestandteil der Software implementiert ist, wurden teilweise auch (auf Papier vorliegende) prä- und postexperimentelle Fragebogen verwendet.

Der präexperimentelle Fragebogen war dabei so gestaltet, daß eine rationale, analytische Durchdringung der nachfolgenden Entscheidungssituation des Marktexperiments zumindest induziert werden sollte; auf diese Weise kann versucht werden festzustellen, inwieweit sich der Rationalitätsgrad menschlicher Entscheidungen durch entscheidungsvorbereitende Maßnahmen erhöhen läßt. In diesem Fragebogen, der im Anhang C wiedergegeben ist, werden die Probanden daher neben den Kontrollfragen zum Test der korrekten Rezeption (kein Selbsttest) auch mit Fragen nach ihren Planungen für das eigene Entscheidungsverhalten sowie ihren Erwartungen über das Verhalten anderer, über künftige Marktergebnisse und ähnliches konfrontiert.

Der postexperimentelle Fragebogen dient der Reflexion und Kommentierung des Experiments und versucht insbesondere auch, die Bestätigung vorheriger Erwartungen oder eben deren Widerlegung zu erfassen.

Experimentphasen und ggf. Fragebogenbearbeitung sind folgendermaßen chronologisch angeordnet: Der Erläuterung der Computerbedienung folgt (optional) der 16-PA, anschließend wird die Entscheidungssituation des Experiments erklärt. Optional ist dann der präexperimentelle Fragebogen auszufüllen, bevor das Kernexperiment beginnt. Der postexperimentelle Fragebogen schließt sich (optional) an das Ende der letzten Periode an. Bei Experimenten mit mehreren Sessions sind 16-PA und präexperimenteller Fragebogen ggf. zu Beginn der ersten Session zu bearbeiten, der postexperimentelle Fragebogen ggf. nach Ende der letzten.

6.2 Die eingesetzte Software

In dem vorliegenden, in manchen Passagen zwangsläufig etwas technischen Abschnitt wird der Versuch unternommen, näher auf die Struktur der erstellten Software einzugehen. Darauf kann jedoch nicht verzichtet werden,

[125] Hinsichtlich der Definition und Interpretation des 16-PA vgl. den entsprechenden Abschnitt weiter unten in diesem Kapitel sowie Brandstätter [Bra88].

wenn der Leser nicht wenigstens eine annähernde Vorstellung davon erhalten soll, mit welcher Situation erstens der Experimentator und die Probanden während des Experiments konfrontiert sind, welche Komplexität zweitens das zu beschreibende Programmpaket besitzt und welche Fragestellungen drittens mit ihrer Hilfe untersucht und analysiert werden können. Angesichts der Tatsache, daß Entwurf und Realisierung dieses Forschungsinstruments eine zentrale Stellung dieser Arbeit darstellen, ist eine ausführliche Diskussion angezeigt.

Programmtechnische Details im engeren Sinne werden dem Leser dieses Abschnitts jedoch erspart bleiben; zum Verständnis sind keine Programmierkenntnisse erforderlich. Die vollständige Dokumentation befindet sich in einem beim Autor erhältlichen, separaten Dokumentationsband.[126] Dieser enthält erstens eine umfassende Anleitung zur Installation und Benutzung der Software in der aktuellen Fassung, die sich an den Experimentator richtet, zweitens eine detaillierte Beschreibung der Struktur und Funktionsweise der beiden Hauptprogramme (Steuerprogramm und Benutzerinterface) sowie ihrer wichtigsten Objekte und Methoden (Variablen, Funktionen und Prozeduren); diese ist für Informatiker oder Programmierer gedacht, welche die Modifikation, Weiterentwicklung oder anderweitige Verwendung der Software anstreben. Schließlich wird dort auch der gesamte Quellcode (der in der objektorientierten, höheren Programmiersprache *Turbo Pascal / Turbo Vision* abgefaßte Programmtext) gelistet.

6.2.1 Das Konzept des M2M-Programmpakets

Die M2M-Software (M2M steht für *Modell zweier Märkte*) ist Bestandteil und zentrales Element von *ProCEED* und setzt sich aus zwei ausführbaren Programmen zusammen, dem *Steuerprogramm* (SP) M2M.EXE und dem *Terminalprogramm* (TP) oder *Spieler-Interface* SI.EXE. [127]

Das Steuerprogramm dient dem Experimentator zur Eingabe von Parametern für das Experiment, zu dessen Start, Durchführung, Kontrolle und Beenden. Dieses Programm wird einmal (in einer Instanz) auf einem möglichst gut ausgestatteten Rechner des Netzwerks gestartet, der dem Experimentator zugänglich, von den Probanden jedoch nicht einsehbar ist. Es enthält alle Informationen über die Struktur des Experiments und sämtliche Informations- und Kommunikationsabläufe. Auch die *realtime*-Verarbeitung von zur Laufzeit erzeugten Informationen (z.B. die Bestimmung von Marktpreisen aus Geboten), die Protokollierung des Experiments und die Speicherung der erhobenen Daten obliegt dem SP.

[126] Die Bezugsquelle ist in der Fußnote auf Seite 4 angegeben.

[127] Die Programme M2M.EXE und SI.EXE bilden zusammen das im Sinne des "Vererbungskonzepts" objektorientierter Programmierung als "Nachfahre" von *ProCEED* zu betrachtende Paket *ProCEEDInG*; dieses Akronym bedeutet **Pro**grams for **C**apital Market **E**xperiments with **E**ndogeneously **D**etermined **In**trinsic Value **G**eneration. Auch für *ProCEEDInG* gilt der Urheberrechtsschutz: © 1992–95 *The Frankfurt ExEc Group.*

Das Terminalprogramm ist das "Spieler-Interface", die Benutzerschnittstelle, und wird in (mindestens) so vielen Instanzen, d.h. auf so vielen Rechnern parallel gestartet, wie voraussichtlich Versuchsteilnehmer vorhanden sind; alle TPs sind also identisch, sie werden lediglich durch eine "Terminalnummer" identifiziert, welche durch die Plazierung des jeweiligen Arbeitsplatzrechners bestimmt wird oder manuell festgelegt werden kann. Das TP besitzt praktisch keinerlei eigene "Intelligenz", sondern reagiert lediglich auf Kommandos des SPs und Eingaben des Probanden.

Die Kommunikation zwischen dem SP und den TPs erfolgt über den "Versand" von speziellen Dateien: Fordert das SP eine bestimmte Aktion von einem der TPs an oder hat es diesem Informationen zu übermitteln, so erstellt es auf dem gemeinsamen Netzlaufwerk eine Datei, deren Inhalt die gewünschten Aktionen oder Informationen in codierter Form enthält und deren Name den Adressaten identifiziert. Alle TPs suchen ihrerseits ständig (d.h. genauer periodisch, in Abständen von wenigen Millisekunden) nach Dateien auf diesem Laufwerk, deren Adressat mit ihrer eigenen Terminalnummer übereinstimmt. Wird eine solche Datei gefunden, so liest das TP sie ein, decodiert ihren Inhalt und führt die darin enthaltenen Anweisungen aus.

Umgekehrt erfolgt das Feedback eines TPs an das SP oder die Anforderung von Informationen oder Aktionen vom SP durch ein TP auf analoge Weise: Das TP erstellt selbst eine Datei, welche die erforderlichen Abläufe spezifiziert, und gibt sie auf dem Netzlaufwerk frei; der Dateiname identifiziert den Absender. Das SP überprüft ebenso wie die TPs regelmäßig, ob derartige, an das SP adressierte Dateien vorliegen; ist dies der Fall, so liest es diese ein und reagiert entsprechend.

Es handelt sich also bei n Versuchsteilnehmern um ein System von $n + 1$ gleichzeitig ablaufenden Programmen, die miteinander kommunizieren, deren Aktionen wechselseitig voneinander abhängen und die an bestimmten Punkten synchronisiert werden müssen. Die Kommunikation erfolgt jedoch stets "sternförmig", d.h. zwischen dem SP einerseits und allen TPs andererseits, auch wenn die logische Struktur des Experiments "Querkommunikation" z.B. zwischen verschiedenen Teilnehmern vorsieht. Dieses Konzept erleichtert die Synchronisation und zentrale Kontrolle des Spielablaufs wesentlich, ohne die Menge der realisierbaren Experimente einzuschränken oder für die Teilnehmer bemerkbar zu sein: Selbst die Verarbeitungsgeschwindigkeit eines einfachen PC ist hoch genug, um den Probanden jeweils eine sofortige Reaktion auf ihre Eingaben zur Verfügung zu stellen.

6.2.2 Kommunikationssteuerung

Die Kommunikationsdateien, die vom SP an ein TP gesendet werden, lassen sich in vier Grundtypen unterteilen:

Dialog-Dateien, Message-Dateien, Update-Dateien und Release-Dateien. Diese besitzen die folgenden Funktionen:

1. Die Dialog-Datei (auch als *Outfile* bezeichnet): Dieser Dateityp ist der während eines Experimentes am häufigsten verwendete; hier sendet das SP einem TP den nächsten in der Ablaufdefinition des Experiments vorgesehenen Dialog mit entsprechenden experimentspezifischen Informationen. Unter einem *Dialog* verstehen wir in diesem Zusammenhang die Öffnung eines "Fensters", d.h. eines Bildschirmausschnitts, auf dem Rechner des Versuchsteilnehmers, worin ihm Informationen übermittelt werden (Informations-Fenster) und/oder der Erhalt dieser Informationen zu bestätigen bzw. eine Entscheidung einzugeben ist (Dialog-Fenster). Mit einem Outfile werden dem TP folgende Daten mitgeteilt: Größe und Inhalt des Informations-Fensters und des Dialog-Fensters, Inhalt der Fenster, die der Teilnehmer ständig zur Verfügung hat (je nach Experiment z.B. das Buchhaltungsfenster, Marktverlaufsfenster etc.), und weitere Details. Nach dieser Datei sucht das TP nur, wenn nicht noch ein früherer aktiver Dialog zu beantworten ist.

2. Die Message-Datei: Die Experimentleitung hat am SP die Möglichkeit, einzelnen Spielern oder Spielergruppen aus aktuellem Anlaß eine Nachricht zu senden, die ausserhalb des regulären Experimentablaufs steht; diese befindet sich dann in der genannten Message-Datei. Eine weitere Einsatzmöglichkeit dieses Dateityps besteht in der Übermittlung eines *Countdowns*, d.h. eines Zeitlimits für die Abgabe einer Entscheidung, etwa eines Kaufgebots.

3. Die Update-Datei: Diese entspricht in ihrer Struktur der Dialog-Datei. Im Falle eines Programmfehlers (Absturzes), Netzwerkausfalls o.ä. werden hier alle Fenster des neu gestarteten Terminalprogramms mit der aktuellen Situation initialisiert.

4. Die Release-Datei: Dem TP wird übermittelt, daß die Tastenkombination zum Verlassen des TP zu aktivieren ist; dieser Dateityp ist von eher administrativer Funktion und ist nötig, um die TPs nach Abschluß des Experiments zu beenden und zum Betriebssystem zurückzukehren (während des Experiments haben die Teilnehmer keine Möglichkeit, das Programm zu verlassen oder andere unerwünschte Funktionen durch Eingaben jedweder Art auszulösen).

Die Antwortdateien des TPs an das SP sind ebenfalls gemäß ihrer Funktion zu klassifizieren. Es lassen sich folgende Aufgaben unterscheiden: Der Proband sendet getroffene Entscheidungen ab, bestätigt den Erhalt ihm zugegangener Informationen, oder fordert Hilfe von den Betreuern an. Entsprechend sind die zugeordneten Kommunikationsdateien zu unterscheiden:

1. Übermittlung der eingegebenen Daten an das Steuerprogramm: Das Dialog-Fenster enthält Eingabemöglichkeiten (*InputLines*, Eingabezeilen für Zahlen oder Texte; *RadioButtons* zum Auswählen einer von mehreren vorgegebenen Optionen; ankreuzbare *CheckBoxes* für binäre Entscheidungen, etc.) in bestimmter Reihenfolge, die vorher mittels der vom SP gesendeten Dialog-Datei definiert wurden. In dieser Ordnung werden auch die eingegebenen Daten zeilenweise in eine Text-Datei geschrieben. Beispiel: Der Teilnehmer muß im Dialog in der angegeben Reihenfolge eine Zahl eingeben (er gibt 333 ein), einen Satz schreiben und eine binäre Entscheidung (0/1, J/N) treffen (er wählt 0). Jedes Dialogfenster enthält eine Schaltfläche (einen "Knopf") namens "Senden" oder "Bestätigen", durch dessen Betätigung der Benutzer signalisiert, daß er die Eingabe oder Korrektur seiner Entscheidungen abgeschlossen hat und die erfaßten Daten an das SP abgesandt werden können. Sobald dies geschehen ist, erstellt das Terminalprogramm eine Datei (ein *Infile*), die im angegebenen Beispiel folgende Struktur hätte: Zeile 1: "333", Zeile 2: "(der eingegebene Satz)", Zeile 3: "0", Zeile 4: Das "Dateiende-Zeichen" (EOF). Das Steuerprogramm liest diese Datei ein, erkennt den Absender am Namen der Datei, und ordnet die einzelnen Werte den entsprechenden Variablen zu, da es die Struktur des erwarteten Infiles kennt.

2. Bestätigung erhaltener Informationen: Werden dem Benutzer in einem "Informationsfenster" aktuelle Daten oder Hinweise übermittelt, so ist damit stets die Aufforderung verknüpft, eine "Lesebestätigung" abzusenden. Das Terminalprogramm erstellt in diesem Fall nach der Aktivierung des "Senden"–Buttons eine Datei in Analogie zu Fall 1, nur ist die Datei in diesem Fall leer; die transportierte Information besteht aus der Identifikation des Absenders und dem Signal des TPs "Ich habe die Information verarbeitet und bin bereit für weitere Kommunikation". Bei Erhalt dieser Datei gibt das SP den nächsten Ablauf für dieses TP frei.

3. Hilferuf: Der Teilnehmer hat die Möglichkeit, bei Unklarheiten jedweder Art oder aus sonstigen Gründen der Experimentleitung zu signalisieren, daß er Hilfe benötigt. Benutzt er die entsprechende Funktion, so wird eine spezielle Datei an das SP versandt, die auf dem dort installierten Monitor eine optische Anzeige auslöst.

Für die Codierung der in den diversen Kommunikationsdateien übermittelbaren Informationen, also etwa die Beschreibung der Struktur zu treffender Entscheidungen, der einzugebenden Daten, der Art der optischen Präsentation, der Überprüfung von Eingaben auf syntaktische und semantische Korrektheit etc. wurde eine Art "Metasprache" ("Pseudo-Code") geschaffen, welche von SP und TP beim Lesen oder Schreiben der Dateien "interpretiert" (decodiert respektive codiert) wird und alle Kommunikationsmöglichkeiten der Schnittstelle zum Probanden beschreibt. Auf deren Konstruktion und Komplexität soll hier jedoch nicht näher eingegangen werden; die genaue Syntax ist bei Bedarf in der Programmdokumentation nachzulesen.

6.2.3 Allgemeine Programmeigenschaften

Die — graphische — Benutzeroberfläche aller Programme ist formal einheitlich und beruht auf den Dialogelementen (Fenster, Menüs, Rollbalken, Schaltflächen etc.), die entsprechend den allgemeinen Softwarestandards gestaltet sind und durch die Objektbibliothek TurboVision unterstützt werden. Die Bedienung kann mit der Maus und/oder der Tastatur erfolgen. Eine typische Bildschirmansicht wird in Abbildung 10 gezeigt.

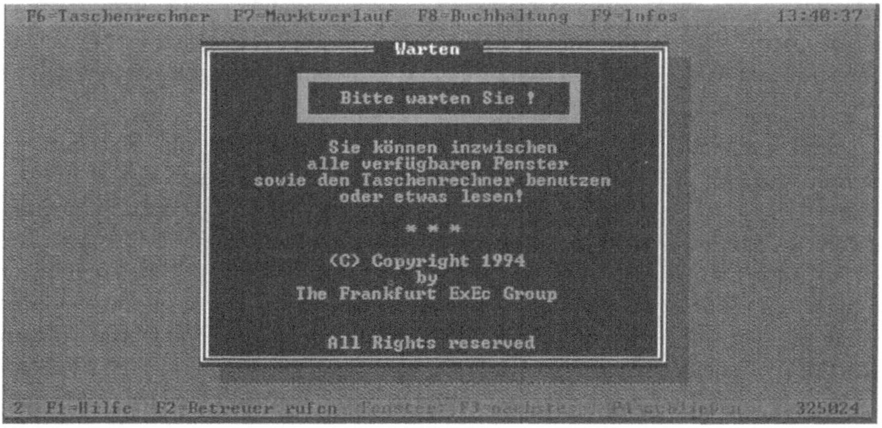

Abbildung 10: Typische Ansicht eines Teilnehmerbildschirms

Die erste (oberste) Bildschirmzeile ist die *Menüzeile*, sie enthält stets die Auswahl der jeweils aktuell verfügbaren Befehle, welche durch Anklicken mit der Maus oder Drücken einer Tastenkombination (gemeinsames Niederdrücken der <ALT>-Taste und des jeweils hervorgehobenen Buchstabens, in der Regel des Anfangsbuchstabens) aktiviert werden. So öffnet etwa Klicken auf `Buchhaltung` oder Drücken von <ALT>+B das Buchhaltungsfenster. Sofern ein Menüeintrag nicht direkt zur Ausführung eines Befehls führt, sondern eine Gruppierung mehrerer Befehle umfaßt, öffnet sich zunächst ein *Pull-Down-Menü*, d.h. ein kleines Auswahlfenster, das die verfügbaren Funktionen enthält. So öffnet etwa das Klicken auf `Infos` oder das Drücken von <ALT>+I ein Untermenü mit den Einträgen `Erläuterung` und **Parameter**; die Bestätigung etwa von **Parameter** löst dann die Anzeige entsprechender Informationen aus.

Das Gegenstück zur Menüzeile stellt die am unteren Bildschirmrand befindliche *Statuszeile* dar. Diese dient neben der vom Namen nahegelegten Anzeige von Status- oder Fehlermeldungen der Darstellung weiterer aktueller Informationen verschiedener Art, etwa der Anzeige von Hinweisen zu momentan erforderlichen oder möglichen Aktionen, verfügbaren *Shortcuts* (Tastenkombinationen) zur schnellen Auslösung verschiedener Befehle etc.

Im Zentrum des Bildschirms — logisch wie räumlich — stehen ein oder mehrere *Fenster*. Dabei handelt es sich um abgegrenzte Bildschirmbereiche zur Darstellung sachlich zusammengehöriger Informationen, Daten oder Optionen in textueller oder graphischer Form. Es können simultan mehrere (prinzipiell unbegrenzt viele) solche Fenster "geöffnet" sein, die horizontal oder vertikal "nebeneinander" liegen, sich ggf. teilweise "überschneiden" oder "hintereinander" angeordnet sein können. Mit "hintereinander" bezeichnen wir dabei den Fall, daß mehrere Fenster die gleiche Bildschirmposition einnehmen, jedoch nur eines davon (vollständig) sichtbar ist (sich *im Vordergrund* befindet), während die anderen ganz oder teilweise verdeckt werden (sich *im Hintergrund* befinden).

Sofern dies nicht bewußt ausgeschlossen ist, lassen sich die Dimensionen und Positionen der Fenster vom Benutzer modifizieren; auch das Schließen und (Wieder-)Öffnen ist im allgemeinen möglich. Von der eventuell vorhandenen größeren Anzahl von Fenstern besitzt stets nur eines den Status *aktiv* (wir sprechen auch vom *fokussierten* Fenster), was sich u.a. in der Möglichkeit äußert, an den darin abgebildeten Daten Änderungen vorzunehmen oder Eingaben zu machen; der *Fokus* läßt sich jedoch im Normalfall einem beliebigen Fenster zuteilen.

Innerhalb eines Fensters, das lediglich Informationen für den Benutzer bereitstellt (also einer passiven Anzeige im engeren Sinne) kann durch Maus- und Tastaturbefehle zeichen-, zeilen- oder bildschirmweise "geblättert" werden. In Fenstern mit Eingabemöglichkeiten läßt sich der *Cursor*, die "Einfügemarke", ebenfalls mit Maus- oder Tastaturbefehlen zwischen den einzelnen vorgesehenen Eingabepositionen hin- und herbewegen.

Als Beispiele mögen hier einige weiter unten beschriebene Fenster der Standard-Bildschirmansicht eines Versuchsteilnehmers dienen: In Wartesituationen, während derer keine Entscheidungen vom Probanden zu treffen sind, zeigt sein in Abbildung 10 dargestellter Bildschirm neben Menü- und Statuszeile lediglich das sogenannte "Pausen-Fenster", die Aufforderung zum Warten mit der Bitte um Geduld; hier sind keine Eingaben möglich. Klickt der Benutzer z.B. auf den Menü-Eintrag **Buchhaltung**, so öffnet sich ein Informationsfenster, welches die aktuellen Bestände und letzten Veränderungen in Kasse und Wertpapierdepot enthält. Hierin kann geblättert werden, jedoch liegt ansonsten keinerlei aktive Funktionalität vor. Hingegen eröffnet etwa die Aktivierung des Menüs **Funktionen** die Möglichkeit, geplante Produktionsstückzahlen (für einen Unternehmer) einzugeben und die resultierenden Gesamt-, Stück- und Grenzkosten abzurufen oder sich den Verlauf der entsprechenden Funktionen graphisch darstellen zu lassen. Abbildungen solcher Bildschirmansichten sind im Abschnitt 6.2.5 enthalten.

Sofern der Anwender eines Programms gezwungen werden soll, zunächst die in einem ganz bestimmten Fenster gezeigten Informationen zur Kenntnis zu nehmen oder dort erwartete Eingaben vorzunehmen, bevor irgendeine andere Aktion möglich ist, kann das betreffende Fenster zum *modalen Fenster* erklärt werden; ein Schließen, Wechseln zu (Aktivieren von) anderen Fenstern etc. ist dann ausgeschlossen.

6.2.4 Das Steuerprogramm

Alle Konfigurations- und Steuerungsaufgaben des gesamten Experiments werden durch M2M verwaltet. Hierzu zählt unter anderem auch die Festlegung sämtlicher Parameter im weitesten Sinne, also z.B. Anzahl der Spieler, Verteilung der Rollen, Zahl der Perioden, Wahl der Kosten- und Verwendungswertfunktionen, Ausstattung mit Anfangsbeständen in Kasse und Wertpapierdepots, Informationszugang und vieles mehr.

6.2.4.1 Vor dem Start

Um den Experimentator nicht unmittelbar vor Beginn einer Session in Anwesenheit der Probanden mit der Eingabe dieser verhältnismäßig umfangreichen Informationsmenge zu belasten, wurde die Definition von *Spielerprofilen* vorgesehen, so daß der Großteil der Attribute eines Spielers durch einfache Zuweisung eines vorab festgelegten Profils geschehen kann. Diese Profile sind vor dem Start des Programms zu erstellen.

Spielerprofile

Um Spielern unterschiedlichen Eigenschaften zuzuweisen, können Profile erstellt werden, die sich in folgenden Attributen unterscheiden:

1. Wird der Teilnehmer vor der Durchführung des Kapitalmarktes einer Periode über die Höhe der Dividenden der einzelnen Unternehmen in dieser Periode informiert?

2. Weiß der Teilnehmer, welches Unternehmen mit welcher Kostenfunktion arbeitet?

3. Wie hoch ist die Erstausstattung mit "Bargeld" (Kasse) vor Beginn des Experiments?

4. Wie groß ist der Anfangsbestand an Wertpapieren der einzelnen Firmen im Depot des Teilnehmers?

Um diesen Eigenschaften konkrete Ausprägungen zuzuweisen, werden *offline* — also während der Planungs- und Vorbereitungsperiode des Experimentes — Textdateien angelegt bzw. modifiziert, welche die nötigen Informationen enthalten. Diese Dateien sind im Klartext lesbar und mit jedem (ASCII-fähigen) Texteditor zu bearbeiten. In einer "Verzeichnisdatei" wird eine Liste aller verfügbaren Profile, ihrer Bezeichnungen (Namen) und der jeweils zugeordneten Profildateien geführt.

Eine solche Profildatei für M2M könnte im einfachsten Falle etwa so aussehen: Die in geschweifte Klammern eingeschlossenen Texte stellen

```
1       { Erhält Dividenden-Information: Ja }
0       { Erhält Funktions-Information: Nein }
2000    { Erstausstattung Kasse }
400     { Aktien-Erstausstattung Firma 1 }
0       { Aktien-Erstausstattung Firma 2 }
0       { Aktien-Erstausstattung Firma 3 }
0       { Aktien-Erstausstattung Firma 4 }
```

Tabelle 5: Struktur einer Profildatei

Kommentare dar und sind als Gedächtnisstütze für den Benutzer gedacht, für die Programmausführung jedoch ohne Belang. Bei der Überprüfung der Korrektheit und Funktionsfähigkeit neu angelegter Profildateien wird der Experimentator (trotz deren übersichtlicher und sequentieller Struktur) durch eine Testfunktion von M2M unterstützt.

Kosten- und Verwendungswertfunktionen

Diese Funktionen werden sowohl im Steuerprogramm als auch in den Terminalprogrammen benötigt. Das SP berechnet mit ihrer Hilfe die periodenbezogenen Produktionskosten bzw. Verwendungswerte und aktualisiert die entsprechenden Konten; die TPs stellen den Spielern in Form von Werteabfragen oder graphischen Darstellungen Informationen über den Verlauf der für sie oder andere Teilnehmer gültigen Funktionen zur Verfügung, sofern die Berechtigung dazu vorliegt.

Für alle Funktionen ist eine vergleichsweise umfassende allgemeine mathematische Form vorgesehen, die unter anderem Potenz-, Wurzel-, Exponential- und trigonometrische Funktionen enthält. Jede spezifische Funktion wird dann durch die Angabe von Koeffizienten definiert, welche in einer weiteren Textdatei, FUNKTION.D, eingetragen sind. Diese umfaßt auch die Festlegung zugeordneter Bezeichnungen, die dem Benutzer am Bildschirm angezeigt werden, und besitzt grob folgende Struktur:

```
//GameFunktionen
20;100;                           {max. Konsummenge, max. Produktionsmenge}
/Spielertyp
/EigeneFunktion
4;                                {Anzahl der Verwendungswertfunktionen (VWF)}
4;                                {Anzahl der Kostenfunktionen (KF)}
/FunktionenKenntnis
-80;0;0;0;0;85;0;0;0;0;0;         {Koeffizienten für die 1. VWF}
0;0;0;0;
0;20;                             {minimal und maximal zulässiges Argument}
Verwendungswertfunktion;          {Funktionstyp}
Verwendungswert;                  {Bezeichnung für F(X)}
Durchschnitt;                     {Bezeichnung für F(X)/X}
Grenzverwendungswert;             {Bezeichnung für F'(X)}
Stück;                            {Abszissenbeschriftung}
VWE;                              {Ordinatenbeschriftung für F(X)}
VWE/Stück;                        {Ordinatenbeschriftung für F(X)/X und F'(X)}
(...)                             (Koeffizienten und Bezeichnungen für 2. VWF,
                                  3. VWF, ... )
35;3;0.04;-0.0010;0.000017;       {Koeffizienten für 1. KF}
0;0;0;0;0;0;0;0;0;0;
0;100;                            (analog zu den VWF)
Kostenfunktion;
Gesamtkosten;
Stückkosten;
Grenzkosten;
Stück;
ECU;
ECU/Stück;
(...)                             (Koeffizienten und Bezeichnungen für 2. KF,
                                  3. KF, ...
EOF                               {Datei-Ende-Kennzeichnung}
```

Tabelle 6: Struktur einer Funktionsdatei

Der Eintrag "//GameFunktionen" identifiziert die fragliche Datei; bei Zeilen wie "/Spielertyp" oder "/FunktionenKenntnis" handelt es sich um Stellvertreter, die zur Laufzeit des Programms durch aktuelle Werte ersetzt werden. Das Steuerprogramm legt nach erfolgter Profilzuweisung eine Kopie von FUNKTION.D an, in der etwa "Konsument" bzw. "Produzent" an die Stelle von "/Spielertyp" geschrieben wird.

6.2.4.2 Setup, Start und Bedienung

Bei Beginn des Experiments müssen die Profil- und Funktionsdateien bereits vorliegen und auf Korrektheit getestet sein. Zunächst wird das Steuerprogramm M2M.EXE, anschließend werden die Spielerschnittstellen SI.EXE gestartet.

Setup und Start des Experiments

Das Starten des Experiments läßt sich logisch — entsprechend auch der chronologischen Abfolge — in folgende Schritte gliedern: Ermittlung der besetzten Teilnehmerplätze, Zuordnung von Rollen, Profilen und Informationsbedingungen, Festlegung von Synchronisationspunkten und weiteren Experimentparametern, "Startschuß". Im Einzelnen:

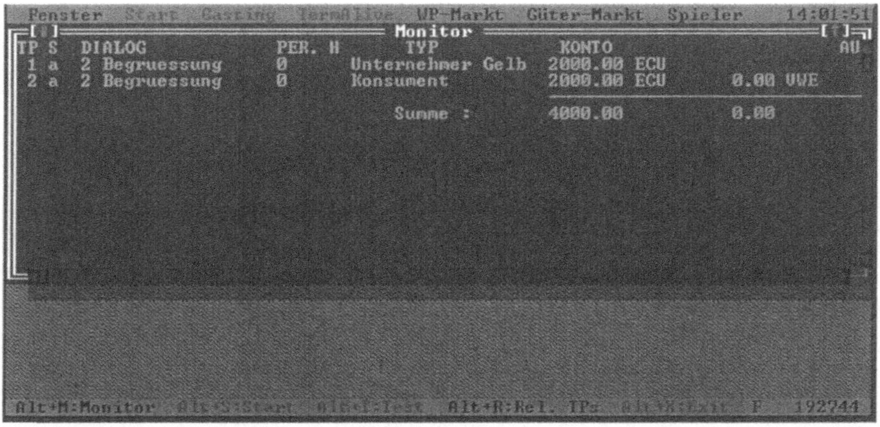

Abbildung 11: Monitorfenster des Steuerprogramms bei Experimentbeginn

- *terminal alive test:* Die Probanden befinden sich auf ihren Plätzen; an jedes TP wird ein Dialog mit der Aufforderung versandt, diesen durch entsprechende Eingabe zu beantworten und so die Einsatzbereitschaft des Teilnehmers zu dokumentieren. Das SP erhält auf diese Weise Kenntnis davon, welche der physisch vorhandenen und funktionsbereiten "Terminals" für das folgende Experiment als aktiv zu betrachten sind. Am Monitor des Steuerprogrammes (vgl. Abbildung 11) ist auch für den Experimentator ersichtlich, an welchen Plätzen die Aufforderung befolgt wurde. Hat dieser sich überzeugt, daß alle Teilnehmer ihre Präsenz auf diese Weise bestätigt haben, so startet er die nächste Phase, die Rollenzuordnung, durch Aktivierung des Menü-Eintrags `Casting`.

- *casting:* Hier wird jedem Spieler eine der im Experiment vorgesehenen Rollen zugewiesen. Für das Experiment M2M kommen hier nur "Unternehmer", "Konsument" oder "entlassen" (für Probanden, die z.B. aus spezifischen Gründen nicht teilnehmen können oder dürfen) in Frage.[128]

- *profile assignment:* In dieser Phase werden die weiter oben bereits beschriebenen, vor Experimentbeginn erstellten Spielerprofile mit ihren jeweiligen Attributen den einzelnen Teilnehmern bzw. Teilnehmergruppen zugeordnet. Das Steuerprogramm liest die Datei PROFIL.PRO und erstellt eine Maske, in der die definierten Profilnamen erscheinen. Mit diesen kann dann jeweils eine Menge von Terminalnummern assoziiert werden.

- *information assignment:* Die Kenntnisse eines Probanden über die existierenden Kosten- und Verwendungswertfunktionen können in drei Abstufungen vorliegen: *offen* (der Teilnehmer kennt sämtliche Funktionen), *halboffen* (der Teilnehmer hat Kenntnis von allen Funktionen seines Spielertyps, d.h. ein Konsument kennt alle Verwendungswertfunktionen, ein Unternehmer alle Kostenfunktionen), und *geschlossen* (nur die eigene Funktion ist bekannt). Nur für die derart freigegebenen Funktionen kann der Benutzer an seinem Bildschirmarbeitsplatz Werteabfragen oder graphische Darstellungen abrufen. In dieser Phase wird festgelegt, welche Informationsbedingung jeweils gelten soll.

- *synchronization points:* Die Einführungsphase eines Experimentes läßt sich aus Teilnehmersicht in verschiedene Phasen unterteilen: a) Dialoge zur Erklärung der Benutzeroberfläche (optional), b) zur Erhebung von Persönlichkeitsattributen entsprechend dem 16-PA-Fragebogen (optional) und schließlich c) zur Erklärung des konkreten Experiments im allgemeinen sowie der persönlichen Rolle und Situation im speziellen. Hieran schließt sich d) die erste Aktion des eigentlichen Experiments (Spiels) an, hier die Gebotsabgabe für den Gütermarkt der ersten Periode. Im vorliegenden Programmteil wird festgelegt, ob der Spielfortschritt der einzelnen Teilnehmer an einem oder mehrerer dieser Zeitpunkte (a) bis (d) synchronisiert werden soll, d.h. ob alle Spieler gleichzeitig in den nächsten Abschnitt des Experimentes gehen. Sofern Synchronisationspunkte festgelegt wurden, erhalten Teilnehmer einen "Pausenbildschirm", sobald sie alle Dialoge des vorhergehenden Abschnitts abgearbeitet haben. Erst wenn alle Spieler den Synchronisationspunkt erreicht haben, wird dies am Monitor des Steuerprogramms gemeldet und nach Bestätigung der Meldung durch den Experimentator die nächste Phase freigegeben.

- *parameter specification:* Sind das *casting* und die darauf folgenden Zuordnungen beendet, so werden unter dem Menüpunkt `Start` noch

[128] Die Möglichkeit zur Teilnahme am Kapitalmarkt ist hiervon unabhängig und wird durch einen spielerspezifischen Parameter gesteuert.

letzte Spezifikationen eingegeben, bevor das Experiment schließlich in Gang gesetzt wird. Wesentliche Parameter:

- Sollen die Dialoge zur Programmbedienung versandt werden?
- Werden die Persönlichkeitsattribute erhoben?
- Zahl der Perioden
- Kreditrahmen
- Dividendenanteil
- Auszahlungsfaktoren
- Kann die Festlegung der Produktionsmenge nach dem Vertrieb erfolgen (Absatzmenge) oder muß dies vorher geschehen (Gebotsmenge)?
- Sind "Dumpingangebote" (Verkaufsgebote unter Stückkosten) erlaubt?
- Dürfen Unternehmer mit ihren eigenen Wertpapieren handeln?

• *start:* Nach Abschluß der Parameterspezifikation erfolgt die Freigabe des Experiments und der Start der ersten vorgesehenen Phase nach einer letzten Bestätigung des Experimentators.

Einige Daten, etwa Periodenanzahl und Auszahlungsfaktoren, lassen sich auch während des Experiments vom Steuerprogramm aus ändern.

Zur Zuordnung von Kostenfunktionen und Unternehmen ist noch folgendes zu bemerken: Die Unternehmen werden aus Teilnehmersicht zunächst lediglich durch ihre Bezeichnungen ("Gelb", "Rot" etc.) unterschieden, welche den Spielern in der Reihenfolge der Rollenzuordnung (d.h. der Terminalnummern) zugeteilt werden; diese Namen ("Firma Gelb" etc.) sind auch die für den Kapitalmarkt relevanten. Die existierenden Kostenfunktionen des Gütermarkts sind mit "Typ Q", "Typ R" etc. benannt. Wie im theoretischen Teil der Arbeit geschildert, kann die Relation zwischen Firmen und Kostenfunktionen generell periodisch oder einmalig vor Experimentbeginn neu definiert werden. Aufgrund der Tatsache, daß z.B. bei Sessions mit mehreren Replikationen u.U. aus statistischen Gründen *de facto*, möglicherweise ohne Kenntnis der Probanden, bestimmte Konfigurationen exakt wiederholt werden sollen, wurde die stochastische Zuteilung jedoch in der Praxis bisher durch die manuelle Festlegung des Experimentators in einem entsprechenden Eingabedialog simuliert bzw. ersetzt. Inwieweit die Zuordnungen bekannt sind, hängt in der beschriebenen Weise von den Informationsbedingungen und ggf. dem Insiderstatus ab.

Bezüglich der Konsumenten wird ein ähnliches Verfahren angewandt: Die Verwendungswertfunktionen werden als "Typ A", "Typ B" etc. bezeichnet; die Konsumenten selbst erhalten keine eigenen identifizierenden Namen, da sie auf dem Kapitalmarkt keine unterscheidbare Funktion ausüben. Die Relation zwischen Konsumenten (im Sinne von Terminalnummern) und Funktionstypen erfolgt nach einem zum Fall der Produzenten analogen Schema. Keiner der Spieler ist darüber informiert, welchen Funktionstypus die einzelnen Konsumenten besitzen oder in welcher Anzahl ein bestimmter Typ realisiert wurde.

Bedienung und Benutzeroberfläche des Steuerprogramms

Die "Standardansicht" des Steuerprogramms ist der *Monitor*. In diesem Fenster wird für jeden Experimentteilnehmer eine festgelegte Auswahl aktueller Statusinformationen angezeigt. Weitere und/oder detailliertere Informationen sind über entsprechende Menüs abzurufen (siehe dazu weiter unten). Eine typische Ansicht des Monitorfensters zeigt die Abbildung 12.

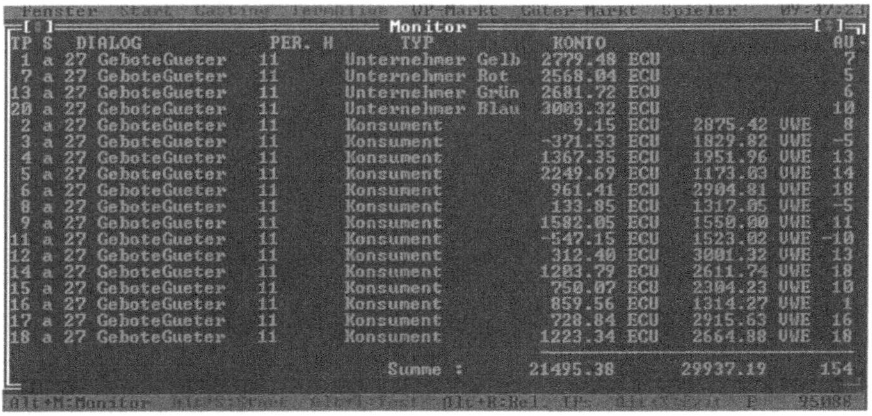

Abbildung 12: Kontrollmonitor während des Experiments

Zu den einzelnen Einträgen sind in Tabelle 7 einige kurze Erläuterungen zusammengefaßt.

Tabelle 8 zeigt die Menge der definierten Experimentphasen.

Die Menüs "Wertpapiermarkt" und "Gütermarkt"

Durch die Aktivierung der Menü-Einträge **WP-Markt** oder **Güter-Markt** werden gleichlautende Pull-Down-Menüs geöffnet, die eine Auswahl von Befehlen zur näheren Inspektion des Marktgeschehens bieten. Die Option .../**Gebote** gibt für jeden Marktteilnehmer, geordnet nach Terminalnum-

Kategorie	Bedeutung
TP	die Terminalnummer des Spielers
S	Status: "a" steht für "arbeitet" (der Spieler hat einen Dialog noch nicht beantwortet), "w" für "wartet" (der Spieler ist bereit für den nächsten Dialog).
DIALOG	eine kurze Bezeichnung der Experimentphase, in welcher sich der Spieler befindet, zusammen mit einer Ordnungsnummer, die den zeitlichen Unterschied der Phasen verdeutlichen soll. Eine detaillierte Beschreibung der Bezeichnungen findet sich weiter unten.
PER	Periode
H	der Teilnehmer hat einen "Hilferuf" ausgelöst
TYP	Rolle, d.h. hier: Konsument oder Unternehmer (einschl. Firmenbezeichnung)
KONTO	aktueller Saldo des Bargeld- und ggf. Verwendungswertkontos
AUSZAHLUNG	Höhe der bisher erreichten Auszahlungssumme (in DM) bei Berücksichtigung der aktuell gültigen Auszahlungsfaktoren
UPD	Bestätigung der Restauration ("Update") eines TPs nach Ausfall
FKTUMMER	Identifikation der Kosten- oder Verwendungswertfunktion
FKTKENNTNIS	Informationsbedingung hinsichtlich der realisierten Funktionen

Tabelle 7: Die Informationskategorien im Steuerungsmonitor

mern, eine Liste aller (Wertpapier- oder Güter-) Kauf- und/oder Verkaufsgebote mit Preisen und Mengen aus; .../`Angebot` und .../`Nachfrage` zeigen die aggregierten Angebots- bzw. Nachfragefunktionen in Form einer Tabelle (Menge als Funktion des Preises), .../`Zuteilung` schließlich listet für jeden Teilnehmer die bei der Marktabwicklung ermittelten Zuteilungsmengen (und -preise) auf.

Durch die Auswahl des Punkts .../`Verlauf` wird im Falle des Gütermarkts eine tabellarische Wiedergabe der Güterpreise und -mengen aller bisherigen Perioden zur Anzeige gebracht, im Falle des Wertpapiermarkts eine entsprechende Tabelle der einzelnen Wertpapierkurse, -umsätze und -dividenden sowie der Marktlage. Der Befehl .../`Verlauf graphisch` aktiviert eine graphische Darstellung sämtlicher historischen Güter- und Wertpapierpreise (einen *Chart).*

Bezeichnung	Bedeutung (soweit nicht selbsterklärend)
Begrüßung	
Bedienung1	Erster Dialog zur Bedienung der Benutzeroberfläche
Bedienung2	
Bedienung3	
Bedienung4	
TestDialog	Übungsdialog zum Erlernen der Benutzeroberfläche
BedienungEnde	1. potentieller Synchronisationspunkt
16PABeginn	Erläuterungen zum Persönlichkeitsfragebogen(16-PA)
16PAInfo	
16-PA_1	Erster Antwortbildschirm (Dialogfenster) mit Daten für den 16-PA
⋮	
16-PA_7	
16PAEnde	
EinfuehrungEnd	2. potentieller Synchronisationspunkt
Überblick	kurze Erklärung des Experimentes
Anleitung	ausführliche Erklärung des Experimentes
Geheimnummer	Mitteilung einer persönlichen Identifikationsnummer (PIN)
Parameter	Informationen über akt. Parameter des Experiments
IhreSituation	Information über die pers. Daten des Teilnehmers
VorPeriodenBeg	3. potentieller Synchronisationspunkt
PeriodenBeginn	
GeboteGueter	Teilnehmer bearbeitet sein Gebot auf dem Gütermarkt
GutGebotAbgegeb	Teilnehmer hat sein Gebot auf dem Gütermarkt abgesendet
ErgebGüterMarkt	Information über das Ergebnis des Gütermarktes, Teil 1: Preis und Zuteilung
ErgebGüterMa2	Information über das Ergebnis des Gütermarktes, Teil 2: Gewinne, Verluste, Verwendungswerte
GeboteKapMarkt	Teilnehmer bearbeitet seine Kapitalmarktgebote
AktGeboteAbgeg	Teilnehmer hat seine Kapitalmarktgebote abgesendet
ErgebKapMarkt	Information über das Ergebnis des Kapitalmarktes
Dividenden	Information über die ausgezahlte Dividende
PeriodenEnde	
Auszahlung	Information über die Gesamtauszahlung des Teilnehmers
AuszBeantwortet	Bestätigung des Erhalts dieser Information
Verabschiedung	(optionale) Information über das Ende des Experiments

Tabelle 8: Verzeichnis der Experiment-Phasen

Das Menü "Spieler"

Hier sind diverse vorwiegend administrative Funktionen untergebracht. Unter anderem können an einzelne, mehrere oder alle Spieler Nachrichten versandt werden, Zeitlimits zur Abgabe von Geboten festgesetzt, einzelne Spielparameter modifiziert, fehlerhafte Terminalprogramme neu initialisiert oder der Abbruch bzw. das reguläre Ende des Experiments veranlaßt werden.

Erhält ein Spieler eine so erzeugte `Nachricht`, erscheint diese auf seinem Bildschirm in einem *modalen* Fenster; dies bedeutet, daß seine sonst vorhandene Aktionsfreiheit (etwa die Möglichkeit zur Benutzung des eingebauten Taschenrechners, der Information in diversen anderen Menüs und Fenstern etc.) solange komplett beschnitten ist, bis er den Erhalt der Nachricht bestätigt hat.

Die Funktion `Sende Gebot-Ende (Zeitlimit)` startet bei allen Teilnehmern, die ihr Gebot für den aktuellen Markt noch nicht abgegeben haben, einen Countdown der spezifizierten Zeitdauer (die auch Null betragen kann). Jedes Gebot, das bei Ablauf der Frist noch nicht bestätigt wurde, wird zu jenem Zeitpunkt — ggf. mit den bis dahin eingegebenen Daten — automatisch abgeschickt. Enthält es ein gültiges Gebot, so wird dieses akzeptiert; enthält es keinerlei Eingaben, wird es als "leeres" Gebot interpretiert (keine Marktteilnahme); bei fehlerhaften Eingaben wird es dem Probanden mit einer entsprechenden Fehlermeldung wieder zurückgegeben.

Andere Funktionen sind konzeptionell weniger von Belang; so kann etwa die Art der akustischen Signalisierung neu eingetroffener Informationen für die Spieler festgelegt oder können andere, teilweise bereits früher beschriebene Steuerungsvorgänge ausgelöst werden.

6.2.4.3 Ermittlung der Marktpreise und Zuteilungen

Der Marktpreis wird aus den zum Zeitpunkt der Abwicklung eingegangenen Geboten entsprechend der Maximierung des (Stück-)Umsatzes ermittelt (*Meistausführungsprinzip*). Das grundlegende Schema ist *straight forward*: Das Programm sortiert zunächst Kaufgebote nach fallenden, Verkaufsgebote nach steigenden Preislimits[129] und bildet anschließend die aggregierten Nachfrage- und Angebotsfunktionen (in Form stückweise konstanter Funktionen). Danach wird für jede "Sprungstelle" dieser Funktionen, also jedes Preislimit auf einer der beiden Marktseiten, der potentielle Umsatz (d.h. genauer, die Stückzahl) als Minimum aus aggregiertem Angebot und aggregierter Nachfrage berechnet.

Existiert ein eindeutiger Preis, der das Volumen maximiert, so ist dies der Marktpreis. Andernfalls werden sekundäre Entscheidungsregeln zur Preisermittlung herangezogen, die je nach Marktlage (Angebots-

[129] Unlimitierte Käufe werden als gleichwertig mit dem symbolischen Limitpreis $+\infty$ interpretiert, für unlimitierte Verkäufe gilt das Preislimit 0.

oder Nachfrageüberschuß, ausgeglichen) einen Preis aus dem Intervall der umsatzmaximalen Preise zum Marktpreis erklären. Details sind in den Anwender- und Entwicklerdokumentationen dargestellt, die im separaten Dokumentationsband (vgl. Quellenangabe auf Seite 4) wiedergegeben sind. Die Marktlage beim Gleichgewichtspreis wird auch zur Festlegung des "Kurszusatzes" ("bezahlt Geld" etc.) herangezogen.

In Sonderfällen, etwa bei der Notwendigkeit zur Festlegung von Taxkursen (Angebot und Nachfrage schneiden sich nicht) oder dem ausschließlichen Vorliegen unlimitierter Gebote, erfolgt eine entsprechende Ausnahmebehandlung, ggf. unter Intervention des Experimentators, der am Monitor über das Marktgeschehen informiert wird. Auch das Programmverhalten in solchen Fällen ("ausgesetzt", "Taxkurs", "gestrichen" etc.) ist im Anhang genauer dokumentiert.

Bei Marktsituationen mit Angebots- bzw. Nachfrageüberschuß muß eine Seite rationiert werden. Es wurden vier Rationierungsmechanismen für diesen Fall implementiert:

1. *MarginRandom*: a) Jedes Gebot, das besser als der Marktpreis ist[130] (supramarginales Gebot), wird voll bedient. b) Jedes Gebot, das schlechter als der Marktpreis liegt (submarginales Gebot), wird verworfen. c) Unter den Geboten der längeren Seite, deren Preislimit gleich dem Marktpreis ist (den zu rationierenden marginalen Bietern), werden solange Gebote zufällig ausgewählt und voll bedient, bis die durch die kürzere Marktseite vorgegebene Stückzahl erreicht ist. Einer oder mehrere der marginalen Bieter auf der längeren Marktseite können dabei teilweise oder vollständig leer ausgehen.

2. *MarginProp*: a) Jedes supramarginale Gebot wird voll bedient. b) Jedes submarginale Gebot wird verworfen. c) Die marginalen Gebote der längeren Marktseite werden linear gekürzt und zugeteilt. Wegen der Ganzzahligkeitsrestriktion der Stückzahlen kann hier u.U. ein geringer Rest verbleiben, der wiederum zufällig unter den noch nicht voll bedienten Geboten verteilt wird. Bei diesem Mechanismus wird im allgemeinen keiner der marginalen Bieter der längeren Marktseite voll bedient, es geht jedoch auch keiner leer aus.

3. *CompleteRandom*: a) Jedes submarginale Gebot wird verworfen. b) Die Zuteilung erfolgt ansonsten wie bei *MarginRandom* Teil c), jedoch für **alle** Gebote, die nicht schlechter als der Marktpreis sind. Es werden also auch die Kaufgebote zu höheren bzw. Verkaufsgebote zu niedrigeren Preisen als dem Marktpreis zur stochastischen Rationierung herangezogen.

[130]Unlimitierte Gebote sind stets als besser als solche mit positiven, endlichen Preislimits.

4. *CompleteProp*: a) Jedes submarginale Gebot wird verworfen. b) Die Zuteilung erfolgt ansonsten wie bei *MarginProp* Teil c), jedoch für **alle** Gebote, die nicht schlechter als der Marktpreis sind. Es werden also auch Kaufgebote zu höheren bzw. Verkaufsgebote zu niedrigeren Preisen als dem Marktpreis linear gekürzt.

Die im Programm gesetzte Standardvariante ist *MarginRandom*; diese wurde auch in allen bisher durchgeführten Experimenten verwendet.[131]

6.2.4.4 Der Persönlichkeits-Fragebogen 16-PA

Optional kann den Teilnehmern vor Experimentbeginn ein Fragebogen zur Person (16-PA) vorgelegt werden. In diesem Fall erhalten die Teilnehmer zunächst einen Dialog, in welchem Geschlecht, Alter, Schulabschluß und Beruf/Studienfach erfaßt werden. Anschließend nehmen die Probanden in sechs aufeinanderfolgenden Dialogfenstern (eines ist in Abbildung 13 gezeigt) jeweils eine Selbsteinstufung auf insgesamt 33 (aus Gründen der Konsistenzprüfung mindestens einfach redundanten) bipolaren Attributskalen (Beispiel "kontaktfreudig" — "einzelgängerisch") vor, die zu 16 standardisierten Persönlichkeits-Adjektivskalen (daher der Name 16-PA) konsolidiert werden können. Diese sollen in einem zweiten Schritt zu fünf stabilen und als psychologische Dimensionen interpretierbaren Faktoren komprimierbar sein; dieses Verfahren ist bei Brandstätter [Bra88] beschrieben.

Mit der Erfassung solcher Daten wird im allgemeinen die Erwartung verbunden, Varianzen im Verhalten der Probanden durch Unterschiede in solchen "psychologischen Variablen" erklären zu können. Signifikante Ergebnisse wurden im Bereich der experimentellen Wirtschaftsforschung vor allem bei Problemstellungen gefunden, in denen Wertvorstellungen, moralische Kategorien und ähnliche, im wesentlichen außerökonomische Bestimmungsgrößen von erkennbarer Relevanz für das Entscheidungsverhalten sind.[132] Die Interpretation der erhobenen Faktoren als Elemente einer spezifischen Persönlichkeitsstruktur ("Charaktereigenschaften") ist allerdings nicht unproblematisch; zusätzliche Komplikationen ergeben sich durch die häufig unbefriedigende Konstanz und Reproduzierbarkeit (Reliabilität) der Ergebnisse. Auf die Auswertung der bei einigen Experimenten erhobenen Daten, etwa durch faktorenanalytische Methoden, wurde daher verzichtet.

Nichtsdestotrotz ist die Möglichkeit zur Erfassung dieser Informationen in der Einführungsphase eines Experiments vorgesehen, zumal sie teilweise als Bestandteil einer standardisierten experimentellen Prozedur angesehen wird. Bei Nutzung dieser Option werden die Antworten der Probanden in eigenen Protokolldateien unabhängig von den Daten des Marktexperiments

[131] Es wurde bereits weiter oben darauf hingewiesen, daß *MarginRandom* und *MarginProp* in Bezug auf die Maximierung des Erwartungsnutzens äquivalent sind.

[132] Vgl. Brandstätter [Bra88].

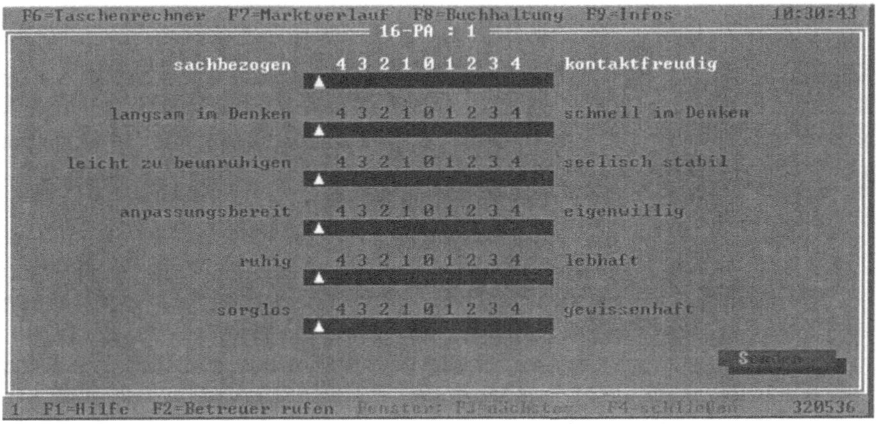

Abbildung 13: Erfassung der Persönlichkeitsdaten

gespeichert. Der 16-PA ist in Gestalt eines Formulars im Anhang C wiedergegeben.

6.2.5 Das Terminalprogramm

Das Terminalprogramm SI.EXE stellt die zentrale Schnittstelle zwischen Probanden und Steuerprogramm bzw. Experimentator dar. Es hat die Aufgabe, die Spieler mit allen erforderlichen Informationen verschiedenster Art zu versorgen, ihre Entscheidungen zu erfassen, Hilfswerkzeuge (wie den Taschenrechner) zur Verfügung zu stellen, aktuelle oder allgemeine Hinweise (wie das *online*-Hilfesystem) zu geben, die Kommunikation mit dem Experimentator und ggf. anderen Teilnehmern abzuwickeln sowie generell auf Anforderungen des Benutzers oder des Steuerprogramms zu reagieren.

Wie bereits bei der Erläuterung der logischen Grundstruktur der Software angedeutet, besitzt das TP nur eine sehr eingeschränkte "Intelligenz", besitzt vielmehr im wesentlichen einen ausführenden Charakter, der auf Anweisung des Steuerprogramms agiert. Der weit überwiegende Teil dieser Aufgaben wird — soweit nach außen hin erkennbar, d.h. für den Benutzer wahrnehmbar — in Form von Bildschirmfenstern realisiert, welche die gewünschten Informationen ausgeben und/oder aufnehmen.

6.2.5.1 Kommunikationsfenster

Die vom Terminalprogramm erzeugten oder verwalteten Fenster lassen sich einerseits nach ihrem Ursprung (vom Steuerprogramm ausgelöst oder vom Benutzer angefordert), andererseits nach der Richtung der vermittelten Kommunikation (vom Programm an den Benutzer oder umgekehrt) kategorisieren:

- Typ 1: Ständig zur Verfügung stehende *Lesefenster*, die vom Benutzer abrufbar sind. Die Titel dieser Fenster werden in der Menüleiste (bzw. bei einer größeren Anzahl in deren Untermenüs) am oberen Rand des Bildschirms angezeigt. Während des gesamten Experimentes (oder eines vorgesehenen Zeitraums) kann der Anwender diese Fenster jederzeit entsprechend seinen eigenen Bedürfnissen öffnen, schließen, verschieben, in der Größe verändern und im Inhalt blättern. In diesen Fenstern kann nur gelesen werden, sie dienen der Information des Benutzers. Der Inhalt dieser Fenster wird ständig automatisch (d.h. durch das SP) aktualisiert. Typische Beispiele für diese Kategorie sind die Beschreibungen des Experiments und der eigenen Rolle sowie besonders das Buchhaltungsfenster.

- Typ 2: Vom SP ausgelöste *Informationsfenster*, die unmittelbar nach Freigabe durch das SP mit einem von diesem bestimmten Inhalt erscheinen. Solche Fenster dienen der Übermittlung wichtiger aktueller Mitteilungen bezüglich des Experimentes an die Benutzer. Auch hier handelt es sich um eine passive Form in dem Sinne, daß Eingaben des Teilnehmers nicht möglich sind; der Adressat liest den Inhalt und bestätigt den Erhalt der Information durch Wechseln in das Lesebestätigungsfenster und Auslösen der Taste "Senden". Diesem Typ gehört etwa die Information über Marktergebnisse an.

- Typ 3: *Zentrale Dialogfenster*, die durch das SP ausgelöst werden. Hier handelt es sich um eine der interaktiven Fensterformen: Eingaben des Benutzers sind möglich und gefordert. Die einfachste Variante stellt das Lesebestätigungsfenster dar: Dieses enthält lediglich den Satz "Ich habe den Inhalt des Informationsfensters zur Kenntnis genommen" und einen "Knopf" mit der Aufschrift "Senden". Aktiviert der Anwender diese Schaltfläche, so werden sowohl das Lesebestätigungsfenster selbst als auch das mit ihm verknüpfte Informationsfenster geschlossen; auf dem Bildschirm verbleiben ggf. vom Teilnehmer geöffnete weitere Fenster, andernfalls der "Warten"-Hintergrund, bis der weitere Experimentablauf eine neue Aktion hervorruft.
  Ein allgemeines Dialogfenster stellt eine Kombination aus Texten oder Textfragmenten, die für den Empfänger bestimmt sind, und Eingabemöglichkeiten dar. An den vorgesehenen Stellen (Cursor Positionen) können je nach Anwendungsfall Texte oder Zahlen eingegeben, Alternativen durch "Anklicken" ausgewählt oder Optionen durch

"Ankreuzen" selektiert werden. Anschließend werden die eingegebenen Daten durch "Drücken" des "Senden"-Knopfes abgesandt und das Fenster geschlossen.
Durch automatische Fokussierung auf neu eintreffende Informations- oder Dialogfenster (Darstellung im Vordergrund) ist sichergestellt, daß der Teilnehmer den Hinweis oder die Aufforderung zur Entscheidung nicht wegen der Beschäftigung mit anderen Programmfunktionen übersehen kann. Vertreter des Typs 3 sind die Dialogfenster zur Abgabe der in jeder Periode fälligen Güter- und Kapitalmarktgebote.

- Typ 4: *Dezentrale Dialogfenster*, die auf Anforderung des Benutzers zur Verfügung stehen. Sie dienen der Möglichkeit, Abfragen gespeicherter Informationen, Änderungen an diversen Einstellungen oder auch Hilfeanforderungen vorzunehmen. Dazu zählen etwa der Taschenrechner und verschiedene Auswertungsoptionen der Funktionswerteabfrage und -darstellung.

- Typ 5: *Modale Dialogfenster*, die durch das SP ausgelöst werden. Das Attribut *modal* bedeutet in diesem Zusammenhang, daß es dem Anwender hier im Gegensatz zum Fall aller anderen Fenstertypen nicht möglich ist, in ein anderes Fenster zu wechseln oder Menüfunktionen anzusprechen, solange der modale Dialog geöffnet ist. Hierdurch wird der Teilnehmer gezwungen, seine Aufmerksamkeit einzig auf den Inhalt dieses Fensters zu konzentrieren und ggf. die darin enthaltenen Anweisungen auszuführen oder Informationen zur Kenntnis zu nehmen. Diese Funktionalität wird zu Beispiel eingesetzt, wenn einem Spieler vom Experimentator eine Nachricht übermittelt oder ein Zeitlimit für die Abgabe der letzten Gebote gesetzt wird.

6.2.5.2 Bedienungsfunktionen

Den Teilnehmern stehen verschiedene Möglichkeiten zur Verfügung, die Gestalt der auf dem Bildschirm dargestellten Informationen zu beeinflussen. Neben dem stets möglichen Einsatz der Maus lassen sich solche Funktionen auch durch die in Tabelle 9 aufgelisteten Funktionstasten ausführen.

Andere, ständig verfügbare Befehle des Terminalprogramms lassen sich ebenso aus jeder Situation heraus durch Drücken einer Funktionstaste oder einer Tastenkombination (eines *hot keys)* absetzen; diese Möglichkeiten sind in Tabelle 10 zusammengefaßt.

Außer durch die vorgesehenen Handlungsmöglichkeiten — Abruf von Informationen, Eingabe geforderter Entscheidungen oder Auslösen anderer definierter Aktionen — gibt es für die Probanden keinerlei Gelegenheit, den Programmablauf zu beeinflussen. Insbesondere sind diese nicht in der Lage, unerwünschte Eingaben vorzunehmen, das Programm zu verlassen und andere zu starten, oder auf andere Weise die Kontrolle über den lokalen

Taste	Wirkung	anwendbar auf
F3 (Next)	wechselt zum nächsten geöffneten Fenster	Typ 1,2,3,4
F4 (Close)	schließt das aktive Fenster	Typ 1,4
F5 (Zoom)	bringt das aktive Fenster auf maximale od. vorherige Größe	Typ 1,4
TAB	wechselt num nächsten Dialogfeld des Fensters	Typ 3,4,5
Shift-TAB	wechselt zum vorigen Dialogfeld des Fensters	Typ 3,4,5

Tabelle 9: Funktionstasten zur Fenstermodifikation

Taste(nkombination)	Wirkung
F1	Aufruf der Online-Hilfefunktion
F2	Betreuerruf
F6, ALT-R	Taschenrechner aktivieren
F7, ALT-M	Marktverlaufsfenster öffnen
F8, ALT-B	Buchhaltungsfenster öffnen
F9, ALT-I	Info-Menü öffnen

Tabelle 10: Tastenkombinationen des Terminalprogramms

Rechner zu übernehmen (außer durch Unterbrechen der Stromversorgung). Diese Sicherheitseigenschaft wird u.a. durch die Verwendung eines speziellen frei definierbaren Eingabefilters (Tastaturtreibers) unterstützt, welcher z.B. die sonst eintretende Wirkung bestimmter Steuertasten unterdrückt und den verwendbaren Teil des Zeichenumfangs der Tastatur beliebig einschränkt.[133] [134]

6.2.5.3 Abrufbare Informationen

Den Teilnehmern des Experiments stehen im Terminalprogramm diverse Informationen zur Verfügung, die auf Abruf — mittels der oben genannten *hot keys* oder Menüoptionen — angezeigt werden können. Wesentlich sind davon die folgenden:

- Das Menü `Info`: Die Aktivierung dieses Menüeintrags öffnet ein *pull-down menu*, das zwei Zeilen namens **`Erläuterung`** und **`Parameter`** enthält. Die Auswahl des ersteren öffnet ein Editorfenster, in dem das experimentelle Setting, die Aufgaben der einzelnen Akteure etc.

[133] So kann etwa durch die für IBM-kompatible Personal Computer übliche Reset-Tastenkombination ALT-CTRL-DEL kein System-"Warmstart" ausgelöst werden.

[134] Der konfigurierbare Tastaturtreiber ist im separaten Dokumentationsband (vgl. Quellenangabe auf Seite 4) detailliert beschrieben.

ausführlich beschrieben werden; der Inhalt ist identisch mit der zu Beginn des Experiments versandten Anleitung und ermöglicht es den Probanden, jederzeit noch einmal nachzulesen. Die zweite Option zeigt die Werte aller spielerspezifischen und -übergreifenden Parameter, die nicht durch das generelle Modell festgelegt sind, sondern von Experiment zu Experiment (und Teilnehmer zu Teilnehmer) variieren können.

- Das Menü **Buchhaltung**: Das sich öffnende Buchhaltungsfenster zeigt die aktuellen Bestände in Kasse und Wertpapierdepot (für Konsumenten auch das Verwendungswertkonto) sowie die jeweils letzten Transaktionen jeder Kategorie. Für alle Wertpapiersorten wird zusätzlich der letzte Kurs und die letzte Dividende pro Stück wiedergegeben. Die Abbildung 14 zeigt ein Beispiel.

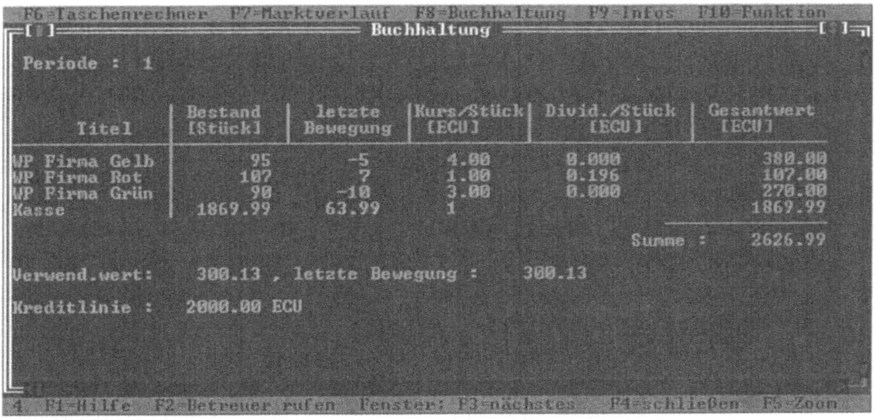

Abbildung 14: Das Buchhaltungsfenster eines Probanden

- Das Menü **Marktverlauf**: Das Marktverlaufsfenster zeigt in tabellarischer Form die aggregierten Ergebnisse abgeschlossener Märkte: Für jede Periode jeweils Kurs und Gesamtumsatz des Gutes und aller Wertpapiere sowie zusätzlich die Dividenden der Wertpapiere. Der Inhalt dieses Fensters wird zweimal je Periode (nach Güter- und Wertpapiermarkt) aktualisiert. In Abbildung 15 ist ein typisches Marktverlaufsfenster dargestellt.

- Das Menü **Funktionen**: Hier sind alle Möglichkeiten für den Benutzer untergebracht, sich Informationen über den Verlauf seiner Kosten-

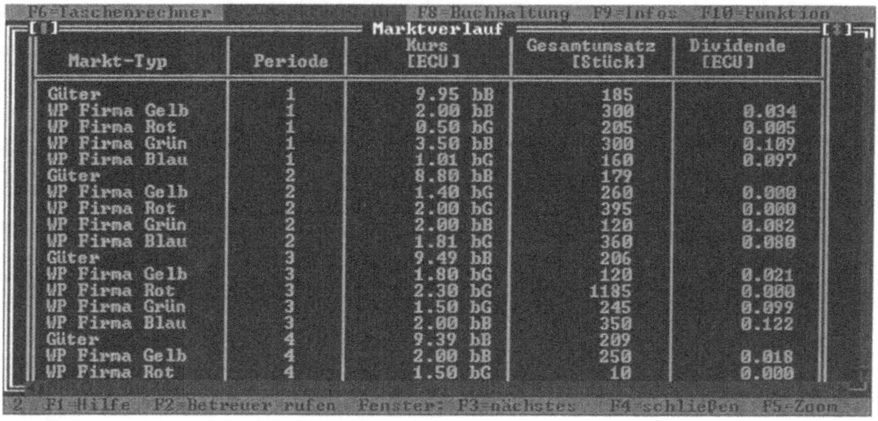

Markt-Typ	Periode	Kurs [ECU]	Gesamtumsatz [Stück]	Dividende [ECU]
Güter	1	9.95 bB	185	
WP Firma Gelb	1	2.00 bB	300	0.034
WP Firma Rot	1	0.50 bG	205	0.005
WP Firma Grün	1	3.50 bB	300	0.109
WP Firma Blau	1	1.01 bG	160	0.097
Güter	2	8.80 bB	179	
WP Firma Gelb	2	1.40 bG	260	0.000
WP Firma Rot	2	2.00 bG	395	0.000
WP Firma Grün	2	2.00 bB	120	0.082
WP Firma Blau	2	1.81 bG	360	0.080
Güter	3	9.49 bB	206	
WP Firma Gelb	3	1.80 bG	120	0.021
WP Firma Rot	3	2.30 bG	1185	0.000
WP Firma Grün	3	1.50 bG	245	0.099
WP Firma Blau	3	2.00 bB	350	0.122
Güter	4	9.39 bB	209	
WP Firma Gelb	4	2.00 bB	250	0.018
WP Firma Rot	4	1.50 bG	10	0.000

Abbildung 15: Das Marktverlaufsfenster

oder Verwendungswertfunktion und ggf. anderer Funktionstypen zu verschaffen. Das in Abbildung 16 gezeigte Untermenü bietet die Auswahl, einzelne Wert abzufragen oder sich den Verlauf einer Funktion als Ganzes graphisch anzeigen zu lassen.

Für beide Formen der Darstellung ist eine der vorhandenen und für den betreffenden Spieler "einsehbaren" Funktionen — je nach Informationsbedingungen sind ihm ja nicht unbedingt alle realisierten Funktionstypen zugänglich — auszuwählen; voreingestellt ist die für den Teilnehmer selbst gültige Kosten- oder Verwendungswertfunktion. Die Option `Funktionswerte abfragen` öffnet eine Eingabemaske, in die eine Stückzahl (Produktions- oder Konsummenge) einzutragen ist; die Betätigung der Schaltfläche "Berechnen" löst dann die Anzeige der zugehörigen Gesamt-, Durchschnitts- und Grenzkosten bzw. verwendungswerte aus. Dieser Vorgang ist in Abbildung 17 gezeigt.
Der Menüpunkt `Funktion plotten` öffnet ein Untermenü, das zunächst die Auswahl der darzustellenden Größe erlaubt: Die jeweilige Funktion $f(x)$ selbst, ihre Ableitung $f'(x)$ oder ihr Durchschnitt $f(x)/x$. Die Bestätigung einer dieser Optionen löst die graphische Darstellung des Funktionsverlaufs aus, wobei das Argument auf das sinnvolle Intervall zwischen Null und der maximalen Konsum- oder Produktionsmenge (Kapazitätsschranke) beschränkt ist, allerdings für eine Detailansicht auch ein kleinerer Bereich festgelegt werden kann. Die Abbildung 18 gibt einen entsprechenden *Plot* wieder.

Abbildung 16: Das Funktionsmenü

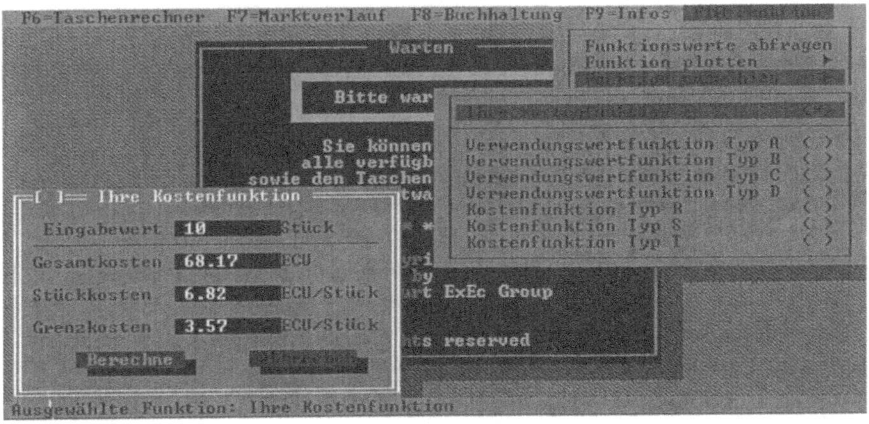

Abbildung 17: Abfrage von Funktionswerten

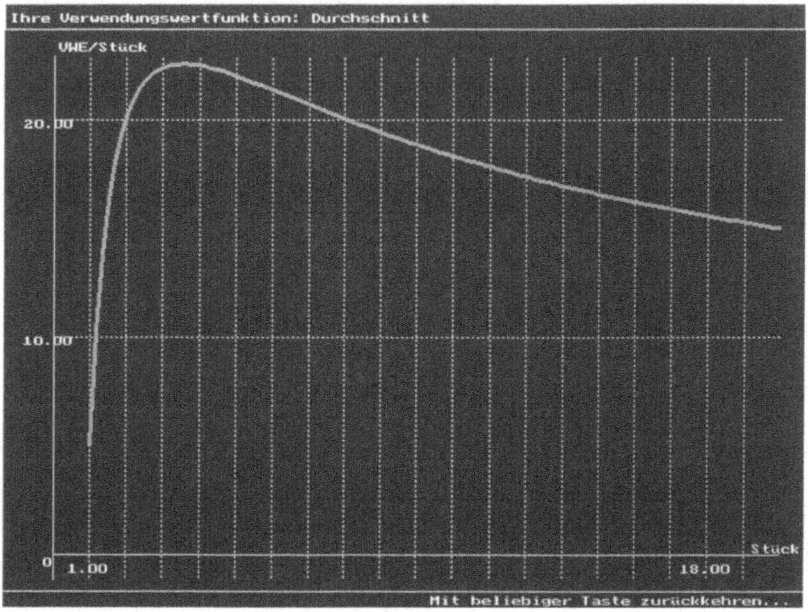

Abbildung 18: Graphische Darstellung von Funktionen

- Der **Taschenrechner**: Zur Unterstützung bei Berechnungen und Kalkulationen im Zuge ihrer Verhaltensplanung steht den Teilnehmern ständig ein (einfacher) Taschenrechner zur Verfügung, der in das Terminalprogramm integriert ist.

  Die Benutzeroberfläche des Taschenrechners wird in Abbildung 19 wiedergegeben. Die Bedienung kann, wie generell im Terminalprogramm, mit der Maus oder der Tastatur (genauer: deren numerischem Ziffernblock) erfolgen.

6.2.5.4 Die Online-Hilfefunktion

Während des gesamten Experiments steht ein *kontextsensitives* Hilfesystem zur Verfügung, das durch den *hot key* F1 aufgerufen wird. Daraufhin öffnet sich ein eigenes Bildschirmfenster, worin zunächst spezifische Hinweise zur augenblicklichen (Entscheidungs-)Situation und den Aufgaben oder Handlungsmöglichkeiten des Teilnehmers angezeigt werden; der Inhalt wird durch die Experimentphase gesteuert, in der sich der Benutzer zum Zeitpunkt der Hilfeanforderung befindet. Ähnlich wie in einem *Hypertext*-Dokument sind in diesen Hilfetext im allgemeinen Querverweise auf andere Hilfethemen integriert, die durch Anklicken sofort auf den Bildschirm gelangen. Neben den situationsspezifischen Hinweisen enthält das Hilfesystem allgemeine Erläuterungen zu den diversen Fenstertypen und Informationsmöglichkeiten,

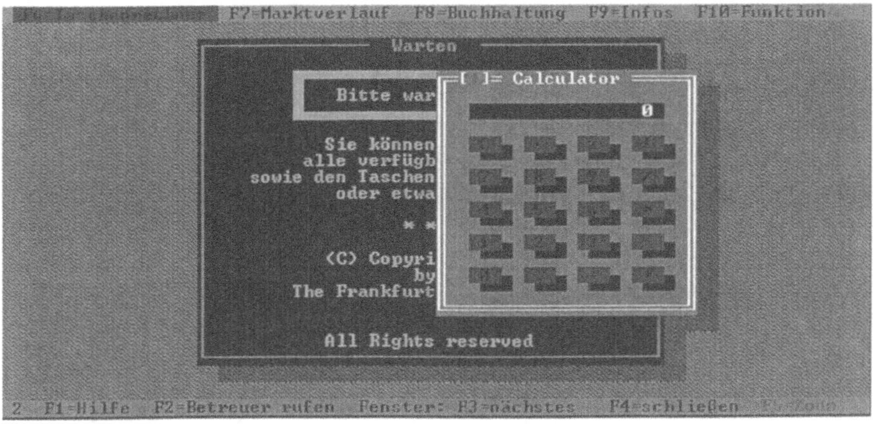

Abbildung 19: Der integrierte Taschenrechner

zur Verwendung des Menüs, zu generellen Bedienungsfunktionen etc. Die Abbildung 20 zeigt ein typisches Beispiel.

Sofern bei einem Versuchsteilnehmer auch nach Konsultation des Hilfesystems noch Unklarheiten oder Probleme verbleiben, kann er durch Drücken der Taste F2 einen "Betreuerruf" auslösen, der seinen Beratungswunsch auf dem Monitor des Steuerprogramms anzeigt und einen der Experimentatoren veranlaßt, zu ihm zu kommen und die Fragen zu klären.

6.2.5.5 Die Abgabe von Geboten

Die Abgabe von Geboten für den Güter- oder Wertpapiermarkt erfolgt am Terminalprogramm in einem hierfür vorgesehenen Dialogfenster. Im Falle des Gütermarkts wird der Teilnehmer aufgefordert zu spezifizieren, welche Menge er (als Produzent) anbieten bzw. (als Konsument) nachfragen möchte, ob das Gebot zu limitieren ist, und falls ja, zu welchem Preis. Die Eingaben können korrigiert oder gelöscht werden, bevor sie durch Aktivierung des Knopfes "Senden" abgesandt werden und sich das Gebotsfenster schließt.[135]

Im Falle des Wertpapiermarkts tritt — neben der entsprechenden Vervielfachung, da ja mehrere Wertpapiere gehandelt werden — noch die Alternative Kauf oder Verkauf hinzu, weil die Probanden auf diesem Markt sowohl

[135]Nach dem Absenden ist eine Rücknahme nicht mehr vorgesehen, könnte jedoch problemlos verwirklicht werden. Bei Periodenende verfallen alle ggf. nicht komplett eingegebenen Gebote.

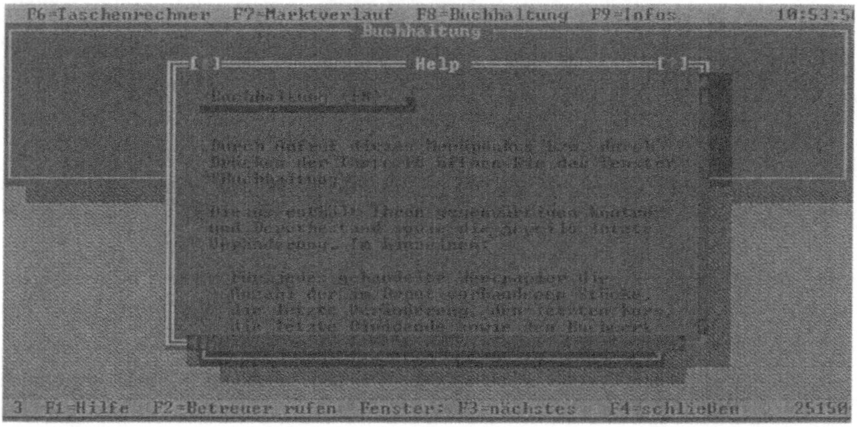

Abbildung 20: Die Online-Hilfefunktion

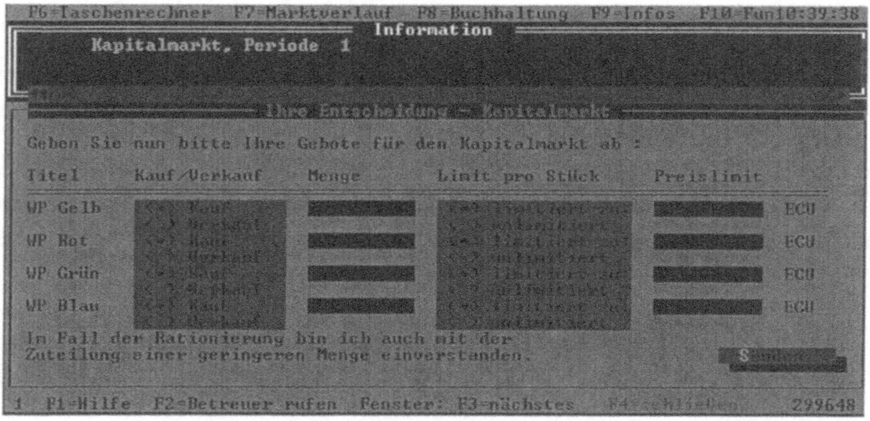

Abbildung 21: Dialogfenster zur Abgabe von Geboten

Angebot als auch Nachfrage entfalten können. Die Abbildung 21 zeigt das Gebotsfenster für den Wertpapiermarkt.

Alle Gebote werden vom SP auf ihre Zulässigkeit überprüft (Einhaltung der Budgetrestriktion, keine Leerverkäufe, inkonsistente Eingaben etc.) und ggf. zusammen mit einer den Fehler beschreibenden Mitteilung zur Korrektur an das TP zurückgegeben.

6.2.6 Maßnahmen bei Programm-/Systemabsturz

Angesichts des organisatorischen, zeitlichen und finanziellen Aufwands, der mit der Vorbereitung und Durchführung experimenteller Untersuchungen verbunden ist, sollten ausreichende Sicherheitsvorkehrungen für den Fall getroffen werden, daß technische oder andere Störungen während des Versuchsablaufs zu möglichst geringen Schäden führen. Zu diesen Störungen sind insbesondere Ausfälle einzelner Rechner (eines Terminals oder gar des Steuerprogramms), Fehler in der Vernetzung der Computer oder komplette Stromausfälle zu rechnen. Obwohl derartige Probleme bei den bisher durchgeführten Experimenten (glücklicherweise) nicht auftraten, wurden entsprechende Sicherheitsfunktionen implementiert.

Beim "Absturz" oder Ausfall eines TPs läßt sich dieses nach Wiederherstellen der Funktionsfähigkeit neu starten oder durch einen anderen, bisher nicht benutzen PC ersetzen. Da sämtliche Statusinformationen und Daten zentral durch das SP verwaltet werden, kann per Aktivierung einer entsprechenden Funktion vom Monitor aus eine Initialisierung, ein *Update*, des betreffenden TPs veranlaßt werden. Dadurch werden die lokal vorzuhaltenden Informationen für den Teilnehmer wiederhergestellt und der letzte vor dem Eintritt des Fehlers ggf. noch zu beantwortende Dialog erneut angezeigt. Der weitere Ablauf des Experiments, insbesondere im Hinblick auf die anderen Probanden, bleibt davon unbeeinflußt.

Nach einem Ausfall des SPs ist es möglich, dieses (physisch auf demselben oder einem anderen Computer) im *restart mode* erneut auszuführen und den größten Teil der vorher erfaßten Daten wieder zu verwenden. Zu diesem Zweck liest das Programm die vom "Vorgänger"-SP erstellte Protokolldatei ein, in der jeweils nach Abschluß einer kompletten Periode (dies hat programmtechnische Gründe) sämtliche Status-, Entscheidungs- und Steuerungsdaten gesichert werden. Der Experimentablauf kann dann mit dem Beginn der letzten nicht vollständig abgeschlossenen Periode fortgesetzt werden, was in der Praxis bedeutet, daß aus Sicht der Probanden schlimmstenfalls zwei Gebotsdialoge der aktuellen Periode zu wiederholen sind.

Derartige Ereignisse wurden in der Test- und Implementierungsphase des Programmpakets simuliert bzw. absichtlich hervorgerufen und zeigten eine erfreuliche Robustheit gegenüber Störungen der beschriebenen Art.

6.2.7 Datensicherung und -auswertung

Das M2M-Programmpaket entlastet den Experimentator von zahlreichen Aufgaben, die mit der manuellen Vorbereitung und Durchführung eines analogen *pen and paper*-Experiments verbunden wären. Neben dem *Handling*, dem Verteilen von Informations- und Entscheidungsformularen und Sammeln der bearbeiteten Entscheidungsblätter sind dies besonders bei komplexen Situationen wie der vorliegenden vor allem die schnelle Verarbeitung von Daten, die maßgeblich für den weiteren Ablauf des Experiments sind, weil sie z.B. anderen Teilnehmern mitgeteilt werden müssen *(feedback)* oder deren spätere Aktionsmöglichkeiten determinieren. So wäre etwa die manuelle Ermittlung der Marktergebnisse im Modell zweier Märkte — jedenfalls mit den hier realisierten Teilnehmer- und Replikationszahlen in einem den Probanden zumutbaren Zeitraum — kaum vorstellbar.

Ein weiterer wesentlicher Vorteil vollständig automatisierter Experimente besteht jedoch in der Erfassung und Protokollierung sämtlicher Entscheidungsdaten, so daß eine spätere zeit- und arbeitsaufwendige Übertragung von Formularen in computerlesbare Dateien sich erübrigt. Damit ist gleichzeitig eine nicht unwesentliche Fehlerquelle beseitigt.

6.2.7.1 Sicherung der Experimentdaten

Sobald der letzte Teilnehmer den letzten vorgesehenen Dialog eines Experiments (die Information über die Höhe der Auszahlung) bestätigt hat, wird dem Experimentator am Steuermonitor das Ende des Experiments signalisiert, worauf er die vorbereitete "Verabschiedung" freigeben kann, falls nicht weitere Sessions folgen. Weitere Aktionen zur Speicherung der erfaßten Daten sind nicht nötig, vielmehr kann das Steuerprogramm sofort beendet werden.

Während des Experiments werden die einlaufenden Entscheidungsdaten und die daraus ggf. ermittelten Resultate zunächst im Arbeitsspeicher des SPs gehalten, bis eine komplette Periode abgeschlossen ist. Anschließend werden sämtliche Daten dieser Periode, d.h. Entscheidungen, Marktergebnisse, Konten- und Depotbestände, Statusvariablen etc. in eine Protokolldatei geschrieben, die — wie oben beschrieben — auch zum Neustart nach einem Systemfehler verwendet werden kann.

Eine Teilmenge dieser Daten wird dadurch zwar mehrfach redundant gespeichert (dies gilt insbesondere für Parameter des Experiments, die ihre Werte nicht ändern) — es ist auf diese Weise jedoch sichergestellt, daß bei Programm- oder Systemfehlern des SPs, der TPs oder des Netzes schlimmstenfalls ein Teil einer Periode wiederholt werden muß, ohne daß alle Ergebnisse der Vorperioden verloren wären. Die zunächst naheliegend scheinende weitergehende Idee, *jede* Information sofort im Augenblick ihres Eintreffens beim SP zu speichern, wäre mit unangenehmen programmtechnischen Konsequenzen und erheblich erhöhtem Aufwand verbunden, da aufgrund des autonomen Entscheidungsablaufs der Probanden nicht vorab festgelegt werden kann, in welcher Reihenfolge Daten welchen Typs und Umfangs jeweils zu erwarten sind. Eine systematisch strukturierte Gestaltung der Protokolldateien, die sich bei der späteren Auswertung jedoch als sehr nützlich erweist, würde damit stark erschwert. Die bisherigen Erfahrungen geben allerdings auch keinerlei Anlaß zu einer solchen Bemühung.

6.2.7.2 Auswertung der Experimentdaten

Die Speicherung der während des Experiments gesammelten Daten erfolgt (potentiell) in zwei Dateien: Alle Informationen des "Kernexperiments" in der oben bereits erwähnten Protokolldatei, die Antworten auf den eventuell vorab zu beantwortenden Persönlichkeitsfragebogen gegebenenfalls in einer separaten zweiten Datei. Beide Files sind jedoch in einem binären Format (PASCAL-*Records*) abgelegt, welche nicht im üblichen Sinne lesbar oder einer direkten Auswertung — etwa mit gängigen Statistikprogrammen — zugänglich sind. Daher wurden Konvertierungsprogramme geschaffen, mit deren Hilfe eine Transformation in geeignete Dateistrukturen, teilweise auch bereits eine Aggregation oder andere Form der Vor-Auswertung, durchgeführt werden kann.

Das Konvertierungsprogramm PROT2ASC.EXE

Dieses Programm extrahiert den gesamten Datenkörper aus der Protokolldatei des Experiments und erstellt daraus eine Textdatei, in welcher die gelesenen Datensätze in regelmäßiger, tabellenähnlicher Form gespeichert werden. Diese sogenannte *ASCII*-Datei ist mit (fast) jedem Texteditor lesbar und kann auf Wunsch auch ausgedruckt werden, was jedoch höchstens zu Dokumentations- oder Sicherheitszwecken nützlich sein dürfte. Hilfreicher ist die Möglichkeit, Datensatz- und Feldtrennungszeichen oder andere Steuercodes einfügen zu lassen, so daß die resultierende Datei als Quelldatei für weitverbreitete Kalkulations-, Statistik- oder Mathematik-Programme (wie z.B. Excel^{TM}, SPSS^{TM} oder Mathematica^{TM}) verwendet werden kann. Der genaue Aufbau dieser Dateien und der in ihnen enthaltenen Felder ist im separaten Dokumentationsband wiedergegeben und soll hier nicht näher diskutiert werden.

Das Auswertungsprogramm AUSWERT.EXE

Dieses Programm aggregiert und komprimiert ausgewählte Informationen aus der Protokolldatei. Es erzeugt zwei neue Files, die standardmäßig die Namensendungen .MKT und .SPL besitzen; diese stehen für *Markt-* bzw. *Spieler*-Datei. Beide Dateien sind analog zu den von PROT2ASC.EXE erzeugten im *ASCII*-Format gehalten und sowohl lesbar als auch zum Import in andere Softwareprodukte geeignet.

Aufgabe von AUSWERT.EXE ist es, aus der umfangreichen Datenmenge[136] einige wesentliche, bei statistischen oder graphischen Auswertungen häufiger benötigte Kennzahlen auszuwählen bzw. zu berechnen, um bereits eine deutlich komprimierte Ausgangsbasis für weitere Analysen zur Verfügung zu stellen.

Dabei wurde eine Unterteilung in allgemeine Marktdaten (wie Kurse, Umsätze etc.) einerseits und Individualdaten andererseits vorgenommen. Erstere werden in der "Markt-", letztere in der "Spieler-"Datei abgelegt. Eine vollständige Beschreibung der selektierten und berechneten Größen wäre an dieser Stelle unangebracht, auch sie ist im separat erhältlichen Dokumentationsband enthalten. Wesentlich und hier erwähnenswert sind die folgenden:

Die "Marktdatei" enthält für jede Periode einen Datensatz, der folgende Informationen umfaßt: Güterpreis und -gesamtumsatz (Marktvolumen) sowie für jedes Wertpapier Kurse, Volumen, Dividende pro Stück und verschiedene "Dividendenprognosen" oder "Renditeerwartungen", die später zur Beurteilung des "Rationalitätsgrades" der Anleger im Sinne der Orientierung am Fundamentalwert verwendet werden. Zu diesen Erwartungsgrößen zählen diverse rein arithmetische "Prognosen" wie das — jeweils mit der Anzahl verbleibender Perioden zu multiplizierende — arithmetische Mittel der in der Vergangenheit beobachteten Dividenden, myopische Maße wie die letzte Dividende, gleitende Durchschnitte unterschiedlicher Basiszeiträume, sowie zu Vergleichszwecken die "Prognose" eines fiktiven "*omniscient investors*", d.h. die — natürlich erst ex post bekannte — Summe der wahren künftigen Dividenden. Zusätzlich werden die (sich um eine zu berücksichtigende Periode unterscheidenden) entsprechenden Größen eines Insiders im Sinne der bei der Modelldefinition verwandten Spezifikation berechnet.

Die "Spielerdatei" enthält je einen Datensatz pro Periode und Spieler, der sich aus Charakteristika des Spielers (Rolle, Profil, etc.), Gewinnen oder Verlusten aus Güterproduktion bzw. -konsum und Wertpapierhandel sowie erhaltenen Dividenden zusammensetzt. Zusätzlich sind aggregierte Datensätze (alle Spieler einer Periode, alle Perioden) angefügt. Diese Datei dient insbesondere der Bereitstellung von Daten für die Analyse von Designeffekten auf die Performance einzelner Spieler, z.B. dem Einfluß von Insiderinformationen, entscheidungsvorbereitenden Instrumenten und ähnlich strukturierten Fragen.

---

[136] Bei typischerweise 30 Teilnehmern, 10 Perioden und etwa 150 Variablen — die allerdings teilweise redundant gespeichert werden — stellt die resultierende Protokolldatei eine Matrix mit 45.000 Feldern dar. Der separate Dokumentationsband (vgl. die Quellenangabe auf Seite 4) gibt einen Eindruck von den Dimensionen.

Auswertung des Fragebogens

Der Vollständigkeit halber bliebe noch zu erwähnen, daß selbstverständlich auch zur Auswertung der Persönlichkeitsdaten ein entsprechendes Konversionsprogramm erstellt wurde; diese Aufgabe kommt 16PA2ASC.EXE zu. Aus den eingelesenen binären Daten entsteht eine ebenfalls *ASCII*-formatierte standardisierte Textdatei, welche für alle Probanden u.a. Identifikation (Terminalnummer), Alter, Geschlecht, Bildungsabschluß und vor allem die Selbsteinstufungen auf den Attributskalen enthält.

6.2.8 Zusammenfassung: Software

Das M2M-Softwarepaket — und dessen allgemeinere Variante *ProCEED* — umfaßt die ausführbaren (kompilierten) Programme M2M.EXE, SI.EXE, PROT2ASC.EXE, AUSWERT.EXE UND 16PA2ASC.EXE.

Aus dem Umfang von über 50 selbsterstellten Units (Modulen) mit ca. 17000 Zeilen Quellcode[137] in *Turbo Pascal*, der im Dokumentationsband etwa 250 Seiten einnimmt, läßt sich das quantitative Ausmaß der Software ersehen.

Während die beiden ersten genannten Programme bei der Definition, Vorbereitung und Durchführung eines Experiments zum Einsatz kommen, dienen die letzten drei der Sicherung, Darstellung und Auswertung der erfaßten Daten.

Damit erfüllt dieses Programmpaket die Aufgabenstellung, ein wirtschaftswissenschaftliches Experiment in dem Sinne "vollautomatisch" zu realisieren, als das gesamte *Handling* einschließlich der *Information und Instruktion der Probanden*, der *Verwaltung und Verarbeitung ablaufrelevanter Informationen* und *Vermittlung entsprechenden Feedbacks* sowie die *Erfassung aller anfallenden Daten* und deren *Bereitstellung in einer zur Auswertung geeigneten Form* implementiert sind.

6.3 Details der konkreten Implementation

6.3.1 Institutionelle Regelungen

Unabhängig von der Entscheidung für den Fall vollständiger oder unvollständiger Information, dynamischer oder statischer Gütermarktstruktur und Marktüberschneidung oder Separation der Marktteilnehmer läßt sich festhalten, daß bezüglich aller individuellen Größen außer den Geboten der ersten Periode, sowie bezüglich aller aggregierten Größen ein Experiment genau eine Beobachtung im Sinne statistischer Unabhängigkeit

[137] Einschließlich der von *Turbo Vision* zur Verfügung gestellten Units handelt es sich um ca. 39000 Zeilen.

darstellt; dies gilt ohne Rücksicht auf die Zahl der Teilnehmer und die Zahl der Perioden.

Aufgrund dieser statistischen Eigenschaften des Modells und der bestehenden monetären Rahmenbedingungen — die Kosten eines Experiments liegen durchschnittlich bei ca. 700 DM — ist es bereits vor der Durchführung offensichtlich, daß mit der Gewinnung statistisch erhärteter signifikanter Aussagen ohne einen bestenfalls in größeren Forschungsprojekten denkbaren finanziellen Aufwand nicht zu rechnen ist.

Der Autor entschloß sich daher, aus der Not eine Tugend zu machen und den zwangsläufig rein explorativen Charakters einer im Rahmen dieser Arbeit durchzuführenden ersten experimentellen Implementation zur Untersuchung einer der wirklich neuen, ungeklärten Situationen zu nutzen. Dafür bot sich die Variante mit Marktüberschneidung an.

Um nicht jeglichen Referenzmaßstab zur Beurteilung der Ergebnisse zu verlieren, wurde die statische Variante der Gütermarktparametrisierung sowie — in fast allen Experimenten — der Fall der vollständigen Information ausgewählt.[138]

Für die genannten Bedingungen erwarten wir, ohne hierfür einen Beweis gegeben zu haben, die Existenz eines kompetitiven Gleichgewichts, welches jedoch aufgrund der möglichen Kapitalverflechtung nicht mit jenem des Konkurrenzgleichgewichts unter Separation der Marktteilnehmer übereinzustimmen braucht; es wäre interessant festzustellen, ob ein solches zumindest im Sinne eines Konvergenzprozesses experimentell zu beobachten ist.

Es liegt also folgende Situation vor:

- Die für den Gütermarkt ausschlaggebenden Kosten- und Verwendungswertfunktionen aller Teilnehmer werden nicht vor jeder Periode erneut, sondern lediglich einmalig vor Beginn des Experiments festgelegt.
- Alle $n = n_f + n_c$ auf dem Gütermarkt agierenden Versuchspersonen dürfen auch mit allen Wertpapieren handeln.
- Für die Abgabe der Gebote auf beiden Märkten existiert im allgemeinen kein Zeitlimit, vielmehr erfolgt die Abwicklung, wenn der letzte Marktteilnehmer sein Gebot (bzw. "Nicht-Gebot") abgegeben hat. Die Festlegung einer zeitlich begrenzten Handelsperiode ist jedoch programmtechnisch ebenfalls realisiert.[139]

---

[138] Zu Kontrollzwecken fand auch ein Experiment unter privater Information über die Kosten- und Verwendungswertfunktionen statt.

[139] In Ausnahmefällen, insbesondere in einigen ersten Perioden von Sessions mit relativ schlecht und sehr heterogen ausgebildeten Teilnehmern ohne Erfahrung mit dem Experiment, wurde von dieser Möglichkeit auch Gebrauch gemacht, um nicht unbegrenzt lange auf den letzten und langsamsten Probanden warten zu müssen, nachdem bereits eine mehr als angemessene Zeit zur Abgabe der Gebote verstrichen war.

6.3.2 Informationsbedingungen

Alle Teilnehmer werden ausschließlich privat (via Bildschirm) über die Resultate ihrer individuellen Transaktionen auf beiden Märkten informiert; die aggregierten Daten Preis, Volumen und Marktlage (d.h. die in Tabelle 1 definierten Kurszusätze) sowie deren Historie sind hingegen allgemein verfügbar, sobald die Preisfeststellung und die Ermittlung der Zuteilungen abgeschlossen sind. Konkret bedeutet dies, daß z.B. nach Abwicklung des Gütermarkts zunächst alle Teilnehmer über die genannten aggregierten Daten informiert werden, anschließend den Konsumenten ihre ggf. erhaltenen Mengen des Konsumguts, die dafür entstandenen Kosten sowie die aus dem Konsum entstandenen Verwendungswerte mitgeteilt werden. Die Produzenten erfahren statt dessen ihre ggf. abgesetzten Mengen des Gutes, die erzielten Erlöse sowie die angefallenen Produktionskosten und den resultierenden Gewinn oder Verlust.

Bezüglich der Kenntnis der definierten und realisierten Kosten- und Verwendungswertfunktionen des Gütermarkts kommen zwei unterschiedliche Varianten zum Einsatz: In dem als "maximaler Informationsstand" bezeichneten Fall kennen alle Versuchspersonen die Anzahl der jeweils vorhandenen Funktionstypen, sämtliche Parametersätze und die *a-priori*-Wahrscheinlichkeiten[140] für deren Realisation. Hingegen kennt im Falle der "minimalen Information" jeder Konsument nur die ihm zugeordnete Verwendungswertfunktion, jeder Produzent lediglich seine Kostenfunktion; alle anderen Daten sind unbekannt.

Im Normalfall stehen in der Gebotsphase des Kapitalmarkts einer bestimmten Periode t noch keine Informationen über die Höhe der zu erwartenden Dividenden dieser Periode zur Verfügung. De facto liegen diese jedoch bereits fest, da sie aufgrund der konstanten Dividendenpolitik aus den auf dem Gütermarkt der Periode t vorher erzielten Firmengewinnen oder -verlusten zu ermitteln sind. Allerdings sind diese Resultate zunächst nur dem — jeweiligen — Firmeninhaber bekannt.

Um den Einfluß von Informationsvorsprüngen auf das Marktgeschehen untersuchen zu können (von besonderem Interesse ist natürlich die Frage, ob Überrenditen erzielbar sind), schufen wir daher in manchen Experimenten eine kleine Anzahl von Personen, denen ein "Insiderstatus" zukommt: Diese wurden im Gegensatz zu allen übrigen Marktteilnehmern nicht erst *nach* Abschluß des Kapitalmarkts, sondern bereits *vor* Abgabe ihrer Gebote über die Höhe aller auf dem Gütermarkt realisierten Firmengewinne bzw. -verluste der laufenden Periode informiert, verfügen also über eine deterministische Prognose der (fundamentalen) Einperioden-Rendite aller Wertpapiere. Ein weiterer Informationsvorsprung der "Insider" bestand in der Kenntnis der realisierten Produktionsfunktionen aller Produzenten.

---

[140] Es wurden stets jeweils vier Kosten- und Verwendungswertfunktionen mit identischer Wahrscheinlichkeit eingesetzt.

Offenbar besitzen die Produzenten selbst einen "natürlichen" Informationsvorsprung gegenüber den Konsumenten, der sie zwischen "Insidern" und "Nicht-Insidern" einordnet: Ihnen ist neben ihrer eigenen Kostenfunktion auch der erzielte Gewinn oder Verlust ihres Unternehmens jeweils vor der Kapitalmarktabwicklung einer jeden Periode bekannt, damit also auch die Höhe der nächsten Dividende; nicht jedoch die Höhe der Dividenden anderer Produzenten.[141]

6.3.3 Design-Parameter

Folgende Daten wurden für alle im Rahmen dieser Arbeit durchgeführten Computerexperimente zum Modell zweier Märkte verwendet:

- Periodenanzahl: $T = 10$ oder 20
- Anzahl emittierter Aktien je Produzent: $n_a = 100\,(n_f + n_c)$
- Verwendungswertfunktionen: 4 gleichwahrscheinliche Parametersätze mit abnehmenden Grenzverwendungswerten
- Diskontfaktor der Konsumenten: $\rho_c = 1$
- Kostenfunktionen: 4 gleichwahrscheinliche Parametersätze mit steigenden Grenzkosten
- Diskontfaktor der Produzenten: $\rho_f = 1$
- Dividendenanteil der Gewinne: $\mu = 0.9$
- Erstausstattungen: für alle Teilnehmer einheitlich
  $e_i = (m_{i,0}, a^1_{i,0}, a^2_{i,0}, a^3_{i,0}, a^4_{i,0}) = (2000$ ECU, 100, 100, 100, 100)
  Kreditlinie: $k_i = 2000$ ECU
- Umrechnungsfaktor: 100 ECU= 2.00 DM

Nähere experimentspezifische Angaben sind in Tabelle 11 enthalten. Zur Interpretation der in darin wiedergegebenen Daten seien — neben dem bereits gesagten — noch einige erläuternde Anmerkungen gegeben:

Die Spalte "Inf." bezieht sich auf die im obigen Abschnitt 6.3.2 definierten Informationsbedingungen und gilt jeweils für alle Teilnehmer. Dabei steht "max" für den Fall der maximalen Informationsversorgung, also die volle Kenntnis aller Funktionen und Verteilungen, während "min" den Fall minimaler Information bezeichnet, in dem lediglich die jeweils eigene Funktion bekannt ist. In der mit "Ins." bezeichneten Spalte wird die Anzahl

[141] Sicher erinnert sich der Leser, daß alle Perioden sich aus der Abfolge Gütermarkt – Wertpapiermarkt zusammensetzen.

#	Session	Datum	T	n_f	n_c	Inf.	Ins.	Skill	Erf.	16-PA	Prä	Post
1	1	11.11.93	10	3	9	max	0	3	N			
2	2a	15.01.94	10	4	25	max	6	2	N			
3	2b	22.01.94	10	4	25	max	6	2	X			
4	2c	22.01.94	10	4	25	max	6	2	XX			
5	3a	10.02.94	10	4	18	max	4	1	N	22	11	
6	3b	10.02.94	10	4	18	max	4	1	X			22
7	4a	17.03.94	10	4	18	min	0	2	N			
8	4b	17.03.94	10	4	18	min	0	2	X			22
9	5	26.04.94	10	4	14	max	6	2	N		8	18
10	6a	17.05.94	10	4	14	max	6	2	N			
11	6b	17.05.94	10	4	14	max	6	2	X			18
12	7a	09.06.94	10	2	11	max	4	2	N			
13	7b	09.06.94	10	2	11	max	4	2	N			13
14	8a	16.06.94	20	2	14	max	4	2	X		8	
15	8b	16.06.94	10	2	14	max	4	2	XX			16

Tabelle 11: Design-Parameter der Computerexperimente. Die Abkürzungen in der Kopfzeile beziehen sich auf im Text erläuterte Kategorien.

der Personen ausgewiesen, welche über den im selben Abschnitt besprochenen Insiderstatus verfügen.

Der formale Ausbildungsstand der Versuchspersonen, dem zunächst ein gewisser Einfluß auf Verhalten und Erfolg im Experiment unterstellt werden könnte, ist unter dem Eintrag "Skill" zu finden. Dabei steht eine 3 für wirtschaftswissenschaftliche Graduierte, eine 2 für Studierende der Wirtschaftswissenschaften und eine 1 für Studierende aller Fächer.[142]

Der nächsten Spalte von Tabelle 11 ist zu entnehmen, ob und inwieweit die Teilnehmer bereits über Erfahrung mit dem Experiment verfügen: Unerfahrene Teilnehmer ("*inexperienced*") werden durch ein N, erfahrene Teilnehmer ("*experienced*"), die bereits an einer früheren Session partizipierten, durch ein X, und sehr erfahrene ("*extra experienced*"), die bereits an zwei Sessions teilnahmen, durch XX kenntlich gemacht.

Unter "16-PA" ist die Anzahl der Teilnehmer angegeben, die den "Persönlichkeitsfragebogen" (am Bildschirm) auszufüllen hatten. Wie ersichtlich, wurde diese Erhebung lediglich einmal durchgeführt.

Die Spalten "Prä" und "Post" enthalten die Anzahl der Teilnehmer, welche mit einem prä- bzw. postexperimentellen Fragebogen konfrontiert wurden.[143] Der präexperimentelle Fragebogen war dabei so gestaltet, daß eine

[142] Mittels der schriftlichen Anmeldung wurden für jedes Experiment in dieser Hinsicht "nach unten homogene" Gruppen zusammengestellt, d.h. das angegebene Bildungslevel ist das jeweils niedrigste vertretene.

[143] Einen Sonderfall bildet die Session 8a: Hier erhielten alle 16 Teilnehmer — die ja bereits "erfahren" waren — vor Beginn zusätzlich einen speziellen Fragebogen, mit dem die Intensität der Erinnerung an das frühere Experiment erhoben wurde.

rationale, analytische Durchdringung der nachfolgenden Entscheidungssituation des Marktexperiments zumindest induziert werden sollte; auf diese Weise kann versucht werden festzustellen, inwieweit sich der Rationalitätsgrad menschlicher Entscheidungen durch entscheidungsvorbereitende Maßnahmen erhöhen bzw. beeinflussen läßt. Der postexperimentelle Fragebogen lud zur Reflexion und Kommentierung des Experiments ein.

Experimentphasen und ggf. Fragebogenbearbeitung besaßen stets folgende chronologische Anordnung: Erläuterung der Computerbedienung, 16-PA (optional), Erklärung der Entscheidungssituation, präexperimenteller Fragebogen (optional), Kernexperiment, postexperimenteller Fragebogen (optional). Bei Sessions mit mehreren Durchführungen sind die Angaben zur Verwendung von Fragebogen folgendermaßen zu interpretieren: 16-PA und präexperimenteller Fragebogen waren ggf. zu Beginn der ersten Durchführung zu bearbeiten, der postexperimentelle Fragebogen ggf. nach Ende der letzten.

Bis auf eine der Sessions mit erfahrenen Probanden (8a), in der 20 Perioden gespielt wurden, umfaßten alle Experimente 10 Perioden.

In den Sessions 2a-c, 3a-b, 4a-b, 6a-b, 7a-b und 8a-b nahmen jeweils dieselben Teilnehmer an zwei bzw. drei Durchführungen des gleichen Experiments teil. Dies bedeutet konkret, daß alle Parameter innerhalb dieser zwei bzw. drei Sessions identisch waren, die Rollenverteilung (Produzent/Konsument) und die Zuteilung der Funktionen sowie ggf. des Insiderstatus jedoch jeweils von neuem erfolgten.

Alle Probanden der Session 8a-b hatten bereits einmal an einem früheren Experiment teilgenommen, jedoch nicht als geschlossene Gruppe. Sie wurden mittels der entsprechenden Teilnehmerlisten ausgewählt und befragt, ob sie bereit seien, sich an einer Wiederholung zu beteiligen, was ausnahmslos der Fall war.

Die Tragödie der Wissenschaft —
das Erschlagen einer schönen Hypothese
durch eine häßliche Tatsache.
Thomas Henry Huxley

... in the real world a change in the dividend rate is often followed by a change in the market price (sometimes spectacularly so). Such a phenomenon would not be incompatible with irrelevance to the extent that it was merely a reflection of what might be called the 'informational content' of dividends ...
M. Miller und F. Modigliani, 1961

7 Erste experimentelle Resultate

Bevor wir die Ergebnisse der hier zu analysierenden Experimente und einige aus den Beobachtungen abgeleitete vorläufige Schlußfolgerungen präsentieren, wollen wir verschiedene Einwände vorwegnehmen, die andernfalls der Leser erheben dürfte.

Wie bereits der in Tabelle 11 enthaltenen Übersicht zu entnehmen war, wurden im Rahmen dieser Arbeit insgesamt acht Experimente mit zusammen fünfzehn *Sessions* durchgeführt.[144] Statistische Analysen aggregierter Größen — in diese Kategorie fallen gerade die von besonderem Interesse geprägten Variablen Marktpreise und -volumen, Effizienzgrade und diverse andere — im Sinne klassischer Hypothesentests sind daher bei den vorliegenden Stichprobengrößen kaum jemals mit zufriedenstellenden Signifikanzniveaus durchführbar.

Dieses Problem wird durch die Tatsache verschärft, daß strenggenommen auch die Individualdaten der Marktteilnehmer — zum Beispiel Gebote — von der zweiten Periode ab, sobald also ein Informationsfluß stattgefunden hat, nicht mehr statistisch unabhängig sind und damit den üblichen Teststatistiken nicht unterworfen werden dürfen, wenn die Resultate strikt im Sinne stochastischer Irrtumswahrscheinlichkeiten interpretiert werden sollen: Jedes Experiment stellt in seiner Gesamtheit eine einzige Beobachtung dar.[145]

[144]Neben der Rekrutierung freiwilliger und jeweils "neuer", "unerfahrener" Versuchspersonen aus dem doch begrenzten Reservoir der qualifizierten Studierenden stellte den wesentlichen Engpaßfaktor die finanzielle Entlohnung der Probanden dar. Wie bereits weiter oben ausgeführt wurde, wird eine angemessen hohe monetäre Motivation der Teilnehmer für die experimentelle Wirtschaftsforschung generell als unverzichtbare Voraussetzung einer seriösen Datengewinnung betrachtet. Angesichts der im Vergleich zu anderen Experimenten ungewöhnlich großen zeitlichen Beanspruchung bedeutet dies Kosten in einer Höhe, welche die Zahl der realisierbaren Replikationen stark restringieren.

[145]Es existiert zwar eine Vielzahl hochspezieller Statistiken für wiederholt erhobene, korrelierte Größen. Die jeweils geforderten theoretischen Prämissen der einzelnen Modelle

Wir sehen uns daher gezwungen, überwiegend auf qualitative Beobachtungen zu verweisen, die in graphischer oder analytischer Form darstellbar sind, und unsere Aussagen nur teilweise durch Regressionen oder Hypothesentests zu ergänzen, welche zudem meist eher als Tendenzindikatoren aufzufassen sein werden — darauf weisen wir allerdings jeweils spezifisch hin.

Mit diesem durch "außerfachliche", nicht modell- oder methodenimmanente Beschränkungen erzwungenen Vorgehen befinden wir uns immerhin in guter Gesellschaft; so schreiben Forsythe, Palfrey und Plott in ihrem "klassischen" Econometrica-Artikel:

> *"In dealing with the data we face some open problems that are being encountered in almost all experimental work where the cost of conducting experiments places a significant constraint on the number of observations. As will be obvious ..., the high degree of serial correlation of prices in a given experiment, both within a period and across periods, suggests the simultaenous interaction of the learning process by individuals and a convergence process by the market. Yet, without a theory about these processes, our statistical statements suffer from an inability to use all the data available to us. Furthermore, the statistical tests we report should be regarded more as measures than classical hypothesis tests. Fortunately, the data from these experiments show sufficient regularities so that this should cause no problems."*[146]

Dem haben wir nichts hinzuzufügen. Zur Gewinnung robusterer, statistisch besser gesicherter Erkenntnisse müssen wir daher auf künftige Studien verweisen, deren mögliche Gestalt in Kapitel 8 skizziert wird.[147]

7.1 Hypothesen

Bevor erste Ergebnisse der im Rahmen dieser Arbeit durchgeführten Experimente vorgestellt und diskutiert werden, formulieren wir einige Hypothesen über die Eigenschaften der erhobenen Beobachtungen.

Dabei sind mit "Hypothesen" selbstverständlich Nullhypothesen im Sinne statistischer Tests gemeint, welche wir zum Teil auch explizit durchgeführt haben, wo dies sinnvoll schien. Wir erwarten also nicht, daß das in den Hypothesen zum Ausdruck kommende Verhalten beobachtbar ist, sondern

---

sowie die geringen Stichprobengrößen der vorliegenden Daten schließen eine Anwendbarkeit zum jetzigen Zeitpunkt jedoch aus.

[146] Vgl. Forsythe, Palfrey und Plott [FPP82, S. 549].

[147] Es wurde bereits in der Einleitung darauf hingewiesen, daß die für diese Arbeit gesetzten Schwerpunkte in der Entwicklung eines theoretischen Modells sowie, mehr noch, der Software zur computergestützten Durchführung entsprechender Experimente lag; mehr als die Gewinnung erster Erkenntnisse aus Pilotexperimenten war nicht angestrebt — und im vorgegebenen zeitlichen und finanziellen Rahmen auch nicht zu verwirklichen.

beabsichtigen im Gegenteil gerade zu untersuchen, unter welchen Umständen die betrachteten Aussagen mit geringer Fehlerwahrscheinlichkeit, d.h. hoher Signifikanz, abgelehnt werden können.

Es ist daher keinerlei Widerspruch, daß einige der folgenden Hypothesen nicht miteinander vereinbar sind.

7.1.1 Hypothesen für den Gütermarkt

Hypothese GM1: *Die Güterpreise sind durch die im Konkurrenzgleichgewicht (CE) gültigen Preise bestimmt:* $p_t/p_{\text{eq}} = 1\ \forall t = 1, ..., T$.

Hypothese GM2: *Die Güterpreise sind konstant:* $p_t - p_{t-1} = 0\ \forall t = 1, ..., T$.

Hypothese GM3: *Die Volumen auf dem Gütermarkt sind durch die im (CE) gültigen Volumen bestimmt:* $q_t/q_{\text{eq}} = 1\ \forall t = 1, ..., T$.

Hypothese GM4: *Die Volumen auf dem Gütermarkt sind konstant:* $q_t - q_{t-1} = 0\ \forall t = 1, ..., T$.

Hypothese GM5: *Die Effizienz des Gütermarkts (Anteil der extrahierbaren Marktrente) beträgt 100%:* $R_t/R_{\text{eq}} = 1\ \forall t = 1, ..., T$.

Hypothese GM6: *Die Effizienz des Gütermarkts nimmt mit der Zahl der Perioden zu:* $R_t/R_{\text{eq}} - R_{t-1}/R_{\text{eq}} > 0\ \forall t = 1, ..., T$.

7.1.2 Hypothesen für den Kapitalmarkt

Hypothese KM1: *Die Wertpapiere werden zu den Gegenwartswerten der künftigen Dividendenströme, für die das CE unterstellt wird, bewertet:* $v_t = \sum_{t'=t}^{T} \Delta_{t'}$

Hypothese KM2 ergibt sich unmittelbar aus KM1: *Die Preisdifferenzen der Wertpapiere sind identisch mit den Dividenden der Vorperiode:* $v_t - v_{t-1} = -\Delta_{t-1}$

Hypothese KM3: *Die absoluten Abweichungen der Wertpapierpreise von den im CE implizierten werden mit wachsendem t geringer*

Hypothese KM4: *Insider erzielen keine Überrendite auf dem Wertpapiermarkt;* bei identischen Anfangsausstattungen läßt sich dies so operationalisieren: *Die Gewinne aus Wertpapierhandel und Dividendenvereinnahmung sind für Insider und Nicht-Insider identisch.*

Hypothese KM5: *Auch bei minimaler Information gilt KM1*

Hypothese KM6: *Die Gebotspreise von Agenten, die einen prä-experimentellen Fragebogen zu bearbeiten hatten, unterscheiden sich nicht von jenen anderer Agenten.*

7.2 Erste Ergebnisse und Analysen

7.2.1 Der Gütermarkt

Eine kurze Vorbemerkung: Wann immer in diesem Kapitel von der "theoretischen Prognose" oder einem sinngemäß äquivalenten Begriff gesprochen wird, ist darunter die für alle explizit lösbaren Fälle maßgebliche Konkurrenzlösung zu verstehen.

Wie im Kapitel 5 dargelegt wurde, erhalten wir ohne Marktüberschneidung unter vollständiger Information ein bis auf inaktive Gleichgewichte eindeutiges Nash-Gleichgewicht in reinen Strategien, welches mit dem Konkurrenzgleichgewicht (CE) zusammenfällt; dies gilt für die statische wie die dynamische Modellvariante. Bei unvollständiger Information findet sich eine Multiplizität von Gleichgewichten, die jedoch mit steigender Teilnehmerzahl ebenfalls gegen das CE konvergieren sollte. Für den Fall der Marktüberschneidung schließlich konnten wir keine eindeutigen Aussagen ableiten, vermuteten allerdings für im Vergleich zu den erzielbaren Gütermarktrenten unbedeutende Unternehmensbeteiligungen der Konsumenten, daß die zu beobachtenden Preise und Allokationen nicht allzu stark vom kompetitiven Gleichgewicht des reinen Gütermarkts abweichen sollten.

Als Referenzmaßstab für *alle* Modellvarianten vergleichen wir daher stets mit den für das CE geltenden theoretischen Vorhersagen.

7.2.1.1 Preise und Volumen

Wir beginnen mit einigen ausgewählten Ergebnisses des Gütermarkts. Die Abbildung 22 zeigt den Verlauf der Preise und Volumen in Session 5, an der 4 Produzenten und 14 Konsumenten unter den Bedingungen der maximalen Information teilnahmen. Alle Probanden waren "unerfahren", die Hälfte hatte einen prä-experimentellen Fragebogen erhalten, und sechs Personen kam "Insiderstatus" zu.

Für diesen Markt sagt die Theorie $p_{\text{eq}} = 8.94$ ECU und $q_{\text{eq}} = 211.79$ vorher, wie Tabelle 2 zu entnehmen ist. Wir beobachten bereits in Periode 1 einen Preis von 10.00 ECU, der sofort auf 9.50 ECU fällt und sich in den Perioden 3 bis 10 zwischen 9.70 und 9.45 ECU stabilisiert. Das Volumen beginnt bei 90 Stück, springt in Periode 2 auf 148 Stück und steigt unter Schwankungen kontinuierlich bis auf 220 Stück in Periode 9 an, um in der Schlußperiode nochmals auf ca. 178 Stück abzufallen. Der durchschnittliche Preis der Perioden 3 bis 9 beträgt $p_{3-9} = 9.56$ ECU, das durchschnittliche Volumen der Perioden 7 bis 9 liegt bei $q_{7-9} = 208.00$ Stück. Die Abweichungen von den theoretischen Werten betragen $\frac{p_{3-9}-p_{\text{eq}}}{p_{\text{eq}}} = +6.97\ \%$ bzw. $\frac{q_{7-9}-q_{\text{eq}}}{q_{\text{eq}}} = -1.79\ \%$.

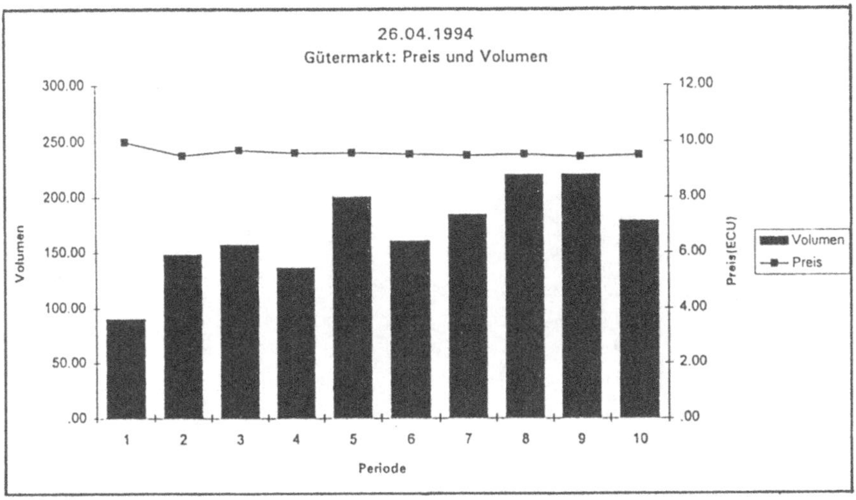

Abbildung 22: Güterpreis und -volumen in Session 5 als Funktion der Periode.

Es handelt sich um einen für das Verhalten unerfahrener Versuchspersonen charakteristischen Verlauf: Im Vergleich zu den Prognosen der rationalen Lösung setzt der Handel bei einem sehr niedrigen Volumen ein, welches im allgemeinen von Periode zu Periode wächst und nach etwa vier bis sieben Replikationen näherungsweise durch das Konkurrenzgleichgewicht beschrieben wird; im Gegensatz zu den Umsätzen bildet sich bereits "von Anfang an", hier spätestens ab der zweiten Periode, ein Marktpreis, welcher typischerweise um nicht mehr als fünf, maximal zehn Prozent (hier 5.7 %) vom Konkurrenzpreis abweicht[148].

Betrachten wir zum Vergleich die Session 6b, welche sich von der eben besprochenen ausschließlich darin unterscheidet, daß die Teilnehmer keine prä-experimentellen Fragebögen erhalten hatten, sich also nicht aufgrund der darin zu beantwortenden Fragen zusätzlich zu ihrer "freiwilligen" Entscheidungsvorbereitung mit der intellektuellen Durchdringung der Entscheidungssituation befassen mußten. Die Probanden hatten jedoch unmittelbar vorher einen ersten zehnperiodigen Durchlauf — die Session 6a — absolviert, also "Erfahrung" erworben. Der Gütermarkt der Session 6b ist in Abbildung 23 gezeigt.

Zu Beginn stellt sich ein Güterpreis von 9.95 ECU ein, der in der Folgeperiode sofort auf 8.80 ECU absinkt und dann zwischen 10.00 und

[148]Hier wie in nahezu ausnahmslos allen Experimenten sind besonders starke Abweichungen vom "typischen" Verlauf in der oder den ersten Perioden ("Anfangseffekt") sowie der oder den letzten Perioden einer Session ("Schlußeffekt") festzustellen.

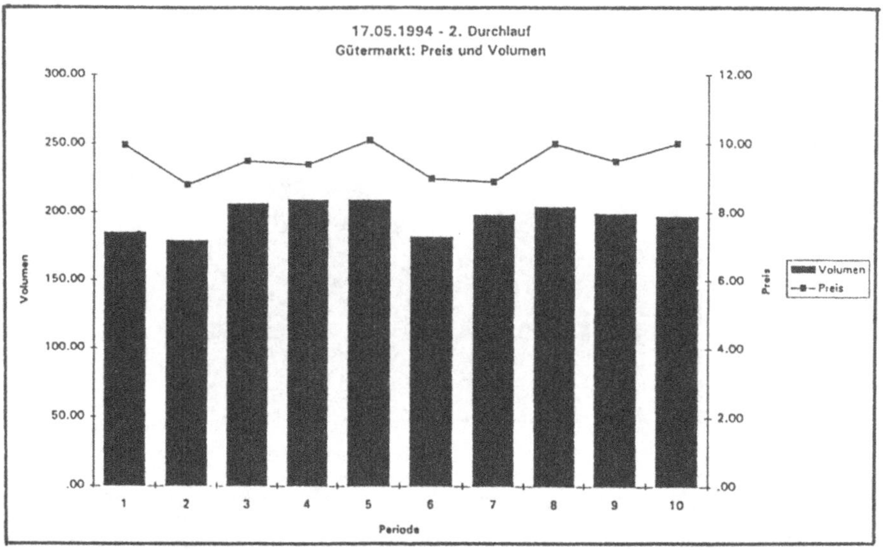

Abbildung 23: Güterpreis und -volumen in Session 6b als Funktion der Periode.

8.80 ECU schwankt; der oben definierte Durchschnittspreis beträgt $p_{3-9} =$ 9.47 ECU (+6.03 %). Im Gegensatz zu Session 5 wird jedoch bereits in der ersten Handelsperiode ein Volumen von 185 Stück umgesetzt; während des gesamten Experiments variiert die Stückzahl relativ geringfügig zwischen 179 und 209, das Durchschnittsvolumen ist $q_{7-9} = 200.33$ Stück (-5.41 %). Wesentlich ist hier zusätzlich der Vergleich $q_{2-6} = 197.00$ Stück (-6.98 %) im Vergleich zu 160.20 Stück (- 24.36 %) in Session 5: Die Präzision, mit welcher die Prognosen des theoretischen Gleichgewichts erreicht werden, ist nicht notwendigerweise größer, der darauf gerichtete Konvergenzprozess verläuft jedoch wesentlich schneller.

Offenbar benötigen die Marktteilnehmer eine "Lernphase", um die Funktionsweise des Marktes und die genaue Bedeutung ihrer Kosten- oder Verwendungswertfunktionen korrekt zu erfassen: "Erfahrene" Probanden zeigen praktisch unmittelbar ein mit dem Konkurrenzgleichgewicht vereinbares Verhalten — obwohl sie beispielsweise als Konsument eine völlig andersgeartete Verwendungswertfunktion besitzen mögen als in der vorhergehenden Session —, während sich bei unerfahrenen erst nach einigen Perioden des "Herantastens" ein Marktgleichgewicht einstellt und stabilisiert.

Um die Bedeutung der Informationsbedingungen für den Marktverlauf zu illustrieren, kontrastieren wir die obigen Resultate mit den in Session 4a erhaltenen, die in Abbildung 24 wiedergegeben werden. In dieser Session (wie auch in der unmittelbar folgenden 4b) wurde die Designvariante "minimale

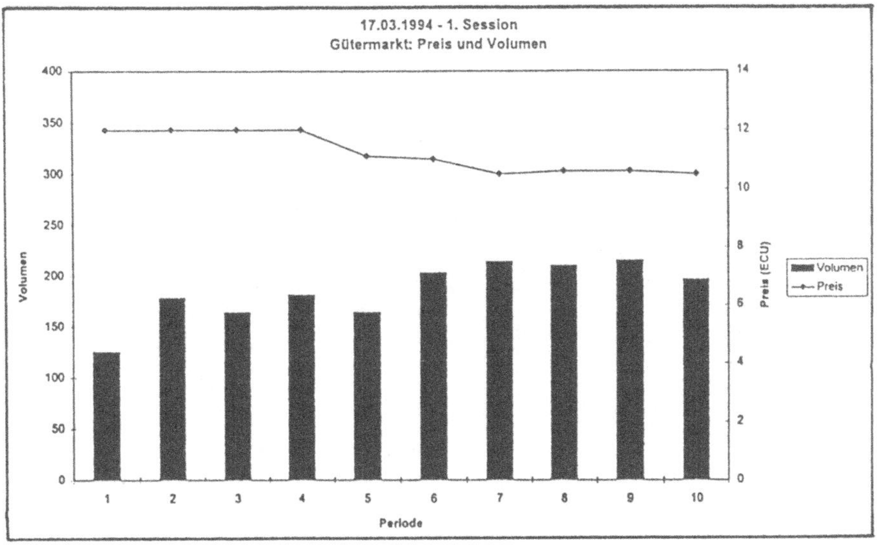

Abbildung 24: Güterpreis und -volumen in Session 4a als Funktion der Periode.

Information" implementiert, d.h. alle 22 Versuchspersonen kannten nur den jeweils für sie selbst gültigen Funktionstyp und keinerlei "Insiderinformationen" waren verfügbar. Session 4a war für alle Teilnehmer der erste Kontakt mit einem wirtschaftswissenschaftlichen Experiment.

Die theoretische Prognose lautet in diesem Fall $p_{\text{eq}} = 9.76$ ECU und $q_{\text{eq}} = 236.69$ Stück. Beobachtet werden $p_{3-9} = 11.11$ ECU (+13.88%), $q_{7-9} = 213.00$ Stück (-10.01 %) sowie $q_{2-6} = 178.00$ Stück (-24.80 %). Ohne weiter auf quantitative Maßzahlen eingehen zu müssen, können wir feststellen, daß die Zeitpfade von Preis und Volumen grob mit jenen der oben diskutierten Session 5 übereinstimmen; die anfänglichen Abweichungen sind zwar mit jenen im Falle vollständiger Information vergleichbar, verringern sich jedoch mit steigender Periodenzahl bei weitem nicht im gleichen Maße.

Zum Schluß dieses Abschnitts soll noch ein besonders deutliches Beispiel kurz dokumentiert werden, der in Abbildung 25 dargestellte Gütermarkt der Session 8a. Hier handelt es sich um wiederum um (einfach) erfahrene Teilnehmer und maximale Information; die Besonderheit liegt in der Anzahl der Perioden, welche mit 20 doppelt so hoch liegt wie in allen anderen Experimenten.

Aus Tabelle 2 entnehmen wir für diese Situation $p_{\text{eq}} = 12.92$ ECU und $q_{\text{eq}} = 142.84$ Stück; die Abweichungen der realisierten Größen von dieser Vorhersage liegen im üblichen Rahmen, der Preis liegt moderat zu tief, das Volumen zu hoch. Besonders bemerkenswert erscheint uns, wie schnell sich

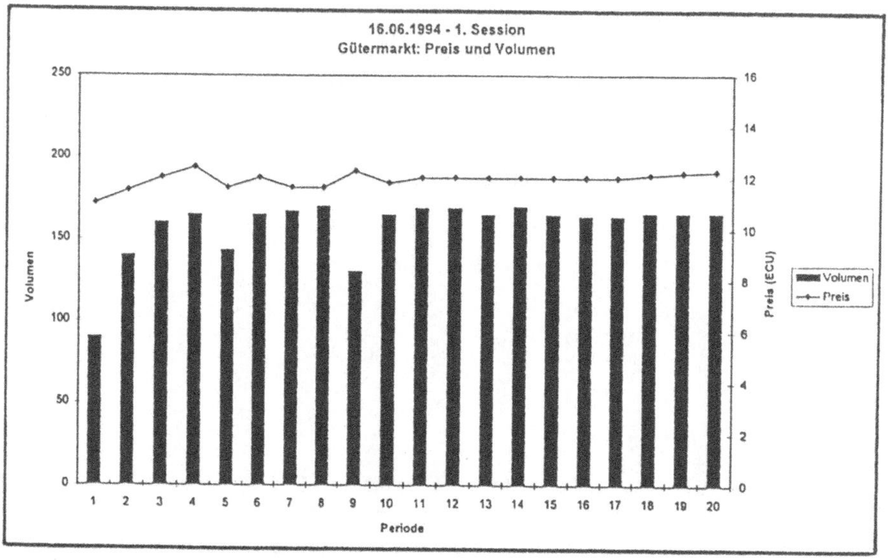

Abbildung 25: Güterpreis und -volumen in Session 8a als Funktion der Periode.

ein nahe am theoretischen Gleichgewicht liegendes Marktergebnis einstellt und welch geringe Varianz beide Größen über 20 Perioden hinweg aufweisen.

In Tabelle 12 findet sich für jede vergleichbare Session[149] der theoretisch erwartete Preis p_{eq} und jede Periode t der experimentell beobachtete Preis p_t, das Verhältnis p_t/p_{eq} sowie die Differenz der Preise zweier jeweils aufeinanderfolgender beobachteter Preise, $p_t - p_{t-1}$. Zusätzlich ist der Mittelwert der Perioden 3 bis 9, p_{3-9} angegeben. Für die Quotienten und Differenzen sind des weiteren jeweils über alle Sessions, d.h. für eine Stichprobe zu fester Periode, die Mittelwerte und Standardabweichungen angegeben. Die Güterpreise *einer* Periode in *verschiedenen* Sessions (strenggenommen nur in den jeweils ersten Sessions verschiedener Experimente, da einige Experimente mehrere Sessions umfaßten) können als statistisch unabhängig betrachtet werden.

Wie Tabelle 12 zu entnehmen ist, liegen die Mittelwerte der Quotienten p_t/p_{eq} für alle Perioden ausnahmslos innerhalb einer Standardabweichung um den von Hypothese GM1 vorhergesagten Wert von 1, so daß GM1 auf keinem "vernünftigen" Signifikanzniveau (genauer: nur bei Signifikanzniveaus über 32%, welche die Bezeichnung kaum verdienen dürften) verworfen werden

[149] Session 1, ein frühes Pilotexperiment, wurde mit sehr heterogenen Teilnehmern und unter Verwendung anderer Kosten- und Verwendungswertfunktionen durchgeführt. Die Daten dieser Session werden daher nicht in numerische bzw. statistische Auswertungen einbezogen, sondern allenfalls zu illustrativen Zwecken verwendet.

GUTERMARKT: Übersicht Preise																		
Session	2a	2b	2c	3a	3b	4a	4b	5	6a	6b	7a	7b	8a	8b				8a (fortgesetzt)
Theoretische Preise p_th																		
	10.89000	*10.89000*	*10.89000*	*9.76000*	*9.76000*	*9.76000*	*9.76000*	*8.94000*	*8.94000*	*8.94000*	*11.76000*	*11.83000*	*12.92000*	*12.59000*				*12.92000*
Tatsächliche Preise p_exp																		
Periode	Preis	Preis	Preis	Preis	Preis	Preis	Preis	Preis	Preis	Preis	Preis	Preis	Preis	Preis			Periode	Preis
1	10.00000	11.00000	12.00000	10.00000	9.65000	12.00000	10.00000	10.00000	8.00000	9.95000	12.00000	12.00000	11.00000	12.06050			11	12.00000
2	12.00000	12.00000	12.80000	11.00000	10.13930	12.00000	10.70000	9.50000	10.00000	8.80133	11.00000	10.50000	11.50000	12.26000			12	12.00000
3	13.00000	12.00000	13.00000	11.50000	10.40000	12.00000	11.00000	9.70000	9.00000	9.49000	10.96000	11.00000	12.00000	12.25000			13	12.00000
4	12.99900	11.90000	12.80000	12.00000	11.00000	12.00000	10.80000	9.60000	9.98000	9.39000	10.90000	11.50000	12.40000	12.99000			14	12.00000
5	13.00000	11.95000	12.49000	9.80000	10.00000	11.10000	12.00000	9.60000	9.75000	10.10000	11.00000	11.80000	11.61000	14.00000			15	12.00000
6	13.00000	11.50000	13.00000	9.65000	10.20000	11.00000	13.00000	9.55000	10.00000	8.98600	11.60000	12.00000	12.00000	14.52000			16	12.00000
7	12.50000	11.50000	12.49000	9.65000	10.20000	10.50000	10.00000	9.50000	9.00000	8.89600	12.00000	12.05000	11.61000	11.99000			17	12.01000
8	12.00000	11.55000	11.48000	9.75000	10.30000	10.60000	9.00000	9.54000	9.00000	10.00000	12.00000	12.20000	11.61000	12.50000			18	12.11000
9	12.50000	11.85000	11.15000	9.65000	10.35000	10.60000	10.00000	9.45000	9.99900	9.49000	11.99500	12.35000	12.25000	13.40000			19	12.20000
10	12.00000	12.00000	12.21000	9.50000	10.00000	10.50000	12.00000	9.50000	10.32800	10.00000	11.90000	12.50000	11.80000	14.14000			20	12.26000
Verhältnisse p_exp / p_th															Mittelwert	Standardabw.		
1	0.91827	1.01010	1.10193	1.02459	0.98873	1.22951	1.02459	1.11857	0.89485	1.11298	1.02041	1.01437	0.85139	0.95794	*1.01916*	*0.09938*	11	0.92879
2	1.10193	1.10193	1.17539	1.12705	1.03886	1.22951	1.09631	1.06264	1.11857	0.98449	0.93537	0.88757	0.89009	0.97379	*1.05168*	*0.10435*	12	0.92879
3	1.19376	1.10193	1.19376	1.17828	1.06557	1.22951	1.12705	1.08501	1.00671	1.06152	0.93197	0.92984	0.92879	0.97299	*1.07191*	*0.10539*	13	0.92879
4	1.19366	1.09275	1.17539	1.22951	1.12705	1.22951	1.10656	1.07383	1.11633	1.05034	0.92687	0.97210	0.95975	1.03177	*1.09182*	*0.09686*	14	0.92879
5	1.19376	1.09734	1.14692	1.00410	1.02459	1.13730	1.22951	1.07383	1.09060	1.12975	0.93537	0.99746	0.89861	1.11199	*1.07651*	*0.09458*	15	0.92879
6	1.19376	1.05601	1.19376	0.98873	1.04508	1.12705	1.33197	1.06823	1.11857	1.00515	0.98639	1.01437	0.92879	1.15330	*1.08651*	*0.10729*	16	0.92879
7	1.14784	1.05601	1.14692	0.98873	1.04508	1.07582	1.02459	1.06264	1.00671	0.99508	1.02041	1.01860	0.89861	0.95234	*1.03138*	*0.06715*	17	0.92957
8	1.10193	1.06061	1.05418	0.99898	1.05533	1.08607	0.92213	1.06711	1.00671	1.11857	1.02041	1.03128	0.89861	0.99285	*1.02962*	*0.06299*	18	0.93731
9	1.14784	1.08815	1.02388	0.98873	1.06045	1.08607	1.02459	1.05705	1.11846	1.06152	1.01998	1.04396	0.94814	1.06434	*1.05237*	*0.05101*	19	0.94427
10	1.10193	1.10193	1.12121	0.97336	1.02459	1.07582	1.22951	1.06264	1.15526	1.11857	1.01190	1.05664	0.91331	1.12311	*1.07641*	*0.07921*	20	0.94892
Differenzen p_exp (t) - p_exp (t-1)																		
1																	11	0.20000
2	2.00000	1.00000	0.80000	1.00000	0.48930	0.00000	0.70000	-0.50000	2.00000	-1.14867	-1.00000	-1.50000	0.50000	0.19950	*0.32430*	*1.07440*	12	0.00000
3	1.00000	0.00000	0.20000	0.50000	0.26070	0.00000	0.30000	0.20000	-1.00000	0.68867	-0.04000	0.50000	0.50000	-0.01000	*0.22138*	*0.46225*	13	0.00000
4	-0.00100	-0.10000	-0.20000	0.50000	0.60000	0.00000	-0.20000	-0.10000	0.98000	-0.10000	-0.06000	0.50000	0.40000	0.74000	*0.21136*	*0.39382*	14	0.00000
5	0.00100	0.05000	-0.31000	-2.20000	-1.00000	-0.90000	1.20000	0.00000	-0.23000	0.71000	0.10000	0.30000	-0.79000	1.01000	*-0.14707*	*0.88522*	15	0.00000
6	0.00000	-0.45000	0.51000	-0.15000	0.20000	-0.10000	1.00000	-0.05000	0.25000	-1.11400	0.60000	0.20000	0.39000	0.52000	*0.12900*	*0.51371*	16	0.00000
7	-0.50000	0.00000	-0.51000	0.00000	0.00000	-0.50000	-3.00000	-0.05000	-1.00000	-0.09000	0.40000	0.05000	-0.39000	-2.53000	*-0.58000*	*0.99137*	17	0.01000
8	-0.50000	0.05000	-1.01000	0.10000	0.10000	0.10000	-1.00000	0.04000	0.00000	1.10400	0.00000	0.15000	0.00000	0.51000	*-0.02543*	*0.54041*	18	0.10000
9	0.50000	0.30000	-0.33000	-0.10000	0.05000	0.00000	1.00000	-0.09000	0.99900	-0.51000	-0.00500	0.15000	0.64000	0.90000	*0.25029*	*0.48775*	19	0.09000
10	-0.50000	0.15000	1.06000	-0.15000	-0.35000	-0.10000	2.00000	0.05000	0.32900	0.51000	-0.09500	0.15000	-0.45000	0.74000	*0.23886*	*0.67396*	20	0.06000
Mittelwerte p_exp (t=3 bis t=9)																	Mittelwert (t=13 bis t=19)	
	12.71414	11.75000	12.34429	10.28571	10.35000	11.11429	10.82857	9.56286	9.53271	9.47886	11.49357	11.84286	11.92571	13.09286				12.04571
Verhältnisse Mittelwerte (t=3 bis t=9) zu theoretischem Wert																	Verhältnis (t=13 bis t=19)	
	1.16751	1.07897	1.13354	1.05386	1.06045	1.13876	1.10948	1.06967	1.0663	1.06027	0.97734	1.00109	0.92304	1.03994	*1.06287*	*0.06534*		0.93233

Tabelle 12: Übersicht der Gütermarktpreise

GÜTERMARKT: Übersicht Volumen																		
Session	2a	2b	2c	3a	3b	4a	4b	5	6a	6b	7a	7b	8a	8b				8a (fortgesetzt)
Theoretische Volumina q_th																		
	257.53000	*257.53000*	*257.53000*	*236.69000*	*236.69000*	*236.69000*	*236.69000*	*211.79000*	*211.79000*	*211.79000*	*136.07000*	*134.67000*	*142.84000*	*145.01000*				*142.84000*
Tatsächliche Volumina q_exp																		
Periode	Volumen	Volumen	Volumen	Volumen	Volumen	Volumen	Volumen	Volumen	Volumen	Volumen	Volumen	Volumen	Volumen	Volumen			Periode	Volumen
1	165.00000	185.00000	177.00000	158.00000	166.00000	125.00000	189.00000	90.00000	140.00000	185.00000	57.00000	85.00000	90.00000	133.00000			11	169.00000
2	232.00000	224.00000	177.00000	135.00000	131.00000	178.00000	209.00000	148.00000	100.00000	179.00000	87.00000	136.00000	140.00000	172.00000			12	169.00000
3	232.00000	242.00000	227.00000	138.00000	183.00000	164.00000	211.00000	157.00000	142.00000	206.00000	110.00000	130.00000	160.00000	159.00000			13	165.00000
4	220.00000	233.00000	215.00000	180.00000	164.00000	181.00000	201.00000	136.00000	157.00000	209.00000	121.00000	111.00000	165.00000	77.00000			14	170.00000
5	227.00000	242.00000	228.00000	159.00000	208.00000	164.00000	156.00000	200.00000	155.00000	209.00000	125.00000	130.00000	143.00000	78.00000			15	165.00000
6	227.00000	255.00000	179.00000	184.00000	182.00000	203.00000	141.00000	160.00000	160.00000	182.00000	125.00000	132.00000	165.00000	80.00000			16	164.00000
7	202.00000	252.00000	206.00000	164.00000	204.00000	214.00000	146.00000	184.00000	166.00000	198.00000	128.00000	122.00000	167.00000	77.00000			17	164.00000
8	210.00000	251.00000	209.00000	180.00000	213.00000	210.00000	213.00000	220.00000	173.00000	204.00000	130.00000	123.00000	170.00000	135.00000			18	166.00000
9	190.00000	251.00000	232.00000	196.00000	179.00000	215.00000	226.00000	220.00000	196.00000	199.00000	132.00000	122.00000	130.00000	139.00000			19	166.00000
10	220.00000	253.00000	177.00000	186.00000	200.00000	196.00000	159.00000	178.00000	195.00000	197.00000	131.00000	123.00000	165.00000	113.00000			20	166.00000
Verhältnisse q_exp / q_th															Mittelwert	Standardabw.		
1	0.64070	0.71836	0.68730	0.66754	0.70134	0.52812	0.79851	0.42495	0.66103	0.87351	0.41890	0.63117	0.63008	0.91718	*0.66419*	*0.14397*	11	1.18314
2	0.90087	0.86980	0.68730	0.57037	0.55347	0.75204	0.88301	0.69881	0.47217	0.84518	0.63938	1.00988	0.98012	1.18613	*0.78918*	*0.19999*	12	1.18314
3	0.90087	0.93970	0.88145	0.58304	0.77316	0.69289	0.89146	0.74130	0.67048	0.97266	0.80841	0.96532	1.12013	1.09648	*0.85981*	*0.15731*	13	1.15514
4	0.85427	0.90475	0.83485	0.76049	0.69289	0.76471	0.84921	0.64215	0.74130	0.98683	0.88925	0.82424	1.15514	0.53100	*0.81650*	*0.15149*	14	1.19014
5	0.88145	0.93970	0.88533	0.67176	0.87879	0.69289	0.65909	0.94433	0.73186	0.98683	0.91864	0.96532	1.00112	0.53789	*0.83536*	*0.14698*	15	1.15514
6	0.88145	0.99018	0.69506	0.77739	0.76894	0.85766	0.59572	0.75547	0.75547	0.85934	0.91864	0.98017	1.15514	0.55169	*0.82445*	*0.16024*	16	1.14814
7	0.78437	0.97853	0.79991	0.69289	0.86189	0.90414	0.61684	0.86879	0.78380	0.93489	0.94069	0.90592	1.16914	0.53100	*0.84091*	*0.15962*	17	1.14814
8	0.81544	0.97464	0.81156	0.76049	0.89991	0.88724	0.89991	1.03876	0.81685	0.96322	0.95539	0.91334	1.19014	0.93097	*0.91842*	*0.10883*	18	1.16214
9	0.73778	0.97464	0.90087	0.82809	0.75626	0.90836	0.95484	1.03876	0.92545	0.93961	0.97009	0.90592	0.91011	0.95855	*0.90781*	*0.08316*	19	1.16214
10	0.85427	0.98241	0.68730	0.78584	0.84499	0.82809	0.67176	0.84046	0.92072	0.93017	0.96274	0.91334	1.15514	0.77926	*0.86832*	*0.12467*	20	1.16214
Differenzen q_exp (t) - q_exp (t-1)																		
1																	11	4.00000
2	67.00000	39.00000	0.00000	-23.00000	-35.00000	53.00000	20.00000	58.00000	-40.00000	-6.00000	30.00000	51.00000	50.00000	39.00000	*21.64286*	*36.09519*	12	-4.00000
3	0.00000	18.00000	50.00000	3.00000	52.00000	-14.00000	2.00000	9.00000	42.00000	27.00000	23.00000	-6.00000	20.00000	-13.00000	*15.21429*	*21.84624*	13	5.00000
4	-12.00000	-9.00000	-12.00000	42.00000	-19.00000	17.00000	-10.00000	-21.00000	15.00000	3.00000	11.00000	-19.00000	5.00000	-82.00000	*-6.50000*	*28.00755*	14	5.00000
5	7.00000	9.00000	13.00000	-21.00000	44.00000	-17.00000	-45.00000	64.00000	-2.00000	0.00000	4.00000	19.00000	-22.00000	1.00000	*3.85714*	*27.37730*	15	-5.00000
6	0.00000	13.00000	-49.00000	25.00000	-26.00000	39.00000	-15.00000	-40.00000	5.00000	-27.00000	0.00000	2.00000	22.00000	2.00000	*-3.50000*	*25.25485*	16	-1.00000
7	-25.00000	-3.00000	27.00000	-20.00000	22.00000	11.00000	5.00000	24.00000	6.00000	16.00000	3.00000	-10.00000	2.00000	-3.00000	*3.92857*	*15.60801*	17	0.00000
8	8.00000	-1.00000	3.00000	16.00000	9.00000	-4.00000	67.00000	36.00000	7.00000	6.00000	2.00000	1.00000	3.00000	58.00000	*15.07143*	*22.35195*	18	2.00000
9	-20.00000	0.00000	23.00000	16.00000	-34.00000	5.00000	13.00000	0.00000	23.00000	-5.00000	2.00000	-1.00000	-40.00000	4.00000	*-1.00000*	*19.00607*	19	0.00000
10	30.00000	2.00000	-55.00000	-10.00000	21.00000	-19.00000	-67.00000	-42.00000	-1.00000	-2.00000	-1.00000	1.00000	35.00000	-26.00000	*-9.57143*	*30.01209*	20	0.00000
Mittelwerte q_exp (t=7 bis t=9)																	Mittelwert (t=17 bis t=19)	
	200.66667	251.33333	215.66667	180.00000	198.66667	213.00000	195.00000	208.00000	178.33333	200.33333	130.00000	122.33333	155.66667	117.00000				165.33333
Verhältnisse Mittelwert (t=7 bis t=9) zu theoretischem Wert																	Verhältnis (t=17 bis t=19)	
	0.7791972	0.9759381	0.8374429	0.7604884	0.8393539	0.8999113	0.8238624	0.9821049	0.8420291	0.9459055	0.9553906	0.9083934	1.0897974	0.8068409	*0.88905*	*0.09265*		1.15747

Tabelle 13: Übersicht der Gütermarktvolumina

kann, obwohl alle Mittelwerte größer als 1 sind — aber eben nicht signifikant. Eine Tendenz, d.h. eine Veränderung der Stichprobenmittel von Periode zu Periode, ist nicht vorhanden.

Hypothese GM2 prognostiziert für die Differenz zweier aufeinanderfolgender Preise, $p_t - p_{t-1}$, den Wert Null. Wie wir ebenfalls aus Tabelle 12 ablesen können, sind die Mittelwerte dieser Differenzen für eine jeweils feste Periode und über alle Sessions nicht signifikant von Null verschieden: Die Standardabweichung ist stets größer als der Betrag der (positiven wie negativen) Stichprobenmittel, so daß auch GM2 nicht verworfen werden kann.

Das Äquivalent für die beobachteten Volumen ist in Tabelle 13 wiedergegeben. Dort werden die ganz analogen Größen q_{eq}, q_t, q_t/q_{eq} sowie $q_t - q_{t-1}$ und die über die Perioden 7 bis 9 gemittelten Volumen q_{7-9} aufgelistet.

Hypothese GM3, welche $q_t/q_{\text{eq}} = 1 \forall t = 1, ..., T$ verlangt, muß für $t = 1$ auf dem 5%-Signifikanzniveau verworfen werden: $\left|\overline{q_1/q_{\text{eq}}} - 1\right| > 2\sigma_{q_1}$, das Stichprobenmittel liegt mehr als zwei Standardabweichungen von 1 entfernt. Während die Signifikanz mit wachsendem t so stark sinkt, daß GM3 für $t \geq 2$ nicht (mehr) abgelehnt werden kann, ist sehr deutlich zu erkennen, daß der Mittelwert dieses Quotienten in den ersten Perioden stark ansteigt, um dann auf hohem Niveau, bei über 90%, zu stagnieren.

Wie im Fall der Preise kann die Hypothese GM4, wonach die Änderungen des Volumens von Periode zu Periode um den Mittelwert Null verteilt sind, nicht verworfen werden.

7.2.1.2 Effizienz und Lernverhalten

In Tabelle 14 haben wir die extrahierten Marktrenten R_t, die im Konkurrenzgleichgewicht extrahierbaren Marktrenten R_{eq} und die durch den Quotienten R_t/R_{eq} gegebene allokative Effizienz aller Sessions und Perioden zusammengefaßt.

Hypothese GM5, die 100% Effizienz vorhersagt, muß für $t = 1$ und $t = 2$ mit einem 95%-Signifikanzniveau verworfen werden; für $t \geq 3$ kann sie nicht abgelehnt werden. Der qualitative Verlauf des Stichprobenmittels läßt sich folgendermaßen charkaterisieren: Der Effizienzgrad setzt bei einem sehr niedrigen Wert (ca. 63%) ein, steigt deutlich an und stagniert in den letzten Perioden bei ca. 90%. Hypothese GM6 (steigende Effizienz) beschreibt offensichtlich im Durchschnitt die Situation korrekt, und ist in 7 von 9 Fällen erfüllt; statistisch signifikante Ergebnisse sind nicht zu erhalten.

Der Verlauf individueller Sessions unterscheidet sich vom typischen Verlauf der Stichprobenmittel nicht; wir zeigen in Abbildung 26 exemplarisch die Effizienz des Marktes in den Sessions 7a und 7b als Funktion der Periode.

Damit haben wir gleichzeitig eine Illustration des Einflusses der Erfahrung, also des Lernverhaltens nicht nur innerhalb einer Session, sondern auch

GÜTERMARKT: Übersicht Effizienz																
Session	2a	2b	2c	3a	3b	4a	4b	5	6a	6b	7a	7b	8a	8b		
Marktrente theoretisch, R_th																
	2566.12000	2566.12000	2566.12000	2054.23000	2054.23000	2054.23000	2054.23000	1707.71000	1707.71000	1707.71000	1316.14000	1290.13000	1501.72000	1476.06000		
Marktrente experimentell, R_exp																
Periode	Marktrente	Marktrente	Marktrente	Marktrente	Marktrente	Marktrente	Marktrente	Marktrente	Marktrente	Marktrente	Marktrente	Marktrente	Marktrente	Marktrente		
1	1279.88809	1576.38595	1524.39236	1516.18220	1585.99067	1253.18475	1957.38767	1030.79365	1436.44778	1412.75376	437.04556	647.15729	289.31346	1041.12899		
2	1689.96113	1950.65970	1541.04482	1117.47488	910.27173	1391.72126	1818.88373	1100.06436	723.18187	1422.85450	846.82991	1023.40912	1091.95021	1118.13853		
3	1809.94557	2201.43080	2236.56295	1294.01357	1776.87056	1646.59481	1988.95877	1227.95150	1107.10366	1649.53071	785.59091	1113.17903	1008.95879	1241.23868		
4	1983.35832	1970.37120	2203.88484	1665.16175	1341.21846	1514.29862	1963.47948	1036.35141	1161.32298	1596.50146	829.70078	749.64989	1166.83240	-71.97054		
5	2036.24255	2210.24655	2261.88498	1689.83795	1953.75761	1574.36992	1409.88609	1390.41970	1015.75100	1597.95039	813.99112	1249.46505	1332.23247	69.00567		
6	2227.01158	2127.65608	1770.83000	1747.65044	1688.74758	1792.13656	1421.03811	1383.09144	1148.13889	1485.44401	963.75946	1122.00241	1297.45034	607.93634		
7	2186.96726	2041.72613	2091.37539	1282.96842	1763.36762	1928.36251	1659.93300	1315.45140	1342.47454	1556.66682	1084.83503	1082.34436	1316.25549	489.66329		
8	2142.80626	2065.71845	2186.89962	1586.10196	1887.67727	1752.09122	1970.64962	1520.40125	1393.51715	1606.55545	1274.16250	1114.83348	1299.64561	1230.89938		
9	1861.21121	2087.34700	2279.78109	1861.74486	1598.84749	1946.42669	2029.89917	1136.12640	668.83802	1536.64599	1120.65534	1124.93568	909.77757	1357.34081		
10	2138.03369	2110.24438	1717.86841	1807.08713	1894.28767	1937.06614	1500.87429	1398.85913	1281.62624	1567.66261	1271.35526	1130.12504	1327.85438	1165.91963		
11													1300.70042			
12													1301.43781			
13													1296.83497			
14													1292.59737			
15													1291.43219			
16													1270.08463			
17													1270.08463			
18													1295.62900			
19													1307.52658			
20													1305.20607			
Effizienz, R_exp / R_th															Mittelwert	Standardabw.
1	0.49869	0.61431	0.59405	0.73808	0.77206	0.61005	0.95286	0.60361	0.84115	0.82728	0.33207	0.50162	0.19265	0.70534	0.62742	0.20411
2	0.65857	0.76016	0.60053	0.54399	0.44312	0.67749	0.88543	0.64418	0.42348	0.83319	0.64342	0.79326	0.72713	0.75752	0.67062	0.13638
3	0.70532	0.85788	0.87157	0.62993	0.86498	0.80156	0.96823	0.71906	0.64830	0.96593	0.59689	0.86284	0.67187	0.84091	0.78609	0.12297
4	0.77290	0.76784	0.85884	0.81060	0.65291	0.73716	0.95582	0.60687	0.68005	0.93488	0.63040	0.58107	0.77700	-0.04878	0.69411	0.24270
5	0.79351	0.86132	0.88136	0.82261	0.95109	0.76640	0.68633	0.81420	0.59480	0.93573	0.61847	0.96848	0.88714	0.04675	0.75916	0.23559
6	0.86785	0.82913	0.69008	0.85076	0.82208	0.87241	0.69176	0.80991	0.67233	0.86985	0.73226	0.86968	0.86398	0.41186	0.77528	0.12844
7	0.85225	0.79565	0.81500	0.62455	0.85841	0.93873	0.80806	0.77030	0.78613	0.91155	0.82426	0.83894	0.87650	0.33174	0.78800	0.15069
8	0.83504	0.80500	0.85222	0.77212	0.91892	0.85292	0.95931	0.89032	0.81602	0.94077	0.96811	0.86412	0.86544	0.83391	0.86959	0.05905
9	0.72530	0.81343	0.88842	0.90630	0.77832	0.94752	0.98816	0.66529	0.39166	0.89983	0.85147	0.87196	0.60582	0.91957	0.80379	0.16101
10	0.83318	0.82235	0.86944	0.87969	0.92214	0.94297	0.73063	0.81914	0.75049	0.91799	0.96597	0.87598	0.88422	0.78989	0.84315	0.08609
11													0.86614			
12													0.86663			
13													0.86357			
14													0.86074			
15													0.85997			
16													0.84575			
17													0.84575			
18													0.86278			
19													0.87069			
20													0.86914			

Tabelle 14: Übersicht der Gütermarkteffizienz

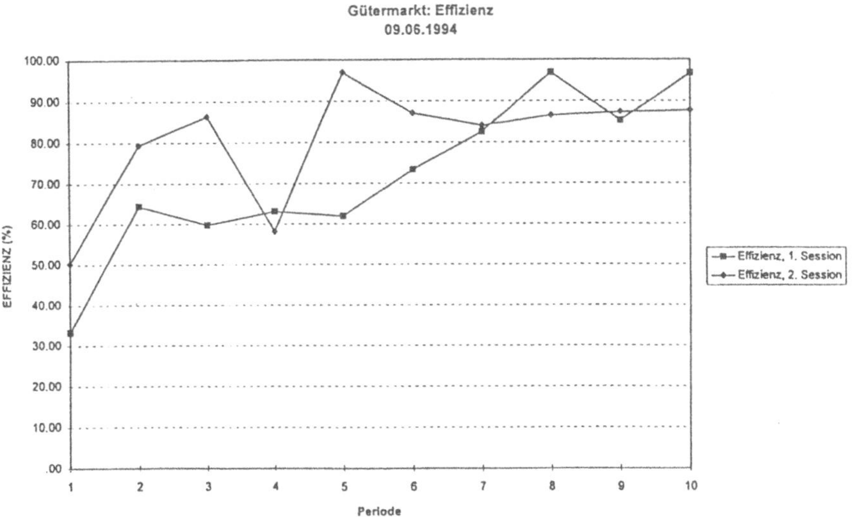

Abbildung 26: Effizienz des Gütermarkts in den Sessions 7a und 7b

zwischen Sessions, d.h. durch Replikation, gegeben: Es ist in diesem Einzelfall deutlich zu erkennen, daß die unerfahrenen Marktteilnehmer in den Perioden 1 bis einschließlich 6 (mit Ausnahme der von sehr geringem Umsatz geprägten Periode 4) mit maßgeblich größerer Ineffizienz handeln als die erfahrenen. Ab $t = 7$ ist kein signifikanter Unterschied mehr zu beobachten; in beiden Sessions schwankt der Effizienzgrad zwischen 82 und 96%.

Wir haben darauf verzichtet, eine explizite Hypothese über das Lernverhalten zu formulieren und zu testen; Tabelle 14 zeigt jedoch, daß es sich bei dem vorgestellten Beispiel nicht um einen Einzelfall handelt.

7.2.2 Der Wertpapiermarkt

7.2.2.1 Rationalität der Preise

Die Abbildungen 27 und 28 zeigen die Preisverläufe für die Wertpapiere von zwei der in Session 4a existierenden vier Firmen. Zusätzlich sind neben den jeweiligen Periodendividenden verschiedene Operationalisierungen "künftiger Dividendenerwartungen" eingezeichnet: "Myopische Erwartungen" schreiben die letzte beobachtete Dividende in die gesamte Zukunft fort, ein "moving average" projiziert den Mittelwert der letzten drei Perioden nach vorne, der "arithmetische Durchschnitt" orientiert sich einfach am Mittelwert aller bisher beobachteten Dividenden, und die mit "allwissend" bezeichnete

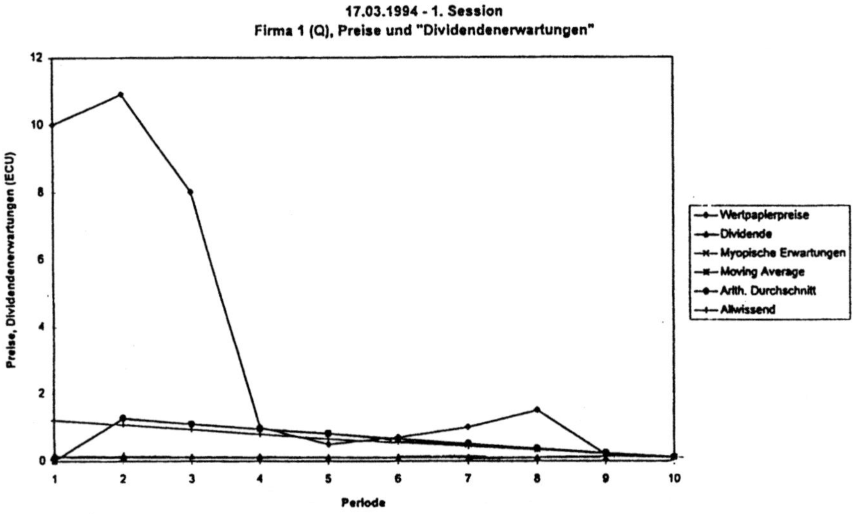

Abbildung 27: Wertpapierpreise der Firma 1 in Session 4a

Funktion ergibt sich aus der Kumulation der (erst *ex post* bekannten) tatsächlich realisierten künftigen Dividenden.

Beide Graphen zeigen ein für unerfahrene Teilnehmer typisches Phänomen: In den ersten Perioden werden die Wertpapiere sehr stark überbewertet (etwa um den Faktor 10), wobei der Preis während der nächsten Perioden stagnieren, leicht sinken oder auch noch steigen kann. Anschließend tritt ein drastischer Kurseinbruch, ein "*crash*", auf und beendet die "spekulative Blase" (*bubble*). In den restlichen Perioden des Spiels unterscheidet sich der Wertpapierpreis — außer in Perioden mit sehr dünnem Umsatz, wo einzelne Marktteilnehmer den Preis bestimmen können — nicht signifikant von der fundamentalen Bewertung.

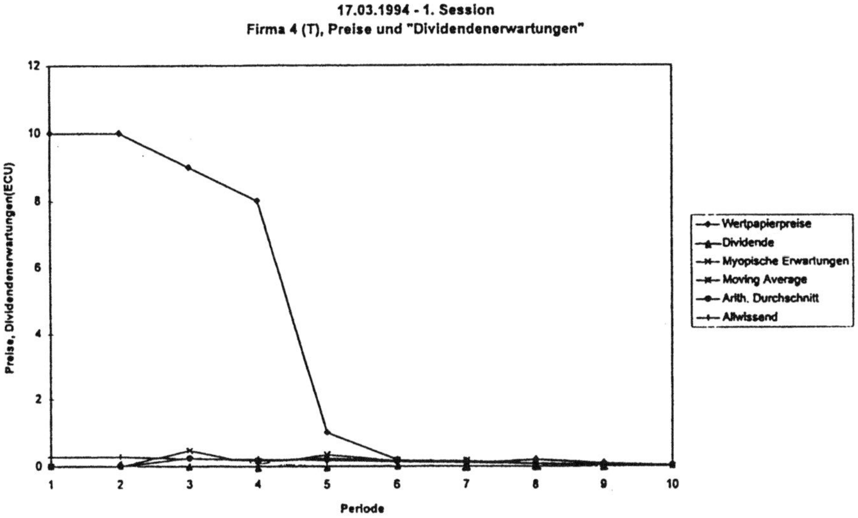

Abbildung 28: Wertpapierpreise der Firma 4 in Session 4a

Wir weisen hier ausdrücklich darauf hin, daß es sich bei Session 4a um eine Implementation der minimalen Informationsbedingung handelt; ohne hier noch weitere Seiten für ähnliche Plots zu verwenden, können wir jedoch feststellen, daß sowohl der beschriebene qualitative Verlauf wie auch die Höhe der Überbewertung absolut typisch für jedes andere Experiment mit unerfahrenen Teilnehmern mit *vollständiger Information* ist. Wir werden weiter unten im Zusammenhang mit dem Einfluß der Erfahrung weitere Beispiele des letzteren Falls zeigen.

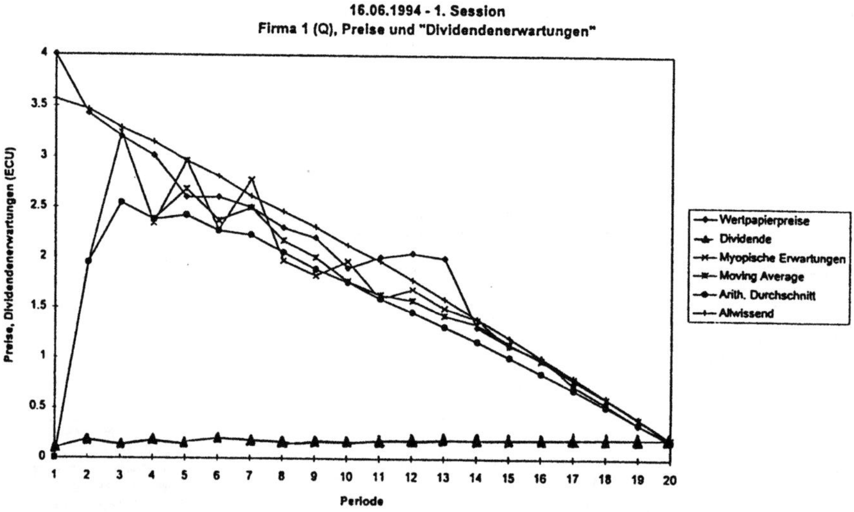

Abbildung 29: Wertpapierpreise der Firma 1 in Session 8a

Dem stellen wir in Abbildung 29 die Bewertung der Anteile an Firma 1 in Session 8a gegenüber. Hier handelt es sich um erfahrene Teilnehmer und ebenfalls vollständige Information. Ansonsten sind die Bedeutungen der gezeichneten Kurven, welche auch der Legende zu entnehmen sind, identisch mit jenen der beiden vorstehenden Figuren.

Wir beobachten in dem 20-periodigen Markt eine kaum zu überbietende Übereinstimmung zwischen dem fundamentalen Wert der Unternehmensanteile und ihrer Bewertung durch den Markt in allen Perioden außer einer quantitativ sehr geringfügigen "Blase" in de Perioden 12 und 13. Dieses Verhalten ist in allen anderen Experimenten mit erfahrenen Teilnehmern reproduzierbar.

In Abbildung 30 sind für beide Firmen gleichzeitig die festgestellten Marktpreise sowie ein Maß für die Dividendenerwartungen, hier ein gleitender Durchschnitt der letzten drei Perioden, zusammen eingezeichnet. Aufgrund

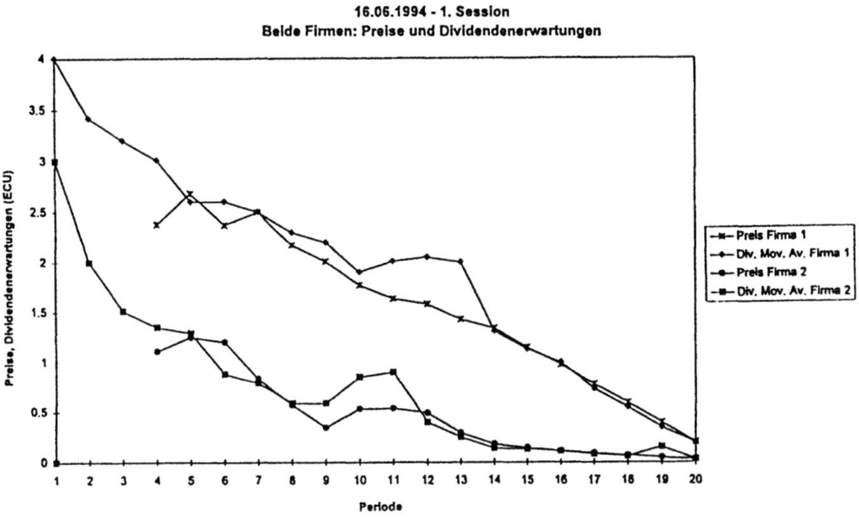

Abbildung 30: Wertpapierpreise beider Firmen in Session 8a

der unterschiedlichen Kostenfunktionen fallen auch die Dividenden beider Firmen sehr unterschiedlich hoch aus und führen zu ideal separierbaren Fundamentalwertverläufen, welche sich in den Preispfaden analog wiederspiegeln.

7.2.2.2 Lernverhalten

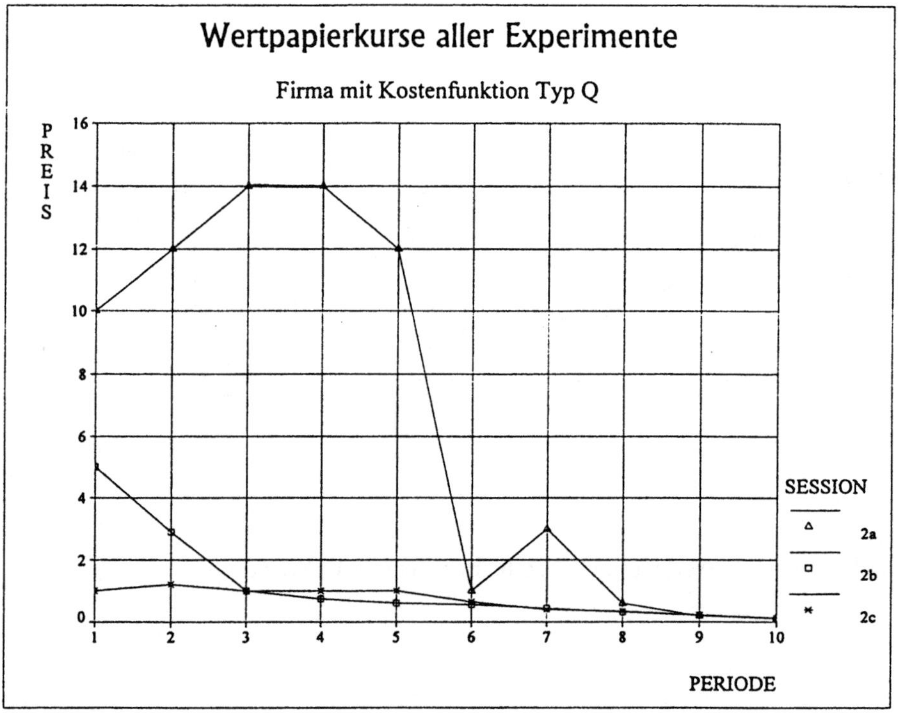

Abbildung 31: Wertpapierpreise der Firma 1 in den Sessions 2a-2c

Die Abbildungen 31 und 32 zeigen jeweils die Preisverläufe in drei aufeinanderfolgenden Sessions, 2a bis 2c, welche mit denselben Probanden stattfanden und jeweils 10 Perioden umfaßten.

Abbildung 31 läßt sich entnehmen, daß in der ersten der genannten Sessions — ohne Erfahrung — das bereits bekannte Verhalten mit einem stark überbewerteten, sogar noch steigenden Kurs (einer Blase) auftritt, welche von einem anschließenden Crash auf den Fundamentalwert von Periode 5 auf 6 zerstört wird; in Periode 7 entsteht sogar noch einmal eine quantitativ allerdings weit weniger ausgeprägte Kursblase, bevor die Bewertung in den Perioden 8 bis 10 dem fundamental determinierten Pfad folgt.

In Session 2b ist das Wertpapier in der ersten Periode nicht mehr zehnfach überbewertet, aber dennoch weit vom Fundamentalwert entfernt. Diesen erreicht der Preispfad nun allerdings bereits in Periode 3 und verläßt ihn auch nicht mehr.

In Session 2c schließlich, mit der Erfahrung aus zwei Sessions, setzt die Bewertung in der ersten Periode sofort beim fundamental begründeten Wert ein — sogar marginal unterbewertet — und unterscheidet sich während der gesamten zehn Handelsperioden nicht signifikant von diesem.

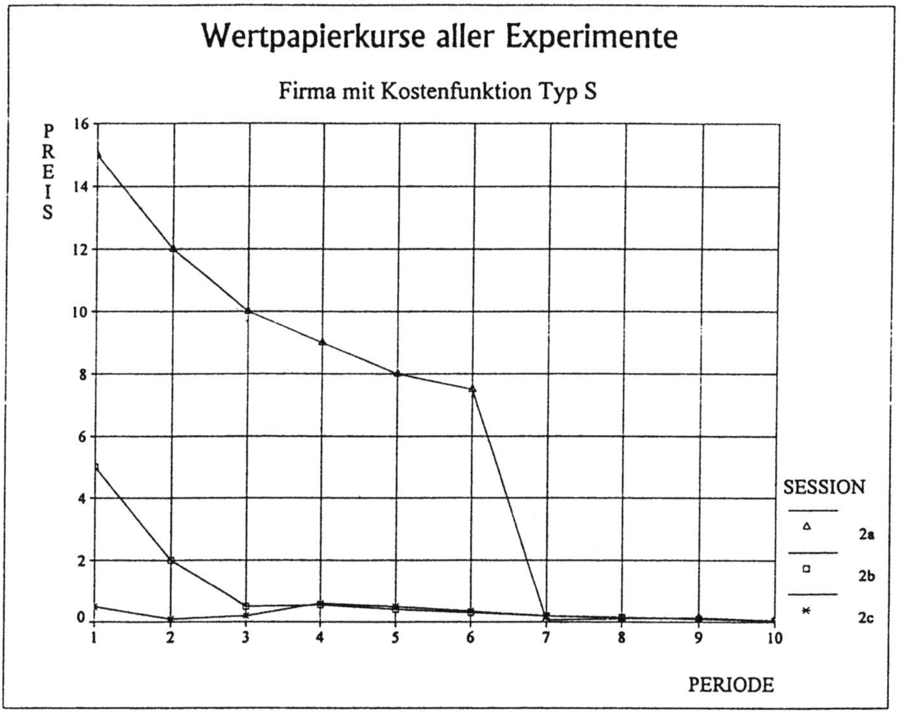

Abbildung 32: Wertpapierpreise der Firma 2 in den Sessions 2a-2c

Analoge Aussagen gelten für die in Abbildung 32 wiedergegebenen entsprechenden Kurven der Firma vom Typ S.

Wir können zunächst festhalten, daß die extrem starken Überbewertungen unerfahrener Teilnehmer bereits innerhalb einer Session nach wenigen

Perioden verschwinden, bei Replikation zu Beginn einer neuen Session jedoch wiederum auftreten, wenn auch quantitativ stark gedämpft. Bei einer zweiten Wiederholung ist hingegen spontan die fundamental begründete Bewertung zu beobachten.

Periode	mittlere Abweichung $p_{exp} - p_{theoretisch}$	Standardabweichung	Standardfehler	mittlere absolute Abweichung $\lvert p_{exp} - p_{theoretisch} \rvert$	Standardabweichung	Standardfehler
1	3,96	4,98	0,7423741	4,24	4,74	0,706597
2	3,61	4,52	0,6738014	3,88	4,28	0,6380243
3	3,21	4,11	0,6126822	3,49	3,86	0,5754144
4	2,73	3,55	0,5292024	2,99	3,33	0,4964068
5	1,79	2,80	0,4173991	2,08	2,58	0,3846034
6	1,05	1,84	0,2742908	1,31	1,66	0,247458
7	0,64	1,97	0,2936701	0,89	1,87	0,278763
8	0,52	2,08	0,3100679	0,77	2,00	0,2981422
9	0,29	2,06	0,3070865	0,50	2,02	0,3011236
10	-0,01	0,26	0,0387585	0,11	0,24	0,0357771

Tabelle 15: Absolute Abweichung der beobachteten von den theoretischen Wertpapierpreisen. Aggregiert über alle Sessions und Wertpapiere, nach Perioden.

Zur Überprüfung der Hypothese KM3 zeigt die Tabelle 15 die Mittelwerte der absoluten und betragsmäßigen Abweichungen der beobachteten Wertpapierpreise von den theoretisch vorhergesagten, aggregiert über alle Sessions und Wertpapiere, als Funktion der Periode. Zusätzlich sind die zugehörigen Standardabweichungen und -fehler angegeben. Die Tabelle spricht für sich, zusätzlich geben wir in Abbildung 33 noch eine graphische Darstellung der absoluten Abweichungen als Funktion der Periode, getrennt für die Fälle unerfahrener, erfahrener und zweifach erfahrener Teilnehmer.

7.2.2.3 Insiderinformationen

Für alle Sessions, in denen Insider präsent waren, wurden die Gesamtgewinne (Auszahlungen) sowie die auf dem Kapitalmarkt erzielten Gewinne (Handelsergebnis zuzüglich vereinnahmte Dividenden) für Insider und Nicht-Insider mit verschiedenen parametrisierten und nicht-parametrischen Tests auf Gleichheit untersucht. Es wurden keinerlei statistisch signifikante Abweichungen gefunden, so daß die Hypothese KM6 gleicher Renditen für beide Gruppen nicht abgelehnt werden kann.

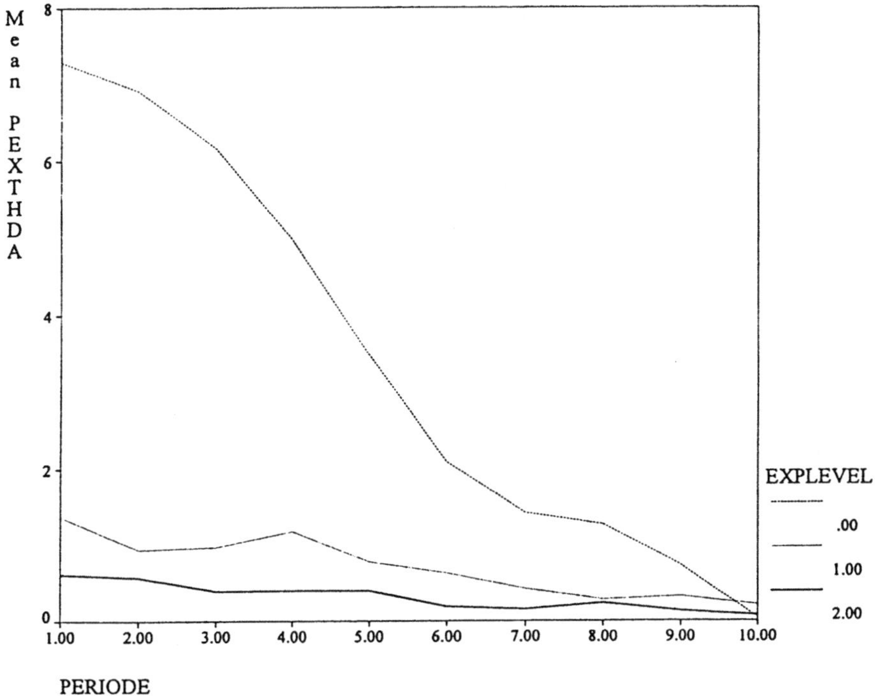

Abbildung 33: Absolute Abweichung der Wertpapierpreise vom theoretischen Wert, aggregiert über Sessions und Wertpapiere, als Funktion der Periode. Zusätzlich wurde nach dem Grad der Erfahrenheit der Probanden (unerfahren, einfach erfahren, zweifach erfahren) differenziert.

Zusätzlich soll erwähnt werden, daß neben der fehlenden Signifikanz der Ergebnisse, welche für die hier stets vorliegenden geringen Fallzahlen nahezu unvermeidlich ist, im Gegensatz zu vielen unserer anderen Analysen auch ungeachtet der statistischen Signifikanz keinerlei Muster zu beobachten ist. Vielmehr sind innerhalb der Gruppen sehr große Varianzen zu beobachten, die jene zwischen den Gruppen teilweise übersteigen; auch schneiden die "Insider", gemessen am Median oder Mittelwert, sogar häufiger schlechter ab als die "Nicht-Insider".

Ein systematischer Einfluß des Informationsvorsprungs auf die erzielbaren Kapitalmarktgewinne ist daher auszuschließen.

7.2.2.4 Fragebogen-Effekte

Um festzustellen, ob die Bearbeitung eines prä-experimentellen Fragebogens einen Einfluß auf den Rationalitätsgrad der Entscheidungen besitzt, untersuchen wir die einzigen für verschiedene Agenten einer Session (und damit eines Marktes) statistisch unabhängigen Variablen: die Gebote der ersten Periode.

Tabelle 16 gibt für die drei Sessions, in welchen eine Differenzierung der Probanden in solche mit und ohne Fragebogen durchgeführt wurde, Daten über die Höhe der Gebotspreise (in ECU) für den Gütermarkt und alle existierenden Firmen, getrennt für diese beiden Gruppen, und zwar in Form des Mittelwerts, der Standardabweichung und des Standardfehlers der jeweiligen (Sub-)Stichprobe. Außerdem geben wir jeweils das Signifikanzniveau eines t-Tests für zwei unabhängige Stichproben auf Gleichheit der Mittelwerte an.

Offensichtlich zeigt Tabelle 16 kein einheitliches Bild; eine Aggregation über alle Sessions oder gar über die verschiedenen (Güter- und Wertpapier-) Märkte ist natürlich unzulässig und außerdem aufgrund der verschiedenen Marktparameter sinnlos. Dennoch ist an den einzelnen Ergebnissen erkennbar, daß in 8 von 13 Fällen (deren Stichprobengröße jeweils zwischen 16 und 21 liegt) ein Unterschied in der erwarteten Richtung zu finden ist; die Abweichungen in der anderen Richtung sind allesamt nicht signifikant, während signifikante Abweichungen (mit Signifikanzniveaus von im besten Fall 7%) ausschließlich in den Fällen zu beobachten sind, wo die Probanden mit Fragebogen die — deutlich — niedrigeren ("rationaleren") Gebotspreise nannten.

7.2.2.5 Zusammenfassung

Anders als für den Gütermarkt ist die Varianz der Daten für die auf dem Kapitalmarkt interessierenden Größen beim gegebenen Stichprobenumfang zu gering, um wirklich statistisch signifikante Ergebnisse zu erhalten. Aus der Kombination graphischer Darstellungen, tabellarischer statistischer Analysen und weniger Tests sind aber folgende Aussagen über die in Abschnitt 7.1 formulierten Hypothesen zu rechtfertigen:

Session	Anzahl Beobach-tungen	Markt	mit / ohne Fragebogen	Mittelwert	Standard-abweichung	Standard-fehler	Signifikanz-niveau
3a	9	Güter	ohne	39,5444	50,180	16,727	0,259
	9		mit	18,7767	17,901	5,967	
	9	Firma Q	ohne	22,7322	32,047	10,810	0,119
	12		mit	4,7333	7,082	2,222	
	7	Firma R	ohne	18,1000	20,201	7,342	0,071 *
	12		mit	4,1778	7,671	1,950	
	9	Firma S	ohne	8,8889	10,130	3,377	0,192
	9		mit	3,4000	6,580	2,193	
	9	Firma T	ohne	6,4167	9,858	3,286	0,765
	9		mit	8,4000	16,920	5,640	
5	10	Güter	ohne	31,0000	63,233	19,996	0,395
	8		mit	58,6883	71,001	25,103	
	10	Firma Q	ohne	5,4500	6,220	1,967	0,979
	8		mit	5,3737	5,876	2,078	
	10	Firma R	ohne	4,2000	5,827	1,843	0,890
	8		mit	3,8000	6,168	2,181	
	10	Firma S	ohne	19,7000	29,014	9,175	0,152
	8		mit	3,8500	6,846	2,420	
	10	Firma T	ohne	4,4000	4,971	1,572	0,840
	8		mit	5,0000	7,426	2,625	
8a	8	Güter	ohne	10,4375	2,008	0,710	0,450
	8		mit	11,7767	4,441	1,570	
	8	Firma Q	ohne	3,0125	2,547	0,900	0,509
	8		mit	3,9796	3,135	1,108	
	8	Firma S	ohne	8,0000	9,955	0,639	0,197
	8		mit	3,3833	6,127	0,775	

Tabelle 16: Einfluß des prä-experimentellen Fragebogens

Hypothese KM1, Bewertung der Wertpapiere zu den Fundamentalwerten, ist für unerfahrene Agenten in den ersten Handelsperioden eindeutig zu verwerfen; für erfahrene Teilnehmer und/oder spätere Perioden sind die Daten mit der Hypothese vereinbar, großteils in perfekter Übereinstimmung.

Eine Regression der Preisdifferenzen auf die Dividenden der Vorperiode, welche im theoretischen Konkurrenzgleichgewicht einen Koeffizienten von -1 ergeben müßte, führte zu nahezu verschwindendem R^2 und Koeffizienten, die nicht signifikant von Null verschieden sind. Angesichts der im Vergleich zu den Dividendenhöhen extrem großen Preissprünge beim *crash* ist dies jedoch erklärlich. Bei einer Einschränkung der Analyse auf spätere Perioden erhält man einen größeren Beitrag zur erklärten Varianz, jedoch aufgrund der noch geringeren Stichprobengröße ebenfalls keine signifikanten Resultate. Für Hypothese KM2 findet sich damit keine Unterstützung.

Numerisch wie graphisch ist hingegen eindeutig gesichert, daß die absoluten und betragsmäßigen Abweichungen der beobachteten Wertpapierpreise von den fundamental begründeten mit steigender Periodenzahl gegen Null tendieren. KM3 ist damit nicht zu verwerfen, eine Alternativhypothese etwa in Form der Behauptung, die genannte Abweichung sei unabhängig von der Periode eine Zufallsgröße mit positivem Mittelwert, ist zumindest für spätere Perioden hochsignifikant abzulehnen. Dies ist eines der "harten" Resultate dieses Abschnitts, welches durch die gezeigten Kursverläufe zusätzlich bestätigt wird.

Hypothese KM4, wonach sich Informationsvorsprünge nicht profitabel zu Renditevorteilen nutzen lassen, ist nicht zu verwerfen; die (nicht zu einem signifikanten Resultat führenden) Daten stehen damit im Einklang und deuten sogar eher auf eine leichte Unterrendite der "Insider" hin (*"curse of knowledge"?*), die allerdings nicht signifikant von Null verschieden ist.

Eine Aussage über die Hypothese KM5, wonach auch bei minimaler Information im Sinne dieses Modells (private Information über Marktparameter) die fundamentale Bewertung erreicht wird, ist seriöserweise nicht möglich (es liegt *eine* Beobachtung für diesen Fall vor); wir können die Hypothese jedenfalls nicht ablehnen.

Hingegen konnten wir zufriedenstellend signifikante Unterstützung für die Ablehnung von Hypothese KM6 finden: Das Gebotsverhalten von Agenten, welche vor Beginn des Experiments einen entscheidungsvorbereitenden Fragebogen zu bearbeiten hatten, der zur intellektuellen Durchdringung und Strukturierung des Entscheidungsproblems anregen soll, unterscheidet sich deutlich von jenem der Kontrollgruppe und ist insofern im Mittel rationaler zu nennen, als die Abweichungen von den theoretischen Preisen weit geringer ausfallen.

Unsere generellen Ergebnisse der Analyse des Kapitalmarktgeschehens stehen in Übereinstimmung mit früheren Beobachtungen anderer Autoren, so etwa Smith [Smi94]:

"In fact, first-time participants in experiments of this sort — whether they are undergraduates, graduates, business persons, or stock traders — produce bell-shaped price bubbles starting below fundamental value, rising well above and crashing to near fundamental value in the last few periods. Trading volume is high. When subjects return for a second session, the price bubbles are dampened, and volume is reduced. When they return for a third session, trading tends to follow the decline in fundamental value, with very thin volume."

Eine kluge Frage ist
die Hälfte der Weisheit.
Francis Bacon

8 Fragestellungen künftiger Studien und Experimente

Wir verstehen diese Arbeit — und insbesondere die entworfene und hier vorgestellte Software — wie bereits betont als Grundlage für weiterführende Untersuchungen.[150] Je nach Erkenntnisziel und -richtung sind dafür weitere Auswertungen, zusätzliche Datenerhebungen oder auch Modifikationen an Software und/oder Modelldesign nötig.

8.1 Auf Basis der vorliegenden Daten

In Kapitel 7 wurden die vorliegenden experimentellen Befunde lediglich im Hinblick auf einige ausgewählte Fragestellungen analysiert; teilweise geschah dies auch nur exemplarisch für einen Teil der Sessions. Neben einer kompletten Auswertung aggregierter Daten bezüglich der im Abschnitt 3 angesprochenen Problemkomplexe für die gesamte Stichprobe ließen sich vor allem auch die Individualdaten zu zahlreichen weiteren Untersuchungen heranziehen.

Über die betrachteten Einflüsse von Informationsvorsprüngen ("Insider-Informationen") sowie von entscheidungsvorbereitenden Instrumenten (hier den prä-experimentellen Fragebögen) auf den Rationalitätsgrad der Gebote hinaus wäre dabei u.a. an folgende Gesichtspunkte zu denken:

- Welche Faktoren bestimmen die (angestrebte und realisierte) Zusammensetzung der jeweiligen Portfolios?
- Wie könnte eine geeignete Beschreibung des Lernverhaltens der Probanden aussehen?
- Sind systematische Beziehungen zwischen den zugeordneten Kosten- bzw. Verwendungswertfunktionen und den realisierten Auszahlungen erkennbar, oder dominieren individuelle Verhaltensunterschiede?
- Lassen sich durch Auswertung der Persönlichkeitsmerkmale (16-PA) Einflußfaktoren für das Entscheidungsverhalten isolieren?

Wie bereits in Kapitel 7 dargelegt, ist angesichts des bescheidenen Stichprobenumfangs und der für viele Fragestellungen fehlenden statistischen

[150] Die Weitergabe des erstellten Programmpakets *ProCEED* im Rahmen von Kooperationen ist geplant.

Unabhängigkeit damit zu rechnen, daß das vorliegende Datenmaterial für hochsignifikante Aussagen nicht ausreicht.

8.2 Auf Basis der vorliegenden Software

Zentrales Anliegen weiterer Experimente auf der Basis des entwickelten Modells, welche ohne Änderungen an der existierenden Software vorgenommen werden können, wird sicherlich die Vertiefung, Quantifizierung und besser fundierte statistische Absicherung der hier präsentierten Beobachtungen sein: Zur Durchführung von Hypothesentests mit zufriedenstellenden Signifikanzniveaus ist die Gewinnung umfangreicherer Datensamples unumgänglich.

Darüber hinaus bietet sich bei der Planung solcher weiterführenden Studien die Gelegenheit, die Auswirkungen verschiedener bereits implementierter Variationsmöglichkeiten zu untersuchen, welche zum Teil weiter oben[151] angedeutet wurden, etwa

- Zeitpunkt und Empfängerkreis der Information über aggregierte Gütermarktergebnisse der jeweiligen Periode,
- Grad und Empfängerkreis von Informationen über individuelle Gütermarktergebnisse, insbesondere über die Umsätze einzelner Firmen,
- Umfang der Informationen über Gewinne und Dividenden der Unternehmen,
- Zahl bzw. Anteil ggf. existierender "Insider" unter den Kapitalmarktteilnehmern,
- Auswahl der "veröffentlichten" Kapitalmarktdaten (Preise, Volumen, Marktlage, Angebots- und Nachfragefunktionen),
- Zuweisungsmodus ("statisch" oder "dynamisch") der Kosten- und Verwendungswertfunktionen,
- Umfang der Informationen über die realisierten Funktionen, oder
- Zugangsrestriktionen für die Märkte (Handelsverbot für eigene Wertpapiere, Ausschluß der Unternehmer vom Wertpapiermarkt, vollständige Trennung der Marktteilnehmer).

Selbstverständlich erhebt diese Aufzählung keinen Anspruch auf Vollständigkeit. Außer den genannten Design-Effekten lassen sich z.B. auch "Anomalien" wie der *volume effect*[152] untersuchen, welcher einen Zusammenhang zwischen

[151] Vgl. hierzu vor allem die in Abschnitt 4.2.3 skizzierten denkbaren Veränderungen der Informationsbedingungen.

[152] Bezüglich des *volume effects* vgl. etwa Güth, Krahnen und Rieck [GKR92].

der relativen Größe von Kursänderungen und dem damit verbundenen Handelsvolumen unterstellt, weiterhin der Einfluß der Anfangsausstattung *(endowment effect)*[153] oder die These, daß "Kursgewinner zu früh verkauft, -verlierer zu lange gehalten" werden *(disposition effect)*[154].

8.3 Mittels Software- oder Modellerweiterungen

Sinnvollerweise kann uns nicht daran gelegen sein, die aus *tiefgreifenden* Änderungen am theoretischen "Modell zweier Märkte" oder der M2M-Software resultierenden Forschungsperspektiven zu diskutieren, da diese prinzipiell kaum begrenzt sind; es ist eine Tautologie, daß beliebige Änderungen und Erweiterungen ebenso beliebige Modifikationen in der Funktionalität erlauben.

Statt dessen soll lediglich noch eine Stoßrichtung angedeutet werden, welche mit geringem Aufwand verfolgt werden könnte: Ein bisher weitgehend unbearbeitetes Feld liegt im Entwurf und der Verifikation verhaltenstheoretisch motivierter, deskriptiv erfolgreicher Lern- und Entscheidungstheorien für komplexe ökonomische Situationen, welche hier ohne Zweifel vorliegen.

Dazu dürfte eine detaillierte Erhebung der den Probanden zugänglichen, vor allem aber der von ihnen *de facto* genutzten Informationen erforderlich sein. In unseren Experimenten erfolgt der gesamte Informationszugang vollständig programmgesteuert, d.h. konkret: bestimmte Informationen werden zu festgelegten Zeitpunkten an festgelegte Entscheider übermittelt, andere sind per Menüauswahl verfügbar. Es wäre eine absolut unproblematische Erweiterung der Programme, neben den eigentlichen Entscheidungen auch Zeitpunkt, Häufigkeit und Dauer aller Informationsabrufe der Versuchspersonen zu erfassen und der Auswertung zugänglich zu machen und so die benötigten Daten zur Verfügung zu stellen.

---

[153]Zur systematischen Variation der Erstausstattung stehen die weiter oben beschriebenen individuellen Profildateien zur Verfügung; von dieser Möglichkeit wurde jedoch in den bisher durchgeführten Experimenten kein Gebrauch gemacht.

[154]Vgl. Weber und Camerer [WC91].

It is not his possession of knowledge, or irrefutable truth, that makes the man of science, but his persistent and critical quest for truth.

Karl Popper

9 Diskussion, Zusammenfassung und Ausblick

Ausgangspunkt dieser Arbeit war die Feststellung, daß einerseits empirische Tests der zur Zeit diskutierten Kapitalmarktmodelle häufig an der Komplexität realer Kapitalmärkte scheitern, weil die benötigten Daten aus teils praktischen, teils prinzipiellen Gründen nicht zu erheben sind, andererseits experimentellen Untersuchungen bisher sehr stark stilisierte und reduzierte Modelle zugrundeliegen, welche wesentliche Eigenschaften solcher Märkte möglicherweise nicht einzufangen in der Lage sind.

Darauf aufbauend entwickelten wir die Aufgabenstellung, ein theoretisches Modell zu entwerfen, das die realwirtschaftliche Fundierung und andere zentrale Aspekte börsennotierter Wertpapiere, wie etwa die freie Preisbildung, adäquat abbildet und dennoch einer experimentellen Implementierung zugänglich ist.

Dies bedeutete den Versuch, durch eine (spiel-)theoretische Analyse zu einer normativen Lösung für rationale Entscheider wenigstens für eine experimentell überprüfbare Teilklasse des allgemeinen Modells zu gelangen und gleichzeitig ein Programmsystem zu konzipieren und zu realisieren, das die Untersuchung tatsächlichen menschlichen Verhaltens in einer solchen Umgebung in Form eines Computerexperiments erlaubt.

Diese beiden Schwerpunkte wurden mit der Durchführung entsprechender Experimente, der Dokumentation der dabei gesammelten Daten und ersten Auswertungen der Ergebnisse ergänzt.

Dabei wurde folgendermaßen vorgegangen: Nach einer Darstellung der wesentlichen Grundlagen der Spieltheorie, der Kapitalmarkttheorie und der experimentellen Wirtschaftsforschung erfolgte zunächst eine Diskussion der mit dieser Arbeit angestrebten oder anstrebbaren Erkenntnisziele und eine Einordnung in die verwandte Literatur.

In Kapitel 4 wurde dann eine detaillierte Definition und Diskussion des hier entwickelten Modells zweier Märkte gegeben, dessen zentrales innovatives Element in der Endogenisierung der den Wertpapieren zugrundeliegenden Zahlungsströmen mittels der Ausschüttung von Gütermarktgewinnen als Dividendenzahlungen liegt.

Wie wir sahen, läßt sich bei der Modellspezifikation weitgehend auf parameterreiche exogen determinierte Ersatzkonstruktionen für strategisches Verhalten verzichten; so benötigen wir weder fiktive Angebots- und Nachfragefunktionen noch spezielle Marktkonstellationen, und insbesondere auf dem Kapitalmarkt keine Lotterien, stochastische Rückzahlungswerte, vorgegebene Preispfade oder ähnliches. Vielmehr sind Produzenten, Konsumenten und Investoren frei, im Rahmen der verfügbaren Ausstattung mit finanziellen Mitteln und Wertpapieren entsprechend ihren individuellen Präferenzen und Erwartungen zu agieren; alle Preise entstehen endogen durch markträumende Auktionsmechanismen. Die Informationsbedingungen der Marktteilnehmer sowie verschiedene andere Details des — mehrperiodigen — Modells sind variierbar.

In Kapitel 5 leiteten wir mittels des Konzepts der Teilspielperfektheit die spieltheoretische Lösung des Modells unter vollständiger Information und Trennung der Marktteilnehmer ab, skizzierten die durch unvollständige Information und Marktüberschneidungen entstehenden Modifikationen, und berechneten die vom teilspielperfekten Gleichgewicht für den lösbaren Fall implizierten Größen der Güter- und Kapitalmarktvariablen für die im Experiment realisierten Konstellationen.

Neben einigen generellen Ausführungen zur Methodik der experimentellen Wirtschaftsforschung und zu spezifischen Aspekten der durchgeführten Experimentserie nimmt in Kapitel 6 die Darstellung des Konzepts und der Implementierung eines Softwarepakets eine zentrale Stellung ein, welches nicht nur die Durchführung von Untersuchungen zu dem hier interessierenden Problemkreis ermöglicht, sondern vollständig computergestützte Experimente zu einer sehr breit angelegten Palette denkbarer wirtschaftswissenschaftlicher Fragestellungen erlaubt und dazu auch bereits eingesetzt wurde. Dies eröffnet die Chance zu einer neuen Qualität experimenteller Wirtschaftsforschung.

In Kapitel 7 wurden Hypothesen über die erwarteten experimentellen Resultate formuliert, bevor ausgewählte Beobachtungen und erste Schlußfolgerungen aus den im Rahmen dieser Arbeit erhobenen Daten vorgestellt wurden. Obwohl, wie mehrmals betont, eine deutlich umfangreichere Datenbasis für statistisch besser gesicherte Aussagen dringend erforderlich ist, lassen sich u.a. folgende Beobachtungen festhalten:

- Die auf den Gütermärkten zustandekommenden Preise werden trotz der im Experiment stets verwendeten vollständigen Marktüberschneidung durch ein Konkurrenzgleichgewicht (Walrasianisches Gleichgewichtsmodell) hinreichend genau beschrieben. Dies gilt auch hinsichtlich der Umsätze, sobald die Marktteilnehmer Erfahrung (mit einigen Perioden oder in einer Replikation des Experiments) erworben haben.

- Aus dem Gesagten ergibt sich, daß sich unter diesen Bedingungen auch die allokative Effizienz der Gütermärkte jener des Konkurrenzgleichgewichts nähert.

- Selbst im Falle "minimaler Information", die durch ausschließlich private Kenntnis der maßgeblichen Kosten- und Verwendungswertfunktionen gekennzeichnet ist, fallen die diesbezüglichen Ergebnisse nur unwesentlich schlechter aus. Diese zunächst erstaunlich scheinende Tatsache bestätigt die Signalfunktion des Marktpreises (Informationsaggregation des Marktes), welche durch die gewählte institutionelle Regelung (simultane zweiseitige Auktion mit Preis- und Mengenspezifikation) zumindest unterstützt wird.

- Die zu beobachtenden Wertpapierpreise stehen im Einklang mit der durch den Gegenwartswert des erwarteten Dividendenstroms implizierten Vorhersage. Im Falle unerfahrener Marktteilnehmer gilt diese Aussage erst nach einigen Perioden, während bei erfahrenen Investoren und entsprechenden Informationsbedingungen bereits in der ersten Marktperiode der — in diesem Sinne — theoretische Gleichgewichtspreis erzielt wird.

- Informationsvorsprünge im Sinne der definierten "Insider-Informationen" fließen zwar in den Markt ein, können von den "Insidern" jedoch nicht effektiv in Performance-Vorteile (Überrenditen) transformiert werden; im Gegenteil schneiden diese Marktteilnehmer in vielen Experimenten sogar unterdurchschnittlich ab.[155]

- Durch entscheidungsvorbereitende Instrumente, etwa prä-experimentelle Fragebögen, welche ein strukturiertes Durchdenken der Entscheidungssituation vor Fälligkeit der realen Entscheidungen initiieren, läßt sich der Rationalitätsgrad des beobachtbaren Verhaltens erhöhen,[156] was sich z.B. in "angemesseneren" Geboten zeigt. Auch hier sind jedoch nicht genügend Daten vorhanden, um statistisch gesicherte Auswirkungen nachzuweisen.

- Auf beiden Partialmärkten ist "Lernverhalten" festzustellen: Mit fortschreitender Vertrautheit der Versuchspersonen mit der experimentellen Umgebung nimmt die Effizienz des Gütermarkts zu und die Übereinstimmung zwischen realen Wertpapierpreisen und den Vorhersagen des Konkurrenzgleichgewichts, d.h. den "fundamental" begründeten Werten, steigt beträchtlich.

---

[155] Es sollte allerdings erneut darauf hingewiesen werden, daß die Effekte nicht statistisch signifikant sind.

[156] Diese Aussage gilt nur, sofern die Prämisse akzeptiert wird, daß individuell rationale Lösungen (Nash-Gleichgewichte) in den implementierten Situationen zumindest näherungsweise durch das Konkurrenzgleichgewicht beschrieben werden.

Angesichts der in zahllosen experimentellen Studien belegten Tatsache, daß menschliche Entscheider selbst die grundlegendsten Axiome der Entscheidungs- und Spieltheorie — oder allgemeiner: unverzichtbare Rationalitätsanforderungen — persistent verletzen, zeigen zumindest wir uns überrascht von der offenbaren Fähigkeit der Probanden, eine von nicht geringer Komplexität geprägte Entscheidungssituation zu erfassen und nach einer relativ kurzen Lernphase ein Entscheidungsverhalten zu zeigen, welches näherungsweise individuell rationale und effiziente Resultate produziert und auch keine besorgniserregende Instabilität gegenüber Änderungen der Informationsbedingungen oder ähnlichen Modellvariationen aufweist. Märkte, Auktionen, erweisen sich hier — erneut — als hocheffizientes Koordinationsinstrument.

Selbstverständlich sind wir uns darüber im Klaren, daß zu einer Verallgemeinerung und Erhärtung der hier vorgetragenen Thesen noch umfangreiche weitere Arbeiten erforderlich sind. Diese haben wir, soweit die experimentelle Seite betroffen ist, im letzten Kapitel zu skizzieren versucht und einige Hinweise für mögliche Erweiterungen in verschiedene Richtungen gegeben, von denen wir die Konstruktion einer verhaltenswissenschaftlich fundierten und deskriptiv verwertbaren Theorie der Erwartungsbildung, oder allgemeiner des Lernens, hervorheben möchten.

Eine solche Theorie wäre neben vielem anderen auch nötig, um das vorgestellte Modell für den Fall unvollständiger Information mit einer expliziten Hypothese zur Erwartungsbildung anzureichern; nur so könnte die Suche nach einer eindeutigen Lösung auch für diesen Fall erfolgversprechend durchgeführt werden.[157] Allerdings stimmen uns z.B. die sogar unter unvollständiger Information und Marktüberschneidung beobachteten Resultate zuversichtlich, daß hinsichtlich der Marktergebnisse — nicht des individuellen Verhaltens — keine starken Abweichungen vom Gleichgewicht rationaler Erwartungen im Sinne des Konkurrenzgleichgewichts zu erwarten wären, zumindest wenn die Mehrzahl der Marktteilnehmer mit der Entscheidungssituation (bereits) grundsätzlich vertraut ist.

Dies bringt uns zurück zu dem weiter oben angesprochenen Fragenkomplex, wie realistisch (deskriptiv erfolgreich) die üblichen Rationalitätsanforderungen einzuschätzen sind, inwieweit sie zur Erzielung effizienter Ergebnisse benötigt werden, und welche Rolle *common knowledge* dabei spielt. Unsere Ergebnisse stehen in vollständiger Übereinstimmung mit den Antworten, die

[157] Damit haben wir nur einen der zahlreichen Punkte dieser Arbeit angedeutet, welcher künftigen Untersuchungen vorbehalten bleiben muß. Ein anderer könnte darin zu sehen sein, daß wir uns im Hinblick auf die gefaßte Zielsetzung nicht bemüht haben, für alle Varianten des Modells sämtliche ***Strategienkombinationen*** (vgl. dazu Kapitel 5) vollständig anzugeben, welche zu einem (Nash-)Gleichgewicht führen, sondern uns auf das von diesen implizierte ***Resultat*** im Sinne von Preisen, Mengen und Auszahlungen beschränkten. Dies gilt erst recht für die Analyse denkbarer Gleichgewichte in ***gemischten*** Strategien und den Fall der Marktüberschneidung, der in der Literatur bisher — nicht grundlos — mit Respekt behandelt wurde.

Vernon Smith in den bereits genannten Übersichtsartikel "Economics in the Laboratory" [Smi94] auf die Frage "What Have Economists Learned from Experiments?" gibt, und wir wollen Smith daher zum Schluß noch einmal selbst — in Form seiner Kapitelüberschriften — zu Wort kommen lassen: *"Institutions Matter"*, *"Unconscious Optimization in Market Interactions"*, *"Information: Less Can Be Better"* und *"Common Information is Not Sufficient to Yield Common Expectations or 'Knowledge'"*. Unter dem letztgenannten Titel ist u.a. zu finden:

> *"These experiments illustrate that participants come to have common expectations by experience, not by being given common information and then reasoning that others will expect prices to be near fundamental value. Unless players have common expectations of behavior in later periods, they cannot reason backwards to the present."*

Selbst bei vollständiger Information und *common knowledge* ist also nicht zu erwarten, eine perfekte und sofortige Übereinstimmung zwischen Vorhersage und Realisation zu beobachten, weil auch *rationale Entscheider* die Möglichkeit in Betracht ziehen, mit *eingeschränkt oder nicht rational handelnden "Gegenspielern" konfrontiert zu sein* — wie sich zeigt, nicht völlig zu unrecht.[158] Erst *common experience* führt schließlich zur Konvergenz in Richtung auf die rationale Lösung, wobei der *Prozeß* der Konvergenz im Gegensatz zu ihrem Endpunkt noch einer überzeugenden theoretischen Beschreibung harrt.

Die zusammenfassende Antwort auf die Titelfrage könnte also lauten: "Spekulanten, die zu Spielern werden".

[158]Hier öffnet sich gleichzeitig das Feld für den Erklärungsbeitrag des *noise trader* - Ansatzes, da ein — wenn auch mit zunehmender Erfahrung stark sinkender — Anteil von Investoren offenbar persistiert, dessen Verhalten mit rationalen Erwartungen nicht im Einklang steht.

Anhang

A Verwendete Funktionen und Parameter

Für die realisierten Experimente wurden $n_c = 4$ Typen von Verwendungswertfunktionen und $n_f = 4$ Typen von Kostenfunktionen definiert, welche je nach Teilnehmerzahl und Untersuchungsziel der konkreten Session entweder ein- oder mehrfach (maximal siebenfach) besetzt wurden; in einigen Experimenten wurden nicht alle definierten Funktionen eingesetzt. Details sind der Tabelle 11 zu entnehmen. Die Verwendungswertfunktionen der Konsumenten sind die folgenden:

$$u_1(q_1) := -80 + 85\sqrt{q_1}$$
$$u_2(q_2) := -70 + 80\sqrt{q_2}$$
$$u_3(q_3) := -10 + 55\sqrt{q_3}$$
$$u_4(q_4) := -5 + 50\sqrt{q_4}$$

Diese sind so gewählt, daß über den ganzen Definitionsbereich, welcher von $q_i = 0$ bis zur Kapazitätsgrenze $D_i = 20$ Stück (für alle i) reicht, positive und fallende Grenzverwendungswerte vorliegen. Graphische Darstellungen der Durchschnitts-, Grenz- und Gesamtverwendungswerte sind auf der folgenden Seite zu finden. Die Funktionen u_1 und u_2 einerseits sowie u_3 und u_4 andererseits sind jeweils nahezu identisch; aufgrund der höheren "Fixkosten" (negativer Verwendungswert bei Nichtkonsum) und gleichzeitig höheren Koeffizienten liegen die Durchschnittsverwendungswerte der beiden ersten Typen bei niedrigen Stückzahlen zunächst niedriger, später (bei höheren Stückzahlen) höher als jene der beiden letzten.

Die definierten Kostenfunktionen lauten:

$$c_1(q_1) := 35 + 3.0\, q_1 + 0.04\, q_1^2 - 0.0010\, q_1^3 + 0.000017\, q_1^4$$
$$c_2(q_2) := 30 + 2.7\, q_2 + 0.04\, q_2^2 - 0.0010\, q_2^3 + 0.000016\, q_2^4$$
$$c_3(q_3) := 50 + 7.5\, q_3 + 0.027\, q_3^2 - 0.0008\, q_3^3 + 0.000008\, q_3^4$$
$$c_4(q_4) := 40 + 8.5\, q_4 + 0.027\, q_4^2 - 0.0008\, q_4^3 + 0.000008\, q_4^4$$

Für diese gelten zu den obigen Feststellungen analoge Aussagen: Alle Funktionen weisen im Definitionsbereich zwischen $q_i = 0$ und der Kapazitätsgrenze $S_i = 100$ Stück (für alle i) positive und steigende Grenzkosten auf. Für die Funktionen c_1 und c_2 nehmen die Stückkosten ein deutlich niedriger liegendes Minimum an als für die beiden anderen, steigen dafür jedoch bei steigenden Stückzahlen wesentlich schneller an, so daß die Betriebsoptima bei sehr unterschiedlichen Mengen liegen. Stück-, Grenz- und Gesamtkostenverläufe sind auf der nächsten Seite dargestellt.

Durchschnittsverwendungswert

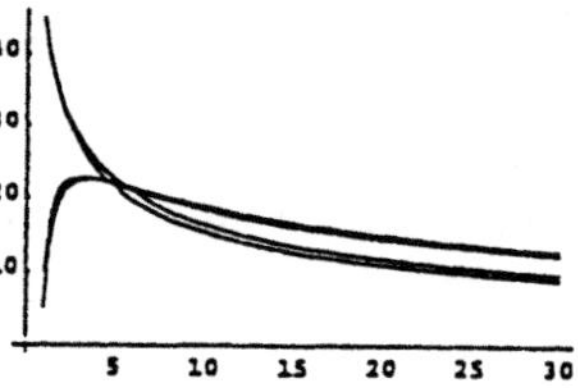

Grenzverwendungswert

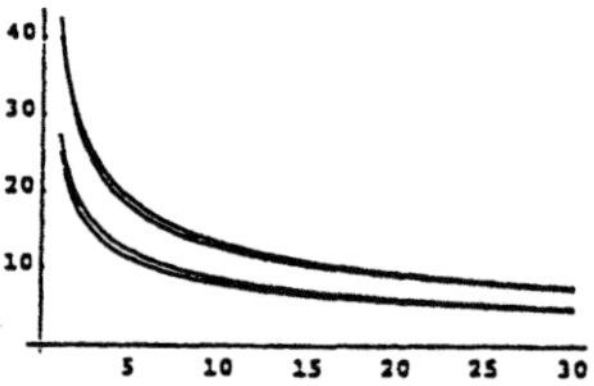

Gesamtverwendungswert

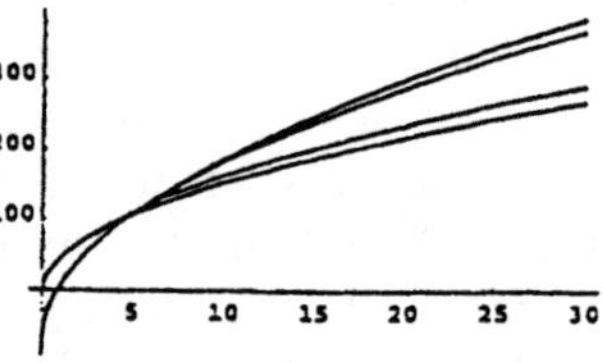

Stückkosten

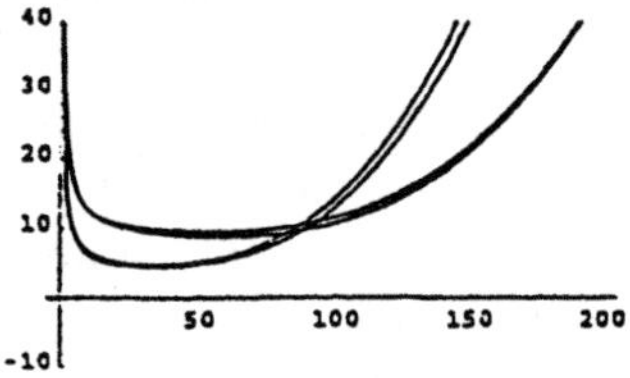

Grenzkosten

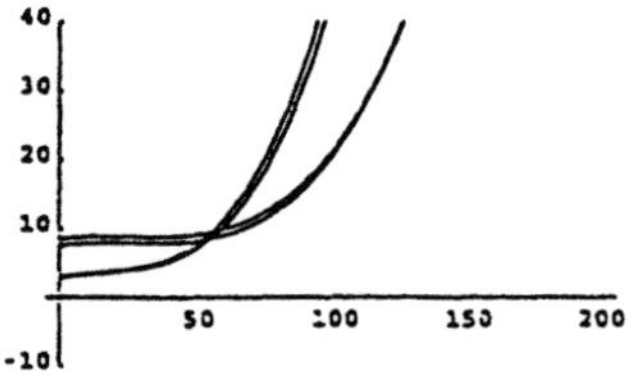

Gesamtkosten

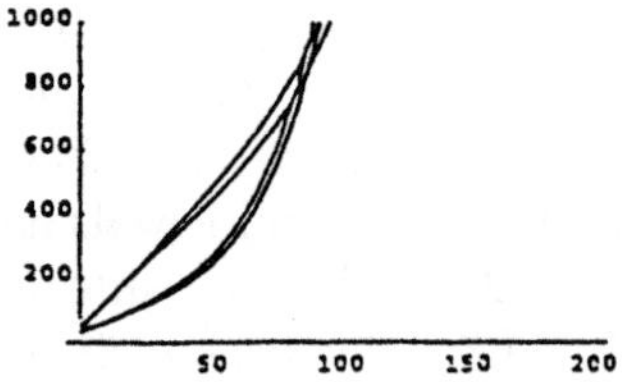

B Berechnungen mit Mathematica


```
(* file name: DEFPART.M  *)

(* ALL NECESSARY FUNCTIONS AND DEFINITIONS *)
(* FOR THE COMMODITY MARKET *)

(* NO PLOTS INCLUDED! *)


(* ---------------------------------------------------------------
-- *)
(* Cost functions and aggregate supply *)
(* ---------------------------------------------------------------
-- *)

c1[x_]  := 35 + 3.0 x + 0.04  x^2 - 0.0010 x^3 + 0.000017  x^4
c2[x_]  := 30 + 2.7 x + 0.04  x^2 - 0.0010 x^3 + 0.000016  x^4
c3[x_]  := 50 + 7.5 x + 0.027 x^2 - 0.0008 x^3 + 0.000008 x^4
c4[x_]  := 40 + 8.5 x + 0.027 x^2 - 0.0008 x^3 + 0.000008 x^4

xs1max=100;
xs2max=100;
xs3max=100;
xs4max=100;

c1p[x_]=D[c1[x],x];
c2p[x_]=D[c2[x],x];
c3p[x_]=D[c3[x],x];
c4p[x_]=D[c4[x],x];

c1pr=Solve[c1p[x]==y,x];

Length[c1pr]

s11[y_]=c1pr[[1,1,2]]
s12[y_]=c1pr[[2,1,2]]
s13[y_]=c1pr[[3,1,2]]


ps1max=Solve[s11[p]==xs1max] [[1,1,2]]
ps1min=Solve[s11[p]==0] [[1,1,2]]


s1[p_]:=0       /; 0 <= p <= ps1min
s1[p_]:=s11[p] /; ps1min < p <= ps1max
s1[p_]:=xs1max /; p>ps1max
```

DEFPART.M Seite 2

```
(*
Plot[{s1[z],c1p[z],z},{z,0,120},PlotRange->{{0,120},{0,120}},
AxesLabel->{"p","s1(p)"}, AspectRatio->1]
*)

c2pr=Solve[c2p[x]==y,x];

Length[c2pr]

s21[y_]=c2pr[[1,1,2]]
s22[y_]=c2pr[[2,1,2]]
s23[y_]=c2pr[[3,1,2]]


ps2max=Solve[s21[p]==xs2max] [[1,1,2]]
ps2min=Solve[s21[p]==0] [[1,1,2]]
ps2max=Chop[ps2max,10^-6]

s2[p_]:=0       /; 0 <= p <= ps2min
s2[p_]:=s21[p] /; ps2min < p <= ps2max
s2[p_]:=xs2max /; p>ps2max

(*
Plot[{s2[z],c2p[z],z},{z,0,120},PlotRange->{{0,120},{0,120}},
AxesLabel->{"p","s2(p)"}, AspectRatio->1]
*)

c3pr=Solve[c3p[x]==y,x];

Length[c3pr]

s31[y_]=c3pr[[1,1,2]]
s32[y_]=c3pr[[2,1,2]]
s33[y_]=c3pr[[3,1,2]]

ps3max=Solve[s31[p]==xs3max] [[1,1,2]]
ps3min1=Solve[s31[p]==0] [[1,1,2]]
ps3min2=Solve[s32[p]==0] [[1,1,2]]
ps3min3=Solve[s33[p]==0] [[1,1,2]]

ps3min=Chop[ps3min1,10^-6]

NSolve[s31[x]-s32[x]==0,x]
ppp=%;
ppp1=Chop[N[ppp[[1,1,2]]],10^-20]
ppp2=Chop[N[ppp[[2,1,2]]],10^-20]
```

DEFPART.M Seite 3

```
(* Bemerkung: s31 über ppp1, s32 unter ppp2, s33 von ppp2 bis ppp1

s3[p_]:=0        /; 0 <= p <= ps3min
s3[p_]:=s32[p] /; ps3min < p <= ppp2
s3[p_]:=s33[p] /; ppp2 < p <= ppp1
s3[p_]:=s31[p] /; ppp1 < p <= ps3max
s3[p_]:=xs3max /; p>ps3max

(*
Plot[{s3[z],c3p[z],z},{z,0,120},PlotRange->{{0,120},{0,120}},
AxesLabel->{"p","s3(p)"}, AspectRatio->1]
*)

c4pr=Solve[c4p[x]==y,x];

Length[c4pr]

s41[y_]=c4pr[[1,1,2]]
s42[y_]=c4pr[[2,1,2]]
s43[y_]=c4pr[[3,1,2]]

(*
Plot[{Re[s41[z]]},{z,0,120},PlotRange->{{0,120},{0,120}},
AxesLabel->{"p","s4(p)"}, AspectRatio->1]
*)

(*
Plot[{Re[s42[z]]},{z,0,120},PlotRange->{{0,120},{0,120}},
AxesLabel->{"p","s4(p)"}, AspectRatio->1]
*)

(*
Plot[{Re[s43[z]]},{z,0,120},PlotRange->{{0,120},{0,120}},
AxesLabel->{"p","s4(p)"}, AspectRatio->1]
*)

(*
Plot[{Re[s41[z]],Re[s42[z]],Re[s43[z]]},{z,0,120},PlotRange->{{0,1
,{0,120}},
AxesLabel->{"p","s4(p)"}, AspectRatio->1]
*)

qqq=NSolve[s41[x]-s42[x]==0,x]

Length[qqq]
```

01.07.1994, 21:19 Uhr

```
qqq1=Chop[N[qqq[[1,1,2]],40] ,10^-15]
qqq2=Chop[N[qqq[[2,1,2]],40] ,10^-15]

ps4max=Solve[s41[p]==xs4max,p] [[1,1,2]]
ps4min1=Solve[s41[p]==0,p] [[1,1,2]]
ps4min2=Solve[s42[p]==0,p] [[1,1,2]]
ps4min3=Solve[s43[p]==0,p] [[1,1,2]]
ps4min=ps4min1

s4[p_]:=0       /; 0 <= p <= ps4min
s4[p_]:=s42[p] /; ps4min < p <= qqq2
s4[p_]:=s43[p] /; qqq2 < p <= qqq1
s4[p_]:=s41[p] /; qqq1 < p <= ps4max
s4[p_]:=xs4max /; p>ps4max

(*
Plot[{s4[z],c4p[z],z},{z,0,120},PlotRange->{{0,120},{0,120}},
AxesLabel->{"p","s4(p)"}, AspectRatio->1]
*)

stot[sn1_,sn2_,sn3_,sn4_,z_]:=sn1 s1[z]+ sn2 s2[z]+ sn3 s3[z]+ sn4
[z]

(*
Plot[{stot[1,1,1,1,z]},{z,0,70},PlotRange->{{0,80},{0,480}},
AxesLabel->{"p","s_tot(p)"}, AspectRatio->1]
*)



(* -------------------------------------------------------------
-- *)
(* Utility functions and aggregate demand *)
(* -------------------------------------------------------------
-- *)

u1[x_] := - 80 + 85   Sqrt[x]
u2[x_] := - 70 + 80   Sqrt[x]
u3[x_] := - 10 + 55   Sqrt[x]
u4[x_] := -  5 + 50   Sqrt[x]

u1p[x_]=D[u1[x],x]
u2p[x_]=D[u2[x],x]
u3p[x_]=D[u3[x],x]
u4p[x_]=D[u4[x],x]
```

DEFPART.M Seite 5

```
Solve[u1p[x]==y,x]

u1pr[y_]=Solve[u1p[x]==y,x]  [[1,1,2]]
u2pr[y_]=Solve[u2p[x]==y,x]  [[1,1,2]]
u3pr[y_]=Solve[u3p[x]==y,x]  [[1,1,2]]
u4pr[y_]=Solve[u4p[x]==y,x]  [[1,1,2]]

(*
Plot[u1pr[p],{p,0.1,50},PlotRange->{{0,80},{0,30}},AxesLabel->{"p"
1(p)"}]
*)

xd1max=20;
xd2max=20;
xd3max=20;
xd4max=20;

pd1min=Solve[u1pr[p]==xd1max,p]  [[1,1,2]] // N
pd2min=Solve[u2pr[p]==xd2max,p]  [[1,1,2]] // N
pd3min=Solve[u3pr[p]==xd3max,p]  [[1,1,2]] // N
pd4min=Solve[u4pr[p]==xd4max,p]  [[1,1,2]] // N


d1[p_]  := u1pr[p] /; p>pd1min
d1[p_]  := xd1max /; p<=pd1min
d2[p_]  := u2pr[p] /; p>pd2min
d2[p_]  := xd2max /; p<=pd2min
d3[p_]  := u3pr[p] /; p>pd3min
d3[p_]  := xd3max /; p<=pd3min
d4[p_]  := u4pr[p] /; p>pd4min
d4[p_]  := xd4max /; p<=pd4min


(*
Plot[d1[p],{p,0.1,50},PlotRange->{{0,80},{0,30}},AxesLabel->{"p","
p)"}]
Plot[d2[p],{p,0.1,50},PlotRange->{{0,80},{0,30}},AxesLabel->{"p","
p)"}]
Plot[d3[p],{p,0.1,50},PlotRange->{{0,80},{0,30}},AxesLabel->{"p","
p)"}]
Plot[d4[p],{p,0.1,50},PlotRange->{{0,80},{0,30}},AxesLabel->{"p","
p)"}]
*)

(*
Plot[{d1[p],d2[p],d3[p],d4[p]},{p,0.1,50},
```

DEFPART.M Seite 6

```
PlotRange->{{0,80},{0,30}},AxesLabel->{"p","d4(p)"}]
*)

dtot[nd1_,nd2_,nd3_,nd4_,p_] := nd1 d1[p] + nd2 d2[p] + nd3 d3[p]
d4 d4[p]

(*
Plot[dtot[1,1,1,1,p],{p,0.1,50},PlotRange->{{0,80},{0,120}},
AxesLabel->{"p","d_tot (p)"}]
*)


(* ------------------------------------------------------------------
-- *)
(* Equilibrium outcomes *)
(* ------------------------------------------------------------------
-- *)

(* for a specific market situation *)

(* call equcalc1.m and equcalc2.m to calculate equilibrium outcome
*)

Print["Edit equcalc1.m, then call equcalc1.m and equcalc2.m "]
Print["to calculate equilibrium outcomes!"]
```

```
(* file name: EQUCALC1.M  *)

(* -----------------------------------------------------------------
-- *)
(* Equilibrium outcomes *)
(* -----------------------------------------------------------------
-- *)

(* for a specific market situation *)

(* set numbers of sellers and buyers *)


explabel="15/01/94, 22/01/94 (1,2):  1,1,1,1,7,6,6,6"

ns1=1
ns2=1
ns3=1
ns4=1

nd1=7
nd2=6
nd3=6
nd4=6


Print ["Description: ",explabel]
Print[" "]

Plot[{stot[ns1,ns2,ns3,ns4,p],dtot[nd1,nd2,nd3,nd4,p]},{p,0,20},
PlotRange->{{0,25},{0,480}},AspectRatio->1,
AxesLabel->{"p","s_tot (p), d_tot (p)"}]


(* Find equilibrium price peq by continuously plotting dtot-stot *
(* in ever finer resolution, since NSOLVE does not work because  *
(* of all the case distinctions and complicated functions        *

(* not shown; result: ?  *)

Plot[{stot[ns1,ns2,ns3,ns4,p]-dtot[nd1,nd2,nd3,nd4,p]},{p,0,20},
PlotRange->{{0,25},{-100,100}},AspectRatio->1,
AxesLabel->{"p","s_tot (p) - d_tot (p)"}]

Print["Find out equilibrium price by plotting dtot-stot,",
```

EQUCALC1.M Seite 2

```
  "finer and finer"]
Print["call the resulting price peq, and then call EQUCALC2.M"]

(* call resulting price peq   *)
```

01.07.1994, 21:19 Uhr

```
(* file name: EQUCALC2.M  *)

(* ---------------------------------------------------------------
-- *)
(* Equilibrium outcomes *)
(* ---------------------------------------------------------------
-- *)

(* for a specific market situation *)

(* NOTE: Before calling this routine, calculate the equ. price
         and call it peq    ! *)


(* Find equilibrium price peq by continuously plotting dtot-stot *
(* in ever finer resolution, since NSOLVE does not work because  *
(* of all the case distinctions and complicated functions        *


(* take average of supply and demand at peq for xeq in order *)
(* to minimize rounding/truncation errors *)


xeq=0.5 (stot[ns1,ns2,ns3,ns4,peq] + dtot[nd1,nd2,nd3,nd4,peq])

surps=NIntegrate[stot[ns1,ns2,ns3,ns4,p],{p,ps2min,peq}]

surpd=NIntegrate[dtot[nd1,nd2,nd3,nd4,p],{p,peq,Infinity}]
surp=surps+surpd


(* WATCH OUT:  integrating marginal cost/marginal utility *)
(* does not account for fixed cost / utility; hence: correct *)


surpsm=surps - ns1 c1[0] - ns2 c2[0] - ns3 c3[0] - ns4 c4[0]
surpdm=surpd + nd1 u1[0] + nd2 u2[0] + nd3 u3[0] + nd4 u4[0]

surpm=surpsm+surpdm

(* NOTICE: All following results are multiplied with the
   sign of the corresponding number of sellers/buyers of
   this type (that is, ns1...ns4, nd1...nd4),  in order to
   make the result vanish if that particular seller/buyer
   is not existing !
```

EQUCALC2.M Seite 2

```
*)

(* Calculate individual supply quantities, and average cost*)

Sign[ns1] s1[peq]
Sign[ns1] c1[s1[peq]]/s1[peq]
Sign[ns2] s2[peq]
Sign[ns2] c2[s2[peq]]/s2[peq]
Sign[ns3] s3[peq]
Sign[ns3] c3[s3[peq]]/s3[peq]
Sign[ns4] s4[peq]
Sign[ns4] c4[s4[peq]]/s4[peq]

(* sum of individual quantities , SHOULD (but won't) equal stot *)

ns1 s1[peq]+ ns2 s2[peq]+ns3 s3[peq]+ns4 s4[peq]


(* Gross earnings (sales earnings minus total cost), and dividend
 share *)

Sign[ns1 ] (peq*s1[peq] -c1[s1[peq]])
% / (100*(ns1+ns2+ns3+ns4+nd1+nd2+nd3+nd4))
Sign[ns2 ] (peq*s2[peq] -c2[s2[peq]])
% / (100*(ns1+ns2+ns3+ns4+nd1+nd2+nd3+nd4))
Sign[ns3 ] (peq*s3[peq] -c3[s3[peq]])
% / (100*(ns1+ns2+ns3+ns4+nd1+nd2+nd3+nd4))
Sign[ns4 ] (peq*s4[peq] -c4[s4[peq]])
% / (100*(ns1+ns2+ns3+ns4+nd1+nd2+nd3+nd4))


(* Calculate individual demand quantities, and average utility *)

Sign[nd1] d1[peq]
Sign[nd1] u1[d1[peq]]/d1[peq] //N
Sign[nd2] d2[peq]
Sign[nd2] u2[d2[peq]]/d2[peq] //N
Sign[nd3] d3[peq]
Sign[nd3] u3[d3[peq]]/d3[peq] //N
Sign[nd4] d4[peq]
Sign[nd4] u4[d4[peq]]/d4[peq] //N

(* sum of individual quantities , SHOULD (but won't) equal dtot *)

nd1 d1[peq]+ nd2 d2[peq]+nd3 d3[peq]+nd4 d4[peq]    //N
```

EQUCALC2.M Seite 3

```
(* Gross earnings (total utility minus cost of buying)  *)

Sign[nd1 ] (u1[d1[peq]] - peq*d1[peq] )  //N
Sign[nd2 ] (u2[d2[peq]] - peq*d2[peq] )  //N
Sign[nd3 ] (u3[d3[peq]] - peq*d3[peq] )  //N
Sign[nd4 ] (u4[d4[peq]] - peq*d4[peq] )  //N
```

EQU1606.MA p.1 Fri Jul 01 1994 20:27:06

In[135]:=

```
(* file name: EQUCALC.M  *)

(* -----------------------------------------------------------------
(* Equilibrium outcomes *)
(* -----------------------------------------------------------------

(* for a specific market situation *)

(* set numbers of sellers and buyers *)


ns1=1
ns2=0
ns3=1
ns4=0

nd1=7
nd2=7
nd3=0
nd4=0


Plot[{stot[ns1,ns2,ns3,ns4,p],dtot[nd1,nd2,nd3,nd4,p]},{p,0,20},
PlotRange->{{0,25},{0,480}},AspectRatio->1,
AxesLabel->{"p","s_tot (p), d_tot (p)"}]


(* Find equilibrium price peq by continuously plotting dtot-stot *)
(* in ever finer resolution, since NSOLVE does not work because  *)
(* of all the case distinctions and complicated functions        *)

(* not shown; result: *)

Plot[{stot[ns1,ns2,ns3,ns4,p]-dtot[nd1,nd2,nd3,nd4,p]},{p,0,20},
PlotRange->{{0,25},{-100,100}},AspectRatio->1,
AxesLabel->{"p","s_tot (p) - d_tot (p)"}]

Print["Find out equilibrium price by plotting dtot-stot,",
  "finer and finer"]
Print["call the resulting price peq, and then call EQUCALC2.M"]

(* call resulting price peq   *)
```

Out[141]=

```
1
```

Out[142]=

```
0
```

EQU1606.MA p.2 Fri Jul 01 1994 20:27:07

Out[143]=
```
1
```
Out[144]=
```
0
```
Out[145]=
```
7
```
Out[146]=
```
7
```
Out[147]=
```
0
```
Out[148]=
```
0
```

```
(* 16.06.94 (1): 1,0,1,0,7,7,0,0  *)
```

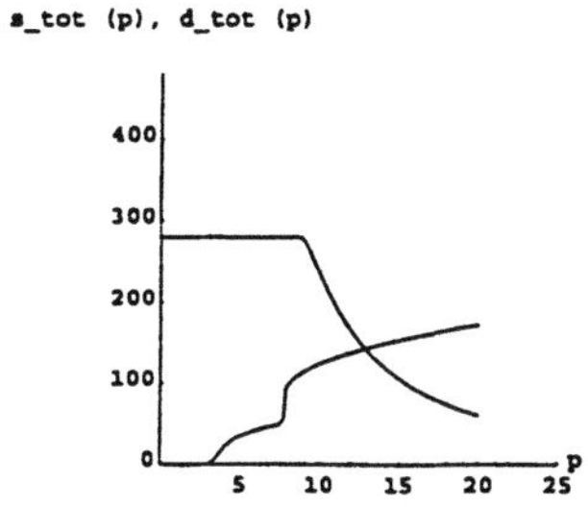

Out[149]=
```
-Graphics-
```

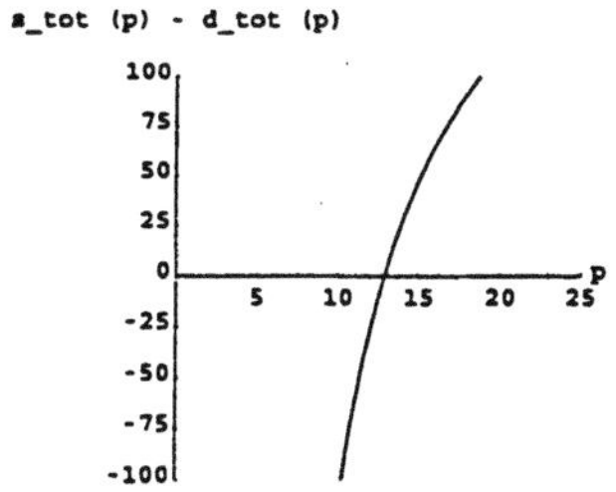

Out[154]=
```
-Graphics-
```

Find out equilibrium price by plotting dtot-stot,finer and finer

EQU1606.MA p.3 Fri Jul 01 1994 20:27:07

call the resulting price peq, and then call EQUCALC2.M

In[166]:=

```
Plot[{stot[ns1,ns2,ns3,ns4,p]-dtot[nd1,nd2,nd3,nd4,p]},{p,10,15},
PlotRange->{{12.918,12.922},{-1,1}},AspectRatio->1,
AxesLabel->{"p","s_tot (p) - d_tot (p)"}]
```

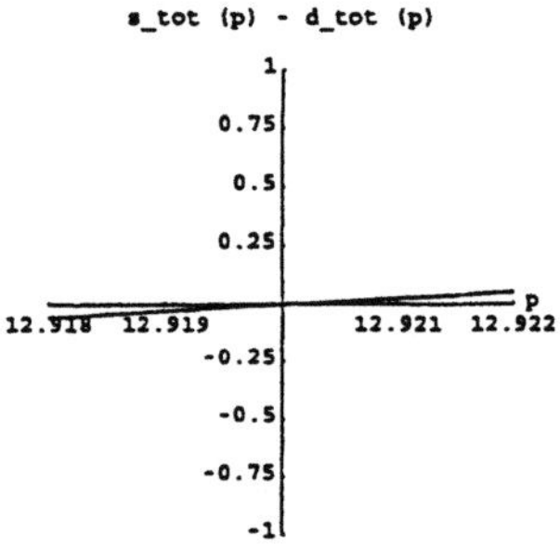

Out[166]=

```
-Graphics-
```

In[167]:=

```
peq=12.920
```

Out[167]=

```
12.92
```

EQU1606.MA p.4 Fri Jul 01 1994 20:27:07

```
(* file name: EQUCALC2.M  *)

(* -----------------------------------------------------------------
(* Equilibrium outcomes *)
(* -----------------------------------------------------------------

(* for a specific market situation *)

(* NOTE: Before calling this routine, calculate the equ. price
         and call it peq    ! *)


(* Find equilibrium price peq by continuously plotting dtot-stot *)
(* in ever finer resolution, since NSOLVE does not work because  *)
(* of all the case distinctions and complicated functions        *)


(* take average of supply and demand at peq for xeq in order *)
(* to minimize rounding/truncation errors *)


xeq=0.5 (stot[ns1,ns2,ns3,ns4,peq] + dtot[nd1,nd2,nd3,nd4,peq])

surps=NIntegrate[stot[ns1,ns2,ns3,ns4,p],{p,ps2min,peq}]

surpd=NIntegrate[dtot[nd1,nd2,nd3,nd4,p],{p,peq,Infinity}]
surp=surps+surpd


(* WATCH OUT:  integrating marginal cost/marginal utility *)
(* does not account for fixed cost / utility; hence: correct *)


surpsm=surps - ns1 c1[0] - ns2 c2[0] - ns3 c3[0] - ns4 c4[0]
surpdm=surpd + nd1 u1[0] + nd2 u2[0] + nd3 u3[0] + nd4 u4[0]

surpm=surpsm+surpdm

(* NOTICE: All following results are multiplied with the
   sign of the corresponding number of sellers/buyers of
   this type (that is, ns1...ns4, nd1...nd4),  in order to
   make the result vanish if that particular seller/buyer
   is not existing !
*)


(* Calculate individual supply quantities, and average cost*)

Sign[ns1]  s1[peq]
Sign[ns1]  c1[s1[peq]]/s1[peq]
Sign[ns2]  s2[peq]
Sign[ns2]  c2[s2[peq]]/s2[peq]
Sign[ns3]  s3[peq]
Sign[ns3]  c3[s3[peq]]/s3[peq]
Sign[ns4]  s4[peq]
Sign[ns4]  c4[s4[peq]]/s4[peq]

(* sum of individual quantities , SHOULD (but won't) equal stot *)

ns1 s1[peq]+ ns2 s2[peq]+ns3 s3[peq]+ns4 s4[peq]
```

EQU1606.MA p.6 Fri Jul 01 1994 20:27:07

142.84

791.227

1845.49

2636.72

706.227

795.491

1501.72

62.574

6.31194

0

0

80.2659

9.273

0

0

142.84

413.493

0.258433

0

0

292.73

EQU1606.MA p.7 Fri Jul 01 1994 20:27:07

```
0.182956

0

0

10.8206

18.4467

9.58506

18.537

0

0

0

0

142.84

59.8026

53.839

0

0

(* Repetition! *)
```

EQU1606.MA p.8 Fri Jul 01 1994 20:27:07

```
(* file name: EQUCALC1.M  *)

(* ------------------------------------------------------------------
(* Equilibrium outcomes *)
(* ------------------------------------------------------------------

(* for a specific market situation *)

(* set numbers of sellers and buyers *)


ns1=0
ns2=1
ns3=0
ns4=1

nd1=7
nd2=7
nd3=0
nd4=0


Plot[{stot[ns1,ns2,ns3,ns4,p],dtot[nd1,nd2,nd3,nd4,p]},{p,0,20},
PlotRange->{{0,25},{0,480}},AspectRatio->1,
AxesLabel->{"p","s_tot (p), d_tot (p)"}]


(* Find equilibrium price peq by continuously plotting dtot-stot *)
(* in ever finer resolution, since NSOLVE does not work because  *)
(* of all the case distinctions and complicated functions        *)

(* not shown; result: *)

Plot[{stot[ns1,ns2,ns3,ns4,p]-dtot[nd1,nd2,nd3,nd4,p]},{p,0,20},
PlotRange->{{0,25},{-100,100}},AspectRatio->1,
AxesLabel->{"p","s_tot (p) - d_tot (p)"}]

Print["Find out equilibrium price by plotting dtot-stot,",
  "finer and finer"]
Print["call the resulting price peq, and then call EQUCALC2.M"]

(* call resulting price peq   *)
```

Out[232]=

0

Out[233]=

1

Out[234]=

0

EQU1606.MA p.9 Fri Jul 01 1994 20:27:07

Out[235]=
1

Out[236]=
7

Out[237]=
7

Out[238]=
0

Out[239]=
0

```
(* 16.06.94 (2): 0,1,0,1,7,7,0,0 *)
```

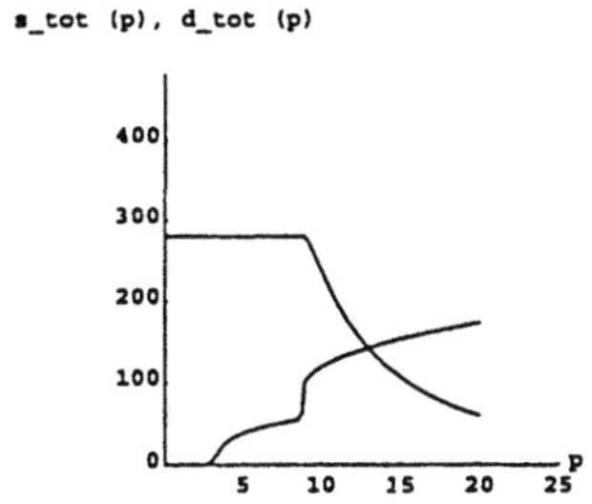

Out[240]=
-Graphics-

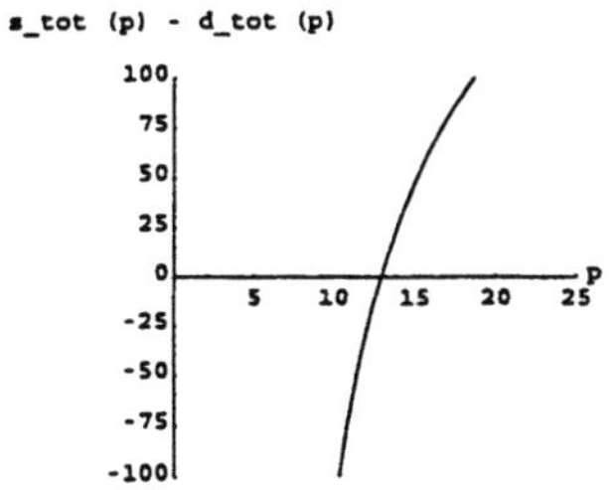

Out[245]=
-Graphics-

```
Find out equilibrium price by plotting dtot-stot,
 finer and finer
```

EQU1606.MA p.10 Fri Jul 01 1994 20:27:07

call the resulting price peq, and then call EQUCALC2.M

In[257]:=

```
Plot[{stot[ns1,ns2,ns3,ns4,p]-dtot[nd1,nd2,nd3,nd4,p]},{p,12,14},
PlotRange->{{12.95,12.96},{-1,1}},AspectRatio->1,
AxesLabel->{"p","s_tot (p) - d_tot (p)"}]
```

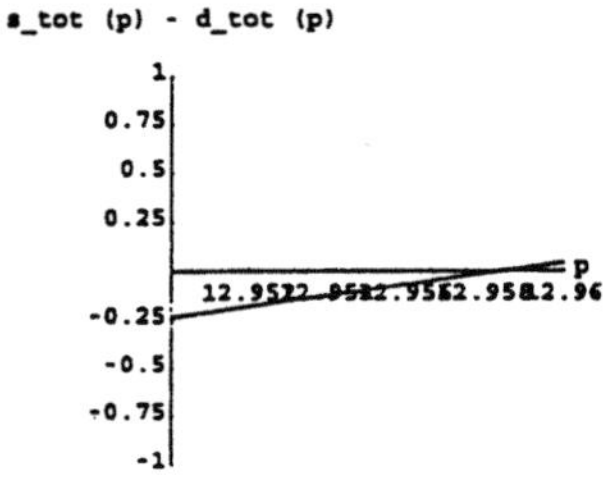

Out[257]=

```
-Graphics-
```

In[258]:=

```
peq=12.598
```

Out[258]=

```
12.598
```

EQU1606.MA p.11 Fri Jul 01 1994 20:27:07

In[259]:=

```
(* file name: EQUCALC2.M  *)

(* ------------------------------------------------------------------
(* Equilibrium outcomes *)
(* ------------------------------------------------------------------

(* for a specific market situation *)

(* NOTE: Before calling this routine, calculate the equ. price
         and call it peq    ! *)


(* Find equilibrium price peq by continuously plotting dtot-stot *)
(* in ever finer resolution, since NSOLVE does not work because  *)
(* of all the case distinctions and complicated functions         *)


(* take average of supply and demand at peq for xeq in order *)
(* to minimize rounding/truncation errors *)


xeq=0.5 (stot[ns1,ns2,ns3,ns4,peq] + dtot[nd1,nd2,nd3,nd4,peq])

surps=NIntegrate[stot[ns1,ns2,ns3,ns4,p],{p,ps2min,peq}]

surpd=NIntegrate[dtot[nd1,nd2,nd3,nd4,p],{p,peq,Infinity}]
surp=surps+surpd


(* WATCH OUT:  integrating marginal cost/marginal utility *)
(* does not account for fixed cost / utility; hence: correct *)


surpsm=surps - ns1 c1[0] - ns2 c2[0] - ns3 c3[0] - ns4 c4[0]
surpdm=surpd + nd1 u1[0] + nd2 u2[0] + nd3 u3[0] + nd4 u4[0]

surpm=surpsm+surpdm

(* NOTICE: All following results are multiplied with the
   sign of the corresponding number of sellers/buyers of
   this type (that is, ns1...ns4, nd1...nd4),  in order to
   make the result vanish if that particular seller/buyer
   is not existing !
*)


(* Calculate individual supply quantities, and average cost*)

Sign[ns1] s1[peq]
Sign[ns1] c1[s1[peq]]/s1[peq]
Sign[ns2] s2[peq]
Sign[ns2] c2[s2[peq]]/s2[peq]
Sign[ns3] s3[peq]
Sign[ns3] c3[s3[peq]]/s3[peq]
Sign[ns4] s4[peq]
Sign[ns4] c4[s4[peq]]/s4[peq]

(* sum of individual quantities , SHOULD (but won't) equal stot *)

ns1 s1[peq]+ ns2 s2[peq]+ns3 s3[peq]+ns4 s4[peq]
```

EQU1606.MA p.13 Fri Jul 01 1994 20:27:07

```
Out[270]=
  145.016
Out[271]=
  703.4
Out[272]=
  1892.66
Out[273]=
  2596.06
Out[276]=
  633.4
Out[277]=
  842.662
Out[278]=
  1476.06
Out[281]=
  0
Out[282]=
  0
Out[283]=
  64.5918
Out[284]=
  5.88777
Out[285]=
  0
Out[286]=
  0
Out[287]=
  75.2043
Out[288]=
  9.94051
Out[290]=
  139.796
Out[292]=
  0
Out[293]=
  0
Out[294]=
  433.426
Out[295]=
  0.270891
Out[296]=
  0
```

EQU1606.MA p.14 Fri Jul 01 1994 20:27:07

Out[297]=
```
0
```
Out[298]=
```
199.855
```
Out[299]=
```
0.124909
```
Out[301]=
```
11.3808
```
Out[302]=
```
18.1666
```
Out[303]=
```
10.0813
```
Out[304]=
```
18.2525
```
Out[305]=
```
0
```
Out[306]=
```
0
```
Out[307]=
```
0
```
Out[308]=
```
0
```
Out[310]=
```
150.235
```
Out[312]=
```
63.3759
```
Out[313]=
```
57.0043
```
Out[314]=
```
0
```
Out[315]=
```
0
```

C Dokumentation der Formulare

Johann Wolfgang Goethe-Universität
Frankfurt am Main

Einladung zur Teilnahme an einem wissenschaftlichen Experiment

Zur Wirtschaftsforschung beitragen und dabei Geld verdienen!

Bis zu 200 DM!

Im Rahmen des Experiments werden Ihnen ökonomische Situationen geschildert, für die Sie anschließend Entscheidungen treffen. Dafür sind keine besonderen Vorkenntnisse erforderlich. Durch Ihre Handlungen bestimmen Sie selbst Ihren Experimenterfolg und damit auch darüber, wieviel Geld Sie insgesamt verdienen.

Das Experiment ist Teil eines von der Deutschen Forschungsgemeinschaft finanzierten Projekts unter Leitung von Professor Dr. Werner Güth und Professor Dr. Reinhard Tietz, Fachbereich Wirtschaftswissenschaften. Die Ergebnisse werden anonym ausgewertet und dienen der Forschung zu Fragen des menschlichen Entscheidungsverhaltens.

Wir würden uns über Ihre Teilnahme freuen, egal ob Sie damit unsere Forschungsarbeit unterstützen wollen, Geld verdienen möchten oder sich aus anderen Gründen dafür interessieren.

⇒ Das Experiment findet am **Donnerstag, den 10. 02. 1994 von 14 bis 20 Uhr** im **PC-Pool des Fachbereichs 2** (Hörsaal i, Hauptgebäude Teil C, Erdgeschoß, rechter Eingang) statt.

⇒ Eine **schriftliche Anmeldung** in **Raum 423 C** (Hauptgebäude, Teil C, 4. Stock; Rückfragen auch unter Tel. 069/798-3914) **bis zum Donnerstag, den 10.02.1994 um 13 Uhr ist unbedingt erforderlich.**

Auszahlungs- und Merkblatt

Ihre Code-Nummer(n): [ ]

Ihre Auszahlung: DM [ ]

Ihre Auszahlung können Sie nur gegen Vorlage dieses (ausgefüllten!) Merkblatts bei der

Professur für wirtschaftliche Staatswissenschaften I,
insbesondere Wirtschaftstheorie
Prof. Dr. Werner Güth
Mertonstraße 17
Raum 421C – 423C
Hauptgebäude der Universität

in der Zeit

vom 27.06.1994 bis 22.07.1994

jeweils

Montag bis Freitag von 11 bis 12 oder 14-15 Uhr

in bar abholen.

Bitte beantworten Sie noch die folgenden Fragen:

Ihre Code-Nummer:

1. Sie haben bereits an einem gleichartigen Marktexperiment teilgenommen. Dies war vor etwa

   .... Wochen bzw. .... Monaten.

2. Wie schätzen Sie Ihre Erinnerung an den Verlauf des damaligen Experiments ein?

   ❐ sehr umfassend (grundsätzlicher Inhalt, qualitative Zusammenhänge, annähernde numerische Werte wesentlicher Größen, Preise, zeitliche Entwicklung, ...)
   ❐ gut (grundsätzlicher Inhalt, qualitative Zusammenhänge, grobe Werte und Verläufe der wesentlichen Größen)
   ❐ gering (grundsätzlicher Inhalt, qualitative Zusammenhänge)
   ❐ sehr gering (nur grobe Erinnerung an den grundsätzlichen Inhalt)

   Bitte nur eine Antwort ankreuzen!

3. Welche Rolle hatten Sie in jenem Experiment?

   ❐ Produzent, mit einer Kostenfunktion vom Typ ....
   ❐ Konsument, mit einer Verwendungswertfunktion vom Typ ....
   ❐ kann mich nicht erinnern

   Bitte nur eine Antwort ankreuzen!

4. Wie erfolgreich waren Sie Ihrer Ansicht nach in finanzieller Hinsicht in dem Experiment?

   ❐ sehr überdurchschnittlich (eine/r der besten)
   ❐ überdurchschnittlich
   ❐ durchschnittlich
   ❐ unterdurchschnittlich
   ❐ sehr unterdurchschnittlich (eine/r der schlechtesten)

   Bitte nur eine Antwort ankreuzen!

Bitte wenden!

5. Worauf führen Sie Ihren relativen Erfolg/Mißerfolg zurück?

☐ auf meine Rollenzuordnung (Produzent/Konsument):
....
....

☐ auf meine Kosten-/Verwendungswertfunktion:
....
....

☐ auf ungeschicktes/falsches Verhalten meinerseits:
....
....

☐ auf geschicktes/kluges Verhalten meinerseits:
....
....

☐ auf ungeschicktes/falsches Verhalten anderer Teilnehmer:
....
....

☐ auf geschicktes/kluges Verhalten anderer Teilnehmer:
....
....

☐ auf die Gestaltung des Experiments:
....
....

☐ auf andere Gründe:
....
....
....
....
....
....

Hier können Sie auch mehrere Antworten ankreuzen und ggf. erläutern.

6. Hätten Sie sich in jenem Experiment nachträglich gewünscht, sich anders verhalten zu haben, wenn Sie seinen Verlauf bereits vorher gekannt hätten?

☐ Ja ☐ Nein Falls ja: Inwiefern?
....
....
....
....
....

7. Andere Kommentare:
....
....
....
....

Vielen Dank!

Hinweise zur Benutzung des Computers

Der Bildschirm ist meist in verschiedene Bereiche eingeteilt, die als Fenster bezeichnet werden; es können mehrere Fenster gleichzeitig angezeigt werden. Falls diese nicht nebeneinander, sondern "hintereinander" liegen, ist nur das vorderste sichtbar. In den Fenstern "Erläuterung" und "Information" bekommen Sie Hinweise zu den Regeln des Experiments und dem bisherigen Verlauf. Sie können durch den Text blättern, falls der gesamte Hinweistext nicht im Fenster angezeigt werden kann (mit den Pfeiltasten oder den Bild-auf/Bild-ab-Tasten). In den Fenstern "Eingabe" und "Lesebestätigung" werden Sie zu einer Eingabe aufgefordert.

Durch Drücken von **F3** können Sie in ein anderes Fenster wechseln; zum Beispiel vom Fenster "Erläuterung" ins Fenster "Eingabe" - um eine Entscheidung einzugeben - oder umgekehrt. Nicht mehr benötigte Fenster können Sie mit **F4** schließen. Meist kann durch Drücken der Taste **F5** die Größe eines Fenster verändert werden.

Beachten Sie: Zum ***Eingeben einer Entscheidung*** wechseln Sie zunächst ins Fenster "Eingabe". Dort nehmen Sie alle notwendigen Eingaben vor, die Sie anschließend absenden. Falls mehrere Eingabefelder in dem Fenster enthalten sind, können Sie mit **<Tab>** zum jeweils nächsten gelangen, sowie vom letzten Eingabefeld zum Feld "Senden". Drücken Sie **<Return>**, wenn sich der Cursor auf diesem Feld befindet, um Ihre Eingabe abzusenden. Bedenken Sie dabei, daß Sie Ihre Eingaben nur ***vor*** dem Absenden noch einmal ändern können, danach hingegen nicht mehr!

Wichtige Funktionen:	
F1	Aufrufen der On-Line-Hilfe
Esc (in der Hilfe)	Beenden der On-Line-Hilfe
F2	Betreuer rufen
F3	Wechseln in ein anderes Fenster
F4	Schließen eines Fensters
F5	Ändern der Fenstergröße ("Zoomen")
F6	Aufrufen des Taschenrechners
F4 (im Taschenrechner)	Beenden des Taschenrechners
Tab	Wechseln zum nächsten Eingabefeld oder dem Feld "Senden"
Return (auf dem Feld Senden)	Absenden einer Entscheidung
Pfeiltasten	Blättern in einem Textfenster (zeilenweise) oder Auswahl einer Option in einem Optionsfeld
Bild auf/ab	Blättern in einem Textfenster (bildschirmweise)

Wenn Sie mit der Bedienung einer Maus vertraut sind und eine solche an Ihrem Arbeitsplatz vorhanden ist, können Sie diese anstatt der Tastatur verwenden.

Anweisung zum 16-PA

Auf den folgenden zwei Seiten finden Sie eine Liste von Persönlichkeitseigenschaften. Beschreiben Sie sich bitte selbst anhand dieser Liste, indem Sie *in jeder Zeile* auf der Skala ankreuzen (x), in welchem Ausmaß entweder die linke oder die rechte Eigenschaft auf Sie zutrifft. Auch wenn Sie mitunter sagen möchten, daß je nach Umständen beide Eigenschaften zutreffen oder daß sie eigentlich keine Gegensätze darstellen, sollten Sie nur *einen* Wert ankreuzen und damit angeben, welche der beiden Eigenschaften eher zutrifft und in welchem Ausmaß sie zutrifft. Füllen Sie bitte beide Seiten aus und übersehen Sie kein Eigenschaftspaar!

Da alle Angaben anonym sind, können Sie unbesorgt niederschreiben, was Sie wirklich von sich denken. Es ist niemand da, auf den Sie einen guten Eindruck machen müßten. Nur wenn Sie ganz ehrlich antworten, sind die Ergebnisse wissenschaftlich verwertbar. Wir bitten Sie daher, am Ende des Fragebogens anzugeben, wie sehr wir uns auf Ihre Angaben verlassen können.

Bitte geben Sie Alter, Geschlecht, höchsten Schulabschluß und heutiges Datum an:

Alter in Jahren
- O 0 - 19
- O 20 - 23
- O 24 - 27
- O 28 - 31
- O 32 - 35
- O 34 - ...

Geschlecht
- O männlich
- O weiblich

Schulabschluß
- O Reifeprüfung
- O Zwischenprüfung
- O Diplomarbeit
- O Examen

Heutiges Datum: ___ Tag ___ Monat ___ Jahr

Code: | | | | | | |

16-PA

sachbezogen	4	3	2	1	0	1	2	3	4	kontaktfreudig
langsam im Denken	4	3	2	1	0	1	2	3	4	schnell im Denken
leicht zu beunruhigen	4	3	2	1	0	1	2	3	4	seelisch stabil
anpassungsbereit	4	3	2	1	0	1	2	3	4	eigenwillig
ruhig	4	3	2	1	0	1	2	3	4	lebhaft
sorglos	4	3	2	1	0	1	2	3	4	gewissenhaft
schüchtern	4	3	2	1	0	1	2	3	4	draufgängerisch
dickfellig	4	3	2	1	0	1	2	3	4	feinfühlig
gutgläubig	4	3	2	1	0	1	2	3	4	mißtrauisch
realistisch	4	3	2	1	0	1	2	3	4	träumerisch
gerade heraus	4	3	2	1	0	1	2	3	4	diplomatisch
mit mir zufrieden	4	3	2	1	0	1	2	3	4	an mir zweifelnd
am Gewohnten festhaltend	4	3	2	1	0	1	2	3	4	für Veränderung aufgeschlossen
anlehnungsbedürftig	4	3	2	1	0	1	2	3	4	eigenständig
unbeherrscht	4	3	2	1	0	1	2	3	4	diszipliniert
ausgeglichen	4	3	2	1	0	1	2	3	4	reizbar
angespannt	4	3	2	1	0	1	2	3	4	gelassen
experimentierfreudig	4	3	2	1	0	1	2	3	4	an Bewährtem orientiert
geübt im Nachdenken	4	3	2	1	0	1	2	3	4	ungeübt im Nachdenken
zartbesaitet	4	3	2	1	0	1	2	3	4	derb
ängstlich-besorgt	4	3	2	1	0	1	2	3	4	unbeschwert
phantasievoll	4	3	2	1	0	1	2	3	4	nüchtern
auf Selbstbehauptung bedacht	4	3	2	1	0	1	2	3	4	zur Unterordnung bereit
warmherzig	4	3	2	1	0	1	2	3	4	kühl
prinzipientreu	4	3	2	1	0	1	2	3	4	leichtlebig
kritisch	4	3	2	1	0	1	2	3	4	nachsichtig
gerne unabhängig	4	3	2	1	0	1	2	3	4	gerne mit anderen
kultiviert	4	3	2	1	0	1	2	3	4	natürlich
selbstbeherrscht	4	3	2	1	0	1	2	3	4	wechselhaft
selbstsicher	4	3	2	1	0	1	2	3	4	scheu
seelisch widerstandsfähig	4	3	2	1	0	1	2	3	4	seelisch wenig belastbar
erlebnishungrig	4	3	2	1	0	1	2	3	4	stillebedürftig
Sie können sich auf meine Angaben verlassen	4	3	2	1	0	1	2	3	4	Sie können sich auf meine Angaben <u>nicht</u> verlassen

Bitte vergewissern Sie sich, daß Sie kein Eigenschaftspaar ausgelassen und in jeder Zeile nur eine Maßzahl angekreuzt haben!

Detaillierte Beschreibung des Experiments

HINWEIS: Eine kurze Zusammenfassung der von Ihnen zu fällenden Entscheidungen finden Sie am Ende dieses Textes.
Sie werden diese jedoch NICHT VOLLSTÄNDIG VERSTEHEN können, wenn Sie die folgenden Ausführungen nicht gelesen haben!

1. ZIEL, AUSZAHLUNG, ABLAUF

Sie können - je nach Rolle entweder als **Produzent** oder als **Konsument** - auf einem **Gütermarkt** agieren sowie als Anleger an einem **Kapitalmarkt** teilnehmen. Beide Märkte finden über **mehrere Perioden** statt, pro Periode jeweils einmal und **nacheinander**: zunächst der Gütermarkt, dann der Kapitalmarkt. Durch die Wahl Ihrer Entscheidungen können Sie selbst beeinflussen, wie erfolgreich Sie dabei abschneiden. Dadurch bestimmen Sie auch selbst über die **Höhe der Auszahlung**, die Sie bei dem heutigen Experiment erhalten können: Diese wird direkt proportional zu Ihrem Erfolg im Experiment ausfallen.

Im Einzelnen: Die PRODUZENTEN können durch Produktion und Verkauf des Gutes GEWINNE erwirtschaften, von denen sie einen Teil einbehalten dürfen; der Rest wird als Dividende an die Inhaber ihrer Wertpapiere ausgeschüttet. Da die Produzenten auch am WERTPAPIERHANDEL teilnehmen dürfen, können sie durch geschickten Kauf und Verkauf von Wertpapieren SPEKULATIONSGEWINNE (allerdings auch -verluste) realisieren und auf die erworbenen Wertpapiere ggf. DIVIDENDEN erhalten. Diese drei Elemente bestimmen zusammen den KASSENBESTAND am Ende der letzten Periode, wobei zu beachten ist, daß die WERTPAPIERE selbst zu diesem Zeitpunkt WERTLOS werden. Die DIFFERENZ zwischen den KASSENBESTÄNDEN nach Ende und vor Beginn des Experiments ist ausschlaggebend für den ERFOLG des Produzenten.

Auch die KONSUMENTEN können am Kapitalmarkt teilnehmen, also SPEKULATIONS-GEWINNE bzw. -VERLUSTE und DIVIDENDEN vereinnahmen. Zusammen mit den zu zahlenden Kaufpreisen für den Gütererwerb bestimmen diese den KASSEN-ENDBESTAND. *[Auch für die Konsumenten verlieren die Wertpapiere am Ende des Experiments ihren Wert.]* Zusätzlich erhalten die Konsumenten durch den KONSUM des Gutes einen VERWENDUNGSWERT, der auf einem besonderen VERWENDUNGSWERTKONTO gutgeschrieben wird. Die DIFFERENZ zwischen den KASSENBESTÄNDEN nach Ende und vor Beginn des Experiments, jedoch ZUZÜGLICH des ENDBESTANDS DES VERWENDUNGSWERTKONTOS, bildet den ERFOLG des Konsumenten. *[Dies bedeutet, daß auf dem Gütermarkt per saldo die Differenz zwischen Verwendungswert und Kaufpreis für die Konsumenten relevant ist.]*

Ihr GESAMTERFOLG wird während des Experiments in ECU ("Experimental Currency Units", künstlichen Geldeinheiten) ausgedrückt; es existiert ein fester Umrechnungsfaktor in DM, der Ihnen rechtzeitig vor Ende des Experiments mitgeteilt wird. Damit sind Sie auch selbst in der Lage, Ihre reale Auszahlung in "harter" Währung zu ermitteln.

2. DER GÜTERMARKT

Sie agieren entweder als Anbieter (PRODUZENT) oder Nachfrager (KONSUMENT) auf einem MARKT, auf dem ein fiktives, d.h. nur in unserem Experiment existierendes GUT gehandelt wird. Dieses Gut ist unteilbar (es können also nur ganze Stücke gehandelt werden, keine Teile), homogen (alle Stücke sind identisch) und nicht lagerbar (es wird sofort konsumiert).

Jeder PRODUZENT besitzt eine BEGRENZTE PRODUKTIONSKAPAZITÄT, kann also maximal eine bestimmte Stückzahl des Gutes herstellen. Durch die Produktion entstehen ihm Kosten; eine festgelegte KOSTENFUNKTION bestimmt den Zusammenhang zwischen der produzierten Menge und den zugehörigen Kosten. Es gibt mehrere Produzenten (Firma Gelb, Firma Rot, Firma Grün, ...), die alle eine jeweils nur für sie gültige Kostenfunktion besitzen. Es existieren verschiedene Kostenfunktionen (Typ Q, Typ R, Typ S, ...). Im allgemeinen ist Ihnen nicht bekannt, welche Firma welche Kostenfunktion besitzt. Den genauen Verlauf der Kostenfunktionen können Sie sich anzeigen lassen, sofern Sie dazu berechtigt sind.

Jedem KONSUMENTEN entsteht durch den Konsum des Gutes ein "Nutzen", er ist also desto "glücklicher", je größer die konsumierte Stückzahl ausfällt. Man spricht in diesem Zusammenhang vom VERWENDUNGSWERT des Gutes für den Konsumenten. Die Konsumenten können nur eine BEGRENZTE MENGE des Gutes konsumieren. Welcher Verwendungswert ihnen durch den Konsum einer bestimmten Gütermenge entsteht, wird durch die VERWENDUNGSWERTFUNKTION angegeben, von der ebenfalls mehrere Typen (Typ A, Typ B, Typ C, ...) existieren. Auch den Verlauf der Verwendungswertfunktionen können Sie sich anzeigen lassen, sofern Sie dazu berechtigt sind.

In jedem Falle ist Ihnen der Verlauf der für Sie selbst maßgeblichen Funktion (also je nach Rolle Kosten- oder Verwendungswertfunktion) bekannt.

Alle Teilnehmer besitzen eine ERSTAUSSTATTUNG mit Geld (den Anfangs-KASSENBESTAND). Falls ein Produzent eine bestimmte Menge des Gutes zu einem bestimmten Preis verkauft, so werden ihm die PRODUKTIONSKOSTEN abgezogen und der ERLÖS gutgeschrieben; die Differenz ist sein Gewinn. Erhält ein Konsument eine bestimmte Menge des Gutes zu einem bestimmten Preis, so wird ihm der KAUFPREIS vom KASSENBESTAND abgezogen und der VERWENDUNGSWERT auf seinem VERWENDUNGSWERTKONTO gutgeschrieben.

Für die Bestimmung des MARKTPREISES und der ZUTEILUNGEN (d.h. der ver- und gekauften Mengen) wird das an deutschen Börsen auf dem Kassamarkt für die Ermittlung der Einheitskurse übliche Verfahren angewandt: Alle Marktteilnehmer geben KAUF- oder VERKAUFSGEBOTE ab, die nur ihnen persönlich bekannt sind. Darin geben sie an, welche MENGE sie kaufen (bzw. verkaufen) möchten, und welche maximalen (bzw. minimalen) PREISE sie erzielen wollen. *[Teilweise sind auch sogenannte unlimitierte Gebote möglich, d.h. Käufe erfolgen "billigst" (so preisgünstig wie möglich) und Verkäufe "bestens" (so teuer wie möglich), wobei die zustande kommenden Preise aber unbegrenzt hoch bzw. niedrig liegen können und nicht voraussagbar sind. Im heutigen Experiment sind nur Verkäufe von Gütern und Wertpapieren unlimitiert möglich, allerdings können Sie die Kauflimits so hoch setzen, wie es Ihr Vermögen erlaubt.]*

Ein AUKTIONATOR (Börsenmakler) sammelt alle Gebote und legt den Preis so fest, daß die größtmögliche Stückzahl umgesetzt wird (dies geschieht durch den Computer). Dieser Preis ist der MARKTPREIS. Häufig wird er mit sogenannten KURSZUSÄTZEN ergänzt, die weiteren Aufschluß über das Marktgeschehen geben:

b	bezahlt	Zu diesem Kurs fand Umsatz statt
G	Geld	Es lagen nur Kaufaufträge vor, dies war der Preis des höchsten Kaufgebots
B	Brief	Es lagen nur Verkaufsaufträge vor, dies war der Preis des niedrigsten Verkaufsgebots
bG	bezahlt Geld	Zu diesem Kurs fand Umsatz statt, und es lagen weitere Kaufaufträge vor
bB	bezahlt Brief	Zu diesem Kurs fand Umsatz statt, und es lagen weitere Verkaufsaufträge vor
T	Taxkurs	Es fand kein Umsatz statt, obwohl Kauf- und Verkaufsaufträge vorlagen; der Kurs wurde vom Auktionator "taxiert" (geschätzt)
a	ausgesetzt	Es lagen nur unlimitierte Kaufgebote oder nur unlimitierte Verkaufsgebote oder beides vor
-	gestrichen	Es lagen keine Aufträge vor

Alle NACHFRAGER, die bereit waren, mehr als den schließlich ermittelten Marktpreis zu bezahlen, erhalten die gewünschte Menge; alle, die weniger bezahlen wollten, erhalten nichts; alle, die genau den Marktpreis zu bezahlen bereit waren, erhalten im allgemeinen ebenfalls die gewünschte Menge. Sollte jedoch beim Marktpreis mehr Nachfrage als Angebot bestehen, dann werden die Nachfrager, die genau den Marktpreis geboten haben, "RATIONIERT", d.h. es wird per Zufall bestimmt, welcher von ihnen die gewünschte Menge ganz, teilweise oder gar nicht erhält.

Für die ANBIETER gilt das umgekehrte: Wer bereit war, billiger als zum Marktpreis zu verkaufen, setzt die gewünschte Menge voll ab; wer mehr forderte, verkauft nichts; wer genau den Marktpreis forderte, kann alles absetzen, es sei denn, die Angebot überwiegt beim Marktpreis die Nachfrage; in diesem Fall wird wiederum unter all jenen Anbietern, die genau den Marktpreis geboten haben, rationiert.

Um es noch einmal deutlich zu wiederholen: ALLE Anbieter und Nachfrager, die überhaupt etwas kaufen oder verkaufen, werden zum für alle EINHEITLICHEN MARKTPREIS bedient.

Die NACHFRAGER sollten daher vor Abgabe ihres Gebots überprüfen, ob sie die gewünschte Menge zum angegebenen Maximalpreis bei ihrem derzeitigen Kassenbestand (ggf. zuzüglich des Kreditlimits) auch bezahlen könnten: Dies ist ihre BUDGET-RESTRIKTION. Sie wird vom Computer nach Abgabe des Gebots überprüft; unzulässige Gebote werden nicht akzeptiert. Sollten die Nachfrager dann tatsächlich ganz oder teilweise bedient werden, so erhalten sie das Gut ja entweder zum gebotenen Maximalpreis oder billiger, müssen also genau so viel oder weniger ausgeben, als geplant.

Die analoge BUDGET-RESTRIKTION für die ANBIETER lautet folgendermaßen: Sie müssen in der Lage sein, aus dem Kassenbestand (ggf. zuzüglich des Kreditlimits) die geplanten PRODUKTIONSKOSTEN für die angebotene Menge zu bezahlen. Der Marktpreis kann, sofern eine Zuteilung erfolgt, sie also etwas verkaufen können, entweder bei ihrem gebotenen Minimalpreis oder darüber liegen, so daß der STÜCK-ERLÖS kalkulierbar ist. *[Da das fiktive Gut kurzfristig herstellbar ist, braucht die Produktion erst dann zu erfolgen, wenn die abzusetzende Menge bekannt ist; die Produzenten können also nicht auf unverkäuflichen Produkten "sitzenbleiben".]* Da allerdings die abgesetzte Menge nicht im voraus bekannt ist, kann theoretisch dadurch ein VERLUST entstehen, daß die zum gebotenen Preis verkaufte MENGE geringer als geplant ist und die Produktionskosten PRO STÜCK (Stückkosten, Durchschnittskosten) bei dieser niedrigeren Menge höher sind als bei der geplanten Menge, so daß der Gesamterlös nicht zur Deckung der Produktionskosten ausreicht.

3. DER KAPITALMARKT

Bei den bereits beschriebenen Produzenten des Konsumgutes handelt es sich selbstverständlich um Firmen (Unternehmen). Das Grundkapital dieser Unternehmen besteht aus WERTPAPIEREN, die an einem KAPITALMARKT gehandelt werden. Auf die Wertpapiere wird eine DIVIDENDE ausgeschüttet. Diese ergibt sich wie folgt:

Die Unternehmen können durch Produktion und Verkauf des Gutes einen GEWINN (ausnahmsweise auch einen Verlust) erwirtschaften. Ein bestimmter ANTEIL dieses Betriebsergebnisses wird als DIVIDENDE gleichmäßig auf ihre Wertpapiere AUSGESCHÜTTET, der Rest wird vom Unternehmen EINBEHALTEN, erhöht also seinen Kassenbestand. Ist das Betriebsergebnis negativ, so erfolgt keine Ausschüttung: Verluste werden also vollständig von den Unternehmern getragen.

Nachdem der Gütermarkt abgeschlossen wurde, Marktpreis und Zuteilung (d.h. umgesetzte Stückzahlen) feststehen, werden den Konsumenten die Verwendungswerte gutgeschrieben und die Kaufpreise abgezogen. Die Firmengewinne (oder -verluste) werden ermittelt und der einbehaltene Anteil gebucht. Anschließend wird in der Regel manchen (jedoch nicht unbedingt allen) Teilnehmern die Höhe der künftigen DIVIDENDE jeder Firma MITGETEILT; die Dividenden werden aber NOCH NICHT AUSGESCHÜTTET.

Vielmehr erhalten jetzt alle Teilnehmer die Möglichkeit, KAUF- und VERKAUFS-GEBOTE für die WERTPAPIERE der vorhandenen Unternehmen abzugeben. Natürlich müssen dabei wieder die Budgetrestriktionen erfüllt werden, d.h. im Falle von KAUFGEBOTEN muß der Kassenbestand zur Bezahlung der Wertpapiere ausreichen, im Falle von VERKAUFS-GEBOTEN müssen die zu verkaufenden Wertpapiere im DEPOT bereits vorliegen *[für Experten: sogenannte "Leerverkäufe" oder "Short Sales" sind NICHT zugelassen]*.

Die Ermittlung der Marktpreise (KURSE) und Zuteilungen (umgesetzten Mengen) der einzelnen gehandelten Wertpapiere erfolgt nach dem gleichen Mechanismus wie für den Gütermarkt. Erst NACHDEM die ge- oder verkauften Wertpapiere GEBUCHT wurden, werden auf die so AKTUALISIERTEN WERTPAPIERDEPOTS die vorher bestimmten DIVIDENDEN AUSGESCHÜTTET.

Neben der bereits früher erwähnten Erstausstattung an Geld (KASSE) besitzen auch alle Teilnehmer eine ERSTAUSSTATTUNG mit WERTPAPIEREN, das Anfangs-DEPOT.

4. KURZE ZUSAMMENFASSUNG IHRER AUFGABEN

Während des gesamten Experiments wird der folgende Ablauf mehrmals wiederholt:

⇐ Sie geben (je nach Rolle) entweder Ihr Angebot oder Ihre Nachfrage für das Konsumgut ein.
⇒ Sie erfahren das Marktergebnis: Preis, Gesamtumsatz, Ihr Umsatz, Ihre Erlöse bzw. Kosten, realisierte Produktionskosten bzw. Verwendungswerte.
⇒ Sie erfahren ggf. die Höhe der Dividendenausschüttungen für die aktuelle Periode. Dies trifft nicht unbedingt auf alle Teilnehmer zu.
⇐ Sie geben Ihr Angebot bzw. Ihre Nachfrage für jedes der gehandelten Wertpapiere ein.
⇒ Sie erfahren die Marktergebnisse: Preise, Gesamtumsätze, Ihre Umsätze, Erlöse bzw. Kosten.

Nach dem Durchlaufen der letzten Periode verlieren die ggf. noch in Ihrem Depot verbliebenen Wertpapiere ihren während des Experiments durch die zustande gekommenen Preise bestimmten rechnerischen (Buch-) Wert, d.h. sie werden dann zum Preis Null bewertet. Die Endbestände der Konten (d.h. der Kassenbestand und, im Falle der Konsumenten, auch die Verwendungswerte) werden bestimmt und die Anfangsbestände abgezogen. Mit Hilfe der Umrechnungsfaktoren von ECU in DM und ggf. von Verwendungswerteinheiten (VWE) in DM werden Ihre Auszahlungen ermittelt.

Graphen der Kosten-Funktionen

Erläuterung:	x	Menge
	K (x)	Gesamt-Kosten
	K'(x)	Grenz-Kosten
	k (x)	Durchschnitts-(Stück-)Kosten

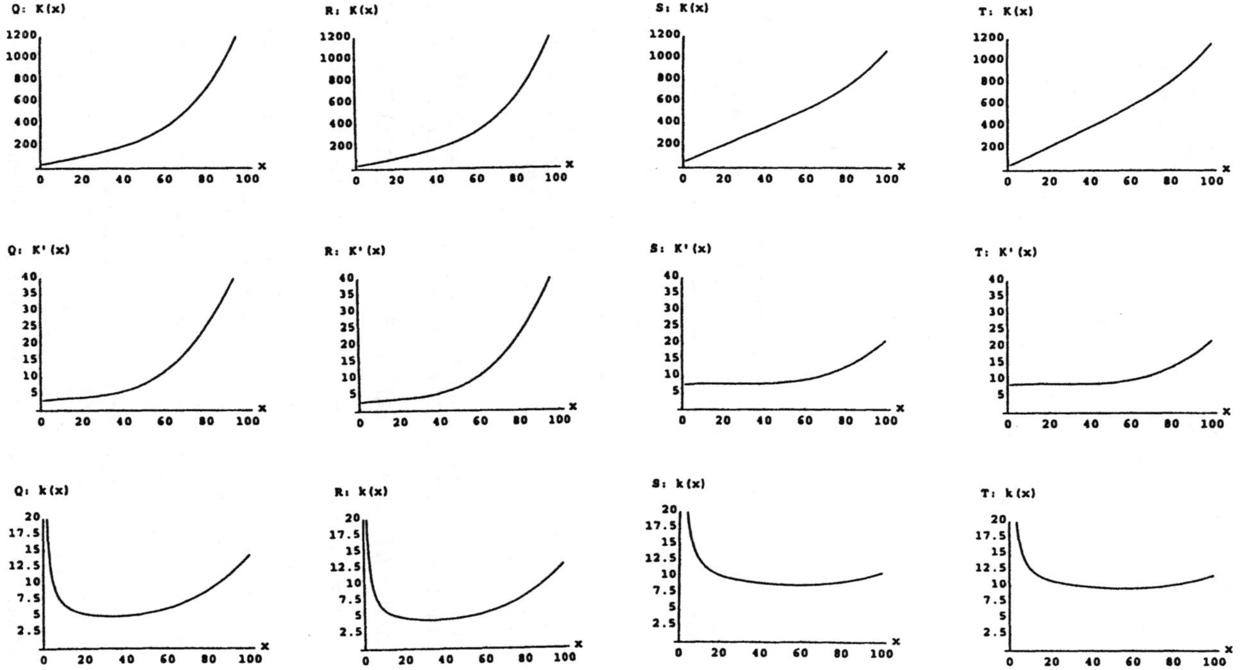

Tabellen der Kosten-Funktionen

Gesamt-Kosten K(x)

x	Q	R	S	T
0	35.	30.	50.	40.
5.	50.8856	44.385	88.08	83.08
10.	68.17	60.16	126.98	126.98
15.	86.4856	76.935	166.28	171.28
20.	105.72	94.56	205.68	215.68
25.	126.016	113.125	245.	260.
30.	147.77	132.96	284.18	304.18
35.	171.636	154.635	323.28	348.28
40.	198.52	178.96	362.48	392.48
45.	229.586	206.985	402.08	437.08
50.	266.25	240.	442.5	482.5
55.	310.186	279.535	484.28	529.28
60.	363.32	327.36	528.08	578.08
65.	427.836	385.485	574.68	629.68
70.	506.17	456.16	624.98	684.98
75.	601.016	541.875	680.	745.
80.	715.32	645.36	740.88	810.88
85.	852.286	769.585	808.88	883.88
90.	1015.37	917.76	885.38	965.38
95.	1208.29	1093.34	971.88	1056.88
100.	1435.	1300.	1070.	1160.

Grenz-Kosten K'(x)

x	Q	R	S	T
5.	3.3335	3.033	7.714	8.714
10.	3.568	3.264	7.832	8.832
15.	3.7545	3.441	7.878	8.878
20.	3.944	3.612	7.876	8.876
25.	4.1875	3.825	7.85	8.85
30.	4.536	4.128	7.824	8.824
35.	5.0405	4.569	7.822	8.822
40.	5.752	5.196	7.868	8.868
45.	6.7215	6.057	7.986	8.986
50.	8.	7.2	8.2	9.2
55.	9.6385	8.673	8.534	9.534
60.	11.688	10.524	9.012	10.012
65.	14.1995	12.801	9.658	10.658
70.	17.224	15.552	10.496	11.496
75.	20.8125	18.825	11.55	12.55
80.	25.016	22.668	12.844	13.844
85.	29.8855	27.129	14.402	15.402
90.	35.472	32.256	16.248	17.248
95.	41.8265	38.097	18.406	19.406
100.	49.	44.7	20.9	21.9

Durchschnitts- (Stück-) Kosten k(x)

x	Q	R	S	T
5.	10.1771	8.877	17.616	16.616
10.	6.817	6.016	12.698	12.698
15.	5.76571	5.129	11.0853	11.4187
20.	5.286	4.728	10.284	10.784
25.	5.04063	4.525	9.8	10.4
30.	4.92567	4.432	9.47267	10.1393
35.	4.90388	4.41814	9.23657	9.95086
40.	4.963	4.474	9.062	9.812
45.	5.1019	4.59967	8.93511	9.71289
50.	5.325	4.8	8.85	9.65
55.	5.63974	5.08245	8.80509	9.62327
60.	6.05533	5.456	8.80133	9.63467
65.	6.58209	5.93054	8.84123	9.68738
70.	7.231	6.51657	8.92829	9.78543
75.	8.01354	7.225	9.06667	9.93333
80.	8.9415	8.067	9.261	10.136
85.	10.0269	9.05394	9.51624	10.3986
90.	11.2819	10.1973	9.83756	10.7264
95.	12.7188	11.5088	10.2303	11.1251
100.	14.35	13.	10.7	11.6

Graphen der Verwendungswert-Funktionen

Erläuterung:

x	Menge
V (x)	Gesamt-Verwendungswert
V'(x)	Grenz-Verwendungswert
v (x)	Durchschnitts-Verwendungswert

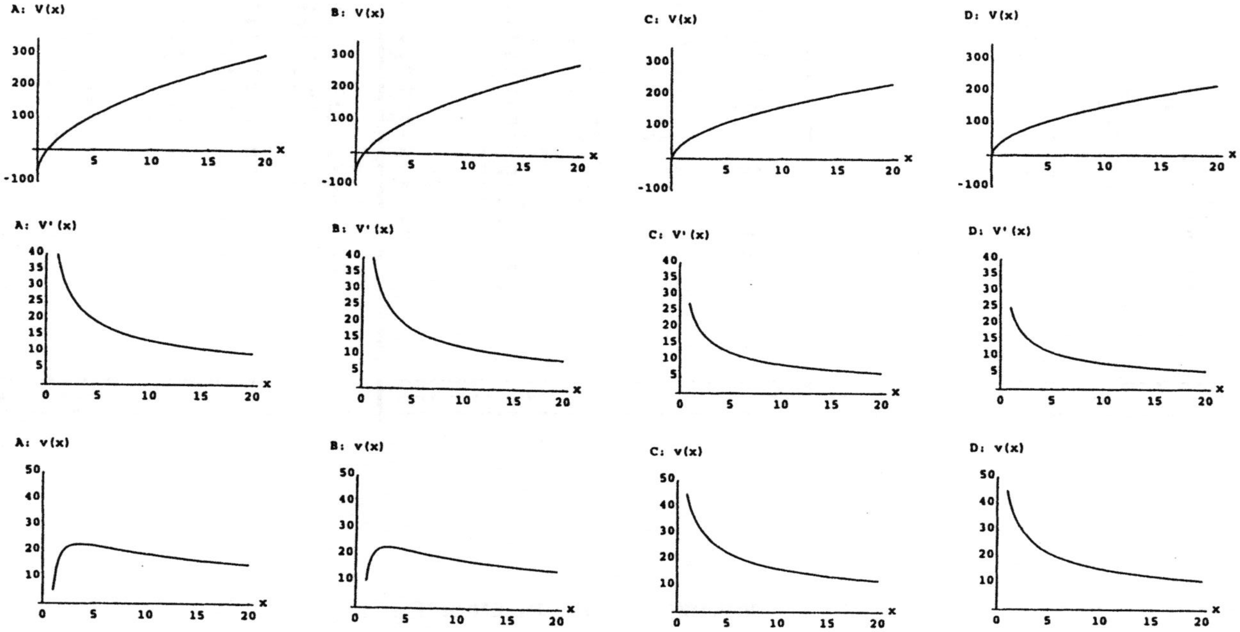

Tabellen der Verwendungswert-Funktionen

Gesamt-Verwendungswerte V(x)

x	A	B	C	D
0	-80.	-70.	-10.	-5.
1.	5.	10.	45.	45.
2.	40.2082	43.1371	67.7817	65.7107
3.	67.2243	68.5641	85.2628	81.6025
4.	90.	90.	100.	95.
5.	110.066	108.885	112.984	106.803
6.	128.207	125.959	124.722	117.474
7.	144.889	141.66	135.516	127.288
8.	160.416	156.274	145.563	136.421
9.	175.	170.	155.	145.
10.	188.794	182.982	163.925	153.114
11.	201.913	195.33	172.414	160.831
12.	214.449	207.128	180.526	168.205
13.	226.472	218.444	188.305	175.278
14.	238.041	229.333	195.791	182.083
15.	249.204	239.839	203.014	188.649
16.	260.	250.	210.	195.
17.	270.464	259.848	216.771	201.155
18.	280.624	269.411	223.345	207.132
19.	290.506	278.712	229.739	212.945
20.	300.132	287.771	235.967	218.607

Grenz-Verwendungswerte V'(x)

x	A	B	C	D
1.	42.5	40.	27.5	25.
2.	30.052	28.2843	19.4454	17.6777
3.	24.5374	23.094	15.8771	14.4338
4.	21.25	20.	13.75	12.5
5.	19.0066	17.8885	12.2984	11.1803
6.	17.3506	16.3299	11.2268	10.2062
7.	16.0635	15.1186	10.394	9.44911
8.	15.026	14.1421	9.72272	8.83883
9.	14.1667	13.3333	9.16667	8.33333
10.	13.4397	12.6491	8.69626	7.90569
11.	12.8142	12.0605	8.29156	7.53778
12.	12.2687	11.547	7.93857	7.21688
13.	11.7874	11.094	7.62713	6.93375
14.	11.3586	10.6904	7.34968	6.68153
15.	10.9735	10.328	7.10047	6.45497
16.	10.625	10.	6.875	6.25
17.	10.3078	9.70143	6.66973	6.06339
18.	10.0173	9.42809	6.48181	5.89256
19.	9.75017	9.17663	6.30893	5.73539
20.	9.50329	8.94427	6.14919	5.59017

Durchschnitts-Verwendungswerte v(x)

x	A	B	C	D
1.	5.	10.	45.	45.
2.	20.1041	21.5685	33.8909	32.8553
3.	22.4081	22.8547	28.4209	27.2008
4.	22.5	22.5	25.	23.75
5.	22.0132	21.7771	22.5967	21.3607
6.	21.3678	20.9932	20.787	19.5791
7.	20.6984	20.2372	19.3595	18.1839
8.	20.052	19.5343	18.1954	17.0527
9.	19.4444	18.8889	17.2222	16.1111
10.	18.8794	18.2982	16.3925	15.3114
11.	18.3557	17.7573	15.674	14.621
12.	17.8707	17.2607	15.0438	14.0171
13.	17.4209	16.8034	14.485	13.4829
14.	17.0029	16.3809	13.9851	13.0059
15.	16.6136	15.9892	13.5343	12.5766
16.	16.25	15.625	13.125	12.1875
17.	15.9096	15.2852	12.7512	11.8327
18.	15.5902	14.9673	12.4081	11.5073
19.	15.2898	14.669	12.0915	11.2076
20.	15.0066	14.3885	11.7984	10.9303

Bitte beantworten Sie die folgenden Fragen möglichst vollständig:

Ihre Code-Nummer:

Teil A) Alle folgenden Fragen beziehen sich jeweils auf eine Periode:

A1. Welche ***Gesamtmenge*** des Gutes kann in einer Periode (von allen Nachfragern zusammen) ***maximal nachgefragt*** werden? .... Stück

A2. Welche ***Gesamtnachfrage*** erwarten Sie ***tatsächlich*** pro Periode? .... Stück

A3. Welcher ***Anteil*** davon entfällt wohl durchschnittlich auf einen ***Produzenten*** mit Kostenfunktion Q: .... Stück R: .... Stück S: .... Stück T: .... Stück

A4. Wie hoch sind für den Produzententyp mit der "***schlechtesten***" Kostenfunktion die ***Durchschnittskosten*** (d.h. die Kosten pro Stück) bei der nach Ihrer Erwartung ***auf ihn entfallenden Nachfragemenge***? .... ECU/Stück

A5. Wie hoch sind für den Produzententyp mit der "***besten***" Kostenfunktion ***die niedrigsten Grenzkosten*** (d.h. die niedrigsten Kosten für die Produktion einer zusätzlichen Einheit)? .... ECU/Stück

A6. Wie hoch sind für den Produzententyp mit der "***besten***" Kostenfunktion ***die niedrigsten Durchschnittskosten***? .... ECU/Stück

A7. Welche ***Nachfragemenge*** erwarten Sie durchschnittlich für einen ***Konsumenten*** vom Typ A: .... Stück B: .... Stück C: .... Stück D: .... Stück

A8. Wie hoch ist für den Konsumententyp mit der "***schlechtesten***" Verwendungswertfunktion der ***Durchschnittsverwendungswert*** (d.h. der Verwendungswert pro Stück) ***bei der Nachfragemenge,*** die Sie für ihn erwarten? .... VWE/Stück

A9. Wie hoch ist für den Konsumententyp mit der "***besten***" Verwendungswertfunktion ***der höchste Grenzverwendungswert*** (d.h. der höchste Verwendungswert für den Konsum einer zusätzlichen Einheit)? .... VWE/Stück

A10. Wie hoch ist für den Konsumententyp mit der "***besten***" Verwendungswertfunktion ***der höchste Durchschnittsverwendungswert***? .... VWE/Stück

A11. Welchen ***Preis*** erwarten Sie ***für eine Einheit des Gutes***?
a) im Durchschnitt: ...... ECU, b) in der 1. Periode: ..... ECU, c) in der letzten Periode: ...... ECU

A12. Welchen ***Gewinn*** (je Periode) erwarten Sie für einen Produzenten
- mit Kostenfunktion ***Typ Q*** ? .... ECU
- mit Kostenfunktion ***Typ T*** ? .... ECU

A13. Welche ***Dividende*** (je Periode) erwarten Sie für einen Produzenten
- mit Kostenfunktion ***Typ Q*** ? .... ECU
- mit Kostenfunktion ***Typ T*** ? .... ECU

Teil B) Die folgenden Fragen beziehen sich auf den Gesamtverlauf:

B1. Welchen ***Wert*** besitzt ***nach dem Ende der letzten Runde*** ein ***Wertpapier***
- der Firma "Gelb" ? .... ECU
- der Firma "Rot" ? .... ECU

B2. Welchen ***maximalen Preis*** würden Sie ***in der letzten Runde*** für ein ***Wertpapier*** eines Unternehmens zu zahlen bereit sein, das
- die Kostenfunktion ***Typ Q*** besitzt? .... ECU
- die Kostenfunktion ***Typ T*** besitzt? .... ECU

PrsU1: B6 DOC

B3. Welchen ***maximalen Preis*** würden Sie ***in der vorletzten Runde*** für ein ***Wertpapier*** eines Unternehmens zu zahlen bereit sein, das
- die Kostenfunktion ***Typ Q*** besitzt? .... ECU
- die Kostenfunktion ***Typ T*** besitzt? .... ECU

B4. Welchen ***maximalen Preis*** würden Sie ***in der ersten Runde*** für ein ***Wertpapier*** eines Unternehmens zu zahlen bereit sein, das
- die Kostenfunktion ***Typ Q*** besitzt? .... ECU
- die Kostenfunktion ***Typ T*** besitzt? .... ECU

Teil C) Nur von Produzenten auszufüllen:

C1. ***Welche Faktoren*** spielen für Ihre Kauf- und Verkaufsgebote bzw. -entscheidungen eine ***wichtige Rolle*** (bitte entsprechend ankreuzen und/oder ergänzen) ?

❐ Meine Kostenfunktion:
falls ja: ❐ Fixkosten ❐ variable Kosten ❐ Grenzkosten ❐ Stückkosten ❐ Gesamtkosten
❐ Die Kostenfunktionen anderer Produzenten:
falls ja: ❐ Fixkosten ❐ variable Kosten ❐ Grenzkosten ❐ Stückkosten ❐ Gesamtkosten
❐ Die Verwendungswert- (VW-) Funktionen der Konsumenten:
falls ja: ❐ Fix-VW ❐ variabler VW ❐ Grenz-VW ❐ Stück-VW ❐ Gesamt-VW
❐ Güterpreis der Vorperiode(n)
❐ Güterumsatz der Vorperiode(n)
❐ Dividenden der Vorperiode(n)
❐ Wertpapierpreise der Vorperiode(n)
❐ Wertpapierumsätze der Vorperiode(n)
❐ Mein Kassenbestand
❐ Mein Kreditlimit
❐ Die Periode
❐ Sonstiges: ....
....
....
....

Teil D) Nur von Konsumenten auszufüllen:

D1. ***Welche Faktoren*** spielen für Ihre Kauf- und Verkaufsgebote bzw. -entscheidungen eine ***wichtige Rolle*** (bitte entsprechend ankreuzen und/oder ergänzen) ?

❐ Meine Verwendungswert- (VW-) Funktion:
falls ja: ❐ Fix-VW ❐ variabler VW ❐ Grenz-VW ❐ Stück-VW ❐ Gesamt-VW
❐ Andere Verwendungswertfunktionen:
falls ja: ❐ Fix-VW ❐ variabler VW ❐ Grenz-VW ❐ Stück-VW ❐ Gesamt-VW
❐ Die Kostenfunktionen der Produzenten:
falls ja: ❐ Fixkosten ❐ variable Kosten ❐ Grenzkosten ❐ Stückkosten ❐ Gesamtkosten
❐ Güterpreis der Vorperiode(n)
❐ Güterumsatz der Vorperiode(n)
❐ Dividenden der Vorperiode(n)
❐ Wertpapierpreise der Vorperiode(n)
❐ Wertpapierumsätze der Vorperiode(n)
❐ Mein Kassenbestand
❐ Mein Kreditlimit
❐ Die Periode
❐ Sonstiges: ....
....
....
....

Bitte beantworten Sie noch die folgenden Fragen:

Ihre Code-Nummer:

1. Haben sich Ihre Erwartungen über den Güterpreis in etwa erfüllt? ☐ Ja ☐ Nein
   Wurden Sie diesbezüglich überrascht? Was war in dieser Hinsicht besonders bemerkenswert?
   ....
   ....
   ....
   ....

2. Haben sich Ihre Erwartungen über die Höhe der Dividenden in etwa erfüllt? ☐ Ja ☐ Nein
   Wurden Sie diesbezüglich überrascht? Was war in dieser Hinsicht besonders bemerkenswert?
   ....
   ....
   ....
   ....

3. Haben sich Ihre Erwartungen über die Höhe und die zeitliche Entwicklung der Wertpapierpreise in etwa erfüllt? ☐ Ja ☐ Nein
   Wurden Sie diesbezüglich überrascht? Was war in dieser Hinsicht besonders bemerkenswert?
   ....
   ....
   ....
   ....
   ....

4. Gibt es Sachverhalte, die Ihnen erst im Verlauf des Experiments — vielleicht erst nach einigen Perioden — klar wurden? ☐ Ja ☐ Nein
   Wenn ja, welche waren dies und welche Konsequenzen ergaben sich daraus ggf. für Ihre Handlungen? Waren diese Sachverhalte in der Experimentbeschreibung erwähnt worden?
   ....
   ....
   ....
   ....

5. Könnten Sie kurz beschreiben, wie Ihre ursprüngliche Planung aussah, d.h. wie Sie sich auf dem Güter- und Kapitalmarkt verhalten wollten?
   ....
   ....
   ....
   ....
   ....

6. Fühlten Sie sich durch die Handlungen anderer Teilnehmer (soweit diese bzw. deren Ergebnisse für Sie beobachtbar waren) gezwungen, Ihre ursprünglichen Planungen zu revidieren?
   ☐ Ja ☐ Nein Falls ja: Inwiefern?
   ....
   ....
   ....
   ....

7. Weitere Kommentare, Bemerkungen, Kritik, Anregungen etc. beliebiger Art:
   ....
   ....
   ....
   ....

Frei.B7.DOC

Die Wissenschaft, sie ist und bleibt,
was einer ab vom andern schreibt.
Eugen Roth

Literatur

[All53] **Allais**, Maurice: "Le Comportement de L'Homme Rationnel Devant le Risque: Critique des Postulats et Axiomes de L'École Amèricaine", *Econometrica*, Bd. 21, 1953, S. 503-546.

[Aum76] **Aumann**, Robert J.: "Agreeing to Disagree", *Annals of Statistics*, Bd. 4, 1976, S. 1236-1239.

[AH92] **Aumann**, Robert J. und Sergiu **Hart** (Hrsg.): "Handbook of Game Theory. With economic applications", Reihe: *Handbooks in Economics* (Hrsg.: Kenneth J. Arrow und Michael D. Intriligator), North-Holland, Amsterdam, 1992.

[And88] **Andreassen**, P.B.: "Explaining the Price-Volume Relationship: The Difference between Price Changes and Changing Prices", *Organizational Behavior and Human Decision Processes*, 1988, S. 371-389.

[BC91] **Ball**, Sheryl B. und Paula A. **Cech**: "The What, When and Why of Picking a Subject Pool", Arbeitspapier, Indiana University, 1991.

[BC89] **Bamberg**, Günter und A. **Coenenberg**: "Betriebswirtschaftliche Entscheidungslehre", München 1989.

[BS86] **Bamberg**, Günter und Klaus **Spremann** (Hrsg.): "Capital Market Equilibria", Springer Verlag, Berlin 1986.

[Bas77] **Basu**, S.: "Investment Performance of Common Stocks in Relation to Their Price-Earnings Ratios: A Test of the Efficient Markets Hypothesis", *Journal of Finance*, Juni 1977, S. 663-682.

[Ben86] **Benassy**, Jean-Pascal: "On Competitive Market Mechanisms", *Econometrica*, 1986, Bd. 54, Nr. 1, S. 95-108.

[Ber38] **Bernoulli**, Daniel: "Specimen Theoriae Novae de Mensura Sortis", *Commentarii Academiae Scientiarium Imperialis Petropolitanae*, Bd. 5, 1738, S. 175-192.

[Bic77] **Bicksler**, James L. (Hrsg.): "Capital Market Equilibrium and Efficiency", D.C. Heath, Lexington, Mass., 1977.

[Bie94] **Bienert**, Horst: "Experimentelle Kapitalmarktforschung", Stichworteintrag in: Wolfgang Gerke und Manfred Steiner (Hrsg.), *Handwörterbuch des Finanz- und Bankwesens*, 2. Auflage, Schäfler-Poeschel, Stuttgart, 1994.

[Bin92] **Binmore**, Ken: "Fun and Games", Heath, Lexington (Mass.), 1992.

[Bla72] **Black**, Fischer: "Capital Market Equilibrium with Restricted Borrowing", *Journal of Business*, Juli 1972, S. 444-455.

[Bla86] **Black**, Fischer: "Noise", *Journal of Finance*, 1986, Bd. 41, Nr. 3, S. 529-543.

[BJS72] **Black**, F., C. **Jensen** und M. **Scholes**: "The Capital Asset Pricing Model: Some Empirical Tests", in: C. Jensen (Hrsg.), Studies in the Theory of Capital Markets, Praeger, New York, 1972, S. 79-124.

[BS73] **Black**, F. und M. **Scholes**: "The Pricing of Options and Corporate Liabilities", *Journal of Political Economy*, Bd. 81, 1973, S. 637-659.

[BF73] **Blume**, M. und I. **Friend**: "A New Look at the Capital Asset Pricing Model", *Journal of Finance*, März 1973, S. 19-34.

[BH73] **Blume**, M. und F. **Husick**: "Price, Beta, and Exchange Listing", *Journal of Finance*, Mai 1973, S. 283-299.

[BG92] **Bolle**, Friedel und Werner **Güth**: "Competition Among Mutually Dependent Sellers", *Journal of Institutional and Theoretical Economics (JITE) — Zeitschrift für die gesamte Staatswissenschaft*, Bd. 148, Nr. 2, Juni 1992, S. 209-239.

[Bra88] **Brandstätter**, Hermann: "16-Persönlichkeits-Adjektivskalen (16-PA) als Forschungsinstrument anstelle des 16-PF", *Zeitschrift für experimentelle und angewandte Psychologie*, 1988, Bd. 35, S. 370-391.

[BS93] **Brown**, William O. und Raymond D. **Sauer**: "Fundamentals or Noise? Evidence from the Professional Basketball Betting Market", *Journal of Finance*, Bd. 48, No. 4, September 1993, S. 1193-1209.

[BHS93] **Bühler**, Wolfgang, Herbert **Hax** und Reinhard **Schmidt** (Hrsg.): "Empirische Kapitalmarktforschung", *Schmalenbachs Zeitschrift für betriebswirtschaftliche Forschung (ZfbF)*, Sonderheft 31, 1993.

[Cam92] **Camerer**, Colin: "The Rationality of Prices and Volume in Experimental Markets", *Organizational Behavior and Human Decision Processes*, 1992, Bd. 51, S. 237-272.

[CLS91] **Campbell**, J., Shawn **LaMaster** und Vernon L. **Smith**: "Off-Floor Trading, Disintegration, and the Bid-Ask Spread in Experimental Markets", *Journal of Business*, 1991, S. 495-522.

[Cha48] **Chamberlin**, Edward H.: "An Experimental Imperfect Market", *Journal of Political Economy*, 1948, Bd. 61, Nr. 2, S. 102.

[Che83] **Chen**, N.F.: "Some Empirical Tests of the Theory of Arbitrage Pricing", *Journal of Finance*, Dezember 1983, S. 1393-1414.

[CF92] **Copeland**, Thomas E. und Daniel **Friedman**: "The Market Value of Information", *Journal of Business*, 1992, Bd. 65, Nr. 2, S. 241-266.

[CW88] **Copeland**, Thomas E. und J. Fred **Weston**: "Financial Theory and Corporate Policy", Addison-Wesley, Reading, Mass., 1988.

[CR81] **Cornell**, B. und R. **Roll**: "Strategies for Pairwise Competitions in Markets and Organizations", *Bell Journal of Economics*, Spring 1981, S. 201-213.

[Cou38] **Cournot**, Augustin: "Recherches sur les principes mathématiques de la théorie des richesses", L. Hachette, Paris, 1838.

[DH93] **Davis**, Douglas D. und Charles A. **Holt**: "Experimental Economics", Princeton University Press, Princeton, 1993.

[Dir58] **Dirac**, Paul A.M.: "Quantum Mechanics", 4. Auflage, Oxford University Press, London, 1958.

[DHM94] **Doerner**, R., B. **Hübinger** und W. **Martienssen**: "Advanced Chaos Forecasting", *Phys. Rev. E*, 1994, Bd. 50, Nr. 1, S. R12-R15.

[Dub82] **Dubey**, Pradeep: "Price-Quantity Strategic Market Games", *Econometrica*, 1982, Bd. 50, S. 111-126.

[DS80] **Dubey**, Pradeep und M. **Shubik**: "A Strategic Market Game With Price and Quantity Strategies", *Zeitschrift für Nationalökonomie*, 1980, Bd. 60, S. 24-34.

[EF93] **Eisenführ**, Franz und Martin **Weber**: "Rationales Entscheiden", Springer, Berlin 1993.

[Eng89] **Engels**, Wolfram (Hrsg.): "Institutionelle Rahmenbedingungen effizienter Kapitalmärkte", Fritz Knapp Verlag, Frankfurt am Main, 1989.

[Fam65a] **Fama**, E.F.: "The Behavior of Stock Market Prices", *Journal of Business*, Januar 1965, S. 34-105.

[Fam65b] **Fama**, E.F.: "Portfolio Analysis in a Stable Paretian Market", *Management Science*, Januar 1965, S. 404-419.

[Fam70] **Fama**, E.F.: "Efficient Capital Markets: A Review of Theory and Empirical Work", *Journal of Finance*, Mai 1970, S. 383-417.

[Fam76] **Fama**, E.F.: "Foundations of Finance", Basic Books, New York, 1976.

[FM73] **Fama**, E.F. und J. **MacBeth**: "Risk, Return, and Equilibrium: Empirical Test", *Journal of Political Economy*, Mai 1973, S. 607-636.

[Flo52] **Flood**, Merrill M.: "Some Experimental Games", Research Memorandum RM-789, RAND Corporation, Juni 1952.

[Flo58] **Flood**, Merrill M.: "Some Experimental Games", *Management Science*, Bd. 5, 1958, S. 5-26.

[FPP82] **Forsythe**, Robert, Thomas P. **Palfrey** und Charles R. **Plott**: "Asset Valuation in an Experimental Market", *Econometrica*, 1982, Bd. 50, Nr. 3, S. 537-567.

[FSS61] **Fouraker**, Lawrence E., Martin **Shubik** und Sidney **Siegel**: "Oligopoly Bargaining: The Quantity Adjuster Models", Research Bulletin 20, Pennsylvania State University, Department of Psychology, 1961.

[FSH62] **Fouraker**, Lawrence E., Sidney **Siegel** und Donald L. **Harnett**: "An Experimental Disposition of Alternative Bilateral Monopoly Models under Conditions of Price Leadership", *Operations Research*, 1962, Bd. 10, S. 41-50.

[FS63] **Fouraker**, Lawrence E. und Sidney **Siegel**: "Bargaining Behavior". McGraw Hill, New York, 1963.

[FH90] **Franke**, G. und H. **Hax**: "Finanzwirtschaft des Unternehmens und Kapitalmarkt", 2. Auflage, Berlin, 1990.

[FHS84] **Friedman**, Daniel, Glenn W. **Harrison** und Jon W. **Salmon**: "The Informational Efficiency of Experimental Asset Markets", *Journal of Political Economy*, 1984, Bd. 92, Nr. 3, S. 349-408.

[FS93] **Friedman**, Daniel und Shyam **Sunder**: "Experimental Methods: A Primer for Economists", Cambridge, 1993.

[FB70] **Friend**, I. und M. **Blume**: "Measurement of Portfolio Performance under Uncertainty", *American Economic Review*, September 1970, S. 561-575.

[GGL89] **Gabisch**, Günther und Hans-Walter **Lorenz**: "Business Cyle Theory", 2. Auflage, Berlin u.a., 1989.

[Gal77] **Galai**, D.: "Tests of Market Efficiency of the Chicago Board of Options Exchange", *Journal of Business*, April 1977, S. 167-197.

[GB93] **Gerke**, W. und H. **Bienert**: "Überprüfung des Dispositionseffektes und seiner Auswirkungen in computerisierten Börsenexperimenten", *Zeitschrift für betriebswirtschaftliche Forschung*, Sonderheft 31/1993, Empirische Kapitalmarktforschung, S. 169-194.

[GBS93] **Gerke**, W., H. **Bienert** und U. **Schroeder-Wildberg**: "Orderbuchtransparenz bei homogenem Informationsangebot — eine experimentelle Untersuchung", Arbeitspapier Nr. 7, Univeristät Erlangen-Nürnberg, Lehrstuhl für Bank- und Börsenwesen, 1993.

[Gib82] **Gibbons**, M.R.: "Multivariate Tests of Financial Models: A New Approach", *Journal of Financial Economics*, März 1982, S. 3-28.

[GS93] **Gode**, Dhananjay K. und Shyam **Sunder**: "Allocative Efficiency of Markets with Zero-Intelligence Traders: Market as a Partial substitute for Individual Rationality", *Journal of Political Economy*, Bd. 101, Nr. 1, 1993, S. 119-137.

[GP83] **Grassberger**, P. und I. **Procaccia**: "Measuring the Strangeness of Strange Attractors", *Physica 9D*, 1983, Bd. 189.

[GS76] **Grossman**, S.J. und J. **Stiglitz**: "Information and Competitive Price Systems", *American Economic Review*, Mai 1976, S. 246-253.

[GS80] **Grossman**, S.J. und J. **Stiglitz**: "The Impossibility of Informationally Efficient Markets", *American Economic Review*, Juni 1980, S. 393-408.

[Güt92] **Güth**, Werner: "Spieltheorie und ökonomische (Bei)Spiele. Springer Verlag, Berlin u.a., 1992.

[GH95] **Güth**, Werner und Steffen **Huck**: "Qualitative Learning in a Public Goods Experiment", Arbeitspapier, Humboldt-Universität zu Berlin, 1995.

[GKR92] **Güth**, Werner, Jan P. **Krahnen** und Christian **Rieck**: "Ein experimenteller Finanzmarkt mit Insiderinformationen", Arbeitspapier, Universitäten Frankfurt/Main und Gießen, 1992.

[Hey91] **Hey**, John D.: "Experiments in Economics", Oxford (UK), Cambridge (USA), 1991.

[Hey95] **Heyder**, Frank: "Coordination on Standards — An Experimental Study", Arbeitspapier, Universität Frankfurt am Main, 1995.

[Hog59] **Hoggatt**, Austin C.: "An Experimental Business Game", *Behavioral Science*, Bd. 4, 1959, S. 192-203.

[HI91] **Holler**, Manfred J. und Gerhard **Illing**: "Einführung in die Spieltheorie", Springer Verlag, BErlin u.a., 1991.

[Hot89] **Hotz**, Pirmin: "Das Capital Asset Pricing Model und die Markteffizienzhypothese unter besonderer Berücksichtigung der empirisch beobachteten 'Anomaien' in den amerikanischen und anderen internationalen Aktienmärkten", Dissertation, St. Gallen 1989.

[KR94] **Kagel**, John und Alvin E. **Roth**: "Handbook of Experimental Economics", Princeton University Press, Princeton, im Druck.

[KMN+54] **Kalisch**, Gerhard K., J.W. **Milnor**, John F. **Nash** und E.D. **Nering**: "Some Experimental *n*-Person Games", in: R.M. Thrall, C.H. Coombs und R.L. Davis (Hrsg.): *Decision Processes*, Wiley, New York, 1954, S. 301-327.

[KT95] **Königstein**, Manfred und Reinhard **Tietz**: "Profit Sharing in an Asymmetric Bargaining Game", Arbeitspapier, Humboldt-Universität zu Berlin und Universität Frankfurt am Main, 1995.

[KLR88] **Kroll**, Y., H. **Levy** und Amnon **Rapoport**: "Experimental Tests of the Mean-Variance Model for Portfolio Selection", *Organizational Behavior and Human Decision Processes*, 1988, Bd. 42, S. 388-410.

[KRR+94] **Kruse**, Jamie Brown, Stephen **Rassenti**, Stanley S. **Reynolds** und Vernon L. **Smith**: "Bertrand-Edgeworth Competition in Experimental Markets", *Econometrica*, 1994, Bd. 62, S. 343-372.

[Kuh53] **Kuhn**, H.W.: "Extensive games and the problem of information", in: H.W. Kuhn und A.W. Tucker (Hrsg.), "Contributions to the theory of games", Bd. II, *Annals of Mathematics Studies* 28, Princeton University Press, Princeton, 1953, S. 193-216.

[Kyl85] **Kyle**, Albert S.: "Continuous Auctions and Insider Trading", *Econometrica*, 1985, Bd. 53, S. 1315-1336.

[Lat85] **Latham**, M.: "Defining Capital Market Efficiency", Finance Working Paper 150, Institute for Business and Economic Research, University of California, Berkeley, April 1985; zitiert nach: [CW88].

[LKP89] **Leven**, R.W., B.-P. **Koch** und B. **Pompe**: "Chaos in dissipativen Systemen", Berlin 1989.

[Lin65] **Lintner**, J.: "The Valuation of Risk Assets and the Selection of Risky Investments in Stock Portfolio and Capital Budgets", *Review of Economics and Statistics*, 1965, Bd. 47, S. 395-417.

[Lin69] **Lintner**, J.: "The Aggregation of Investor's Diverse Judgements and Preferences in Purely Competitive Security Markets", *Journal of Financial and Quantitative Analysis*, Dezember 1969, S. 367-400.

[Loi86] **Loistl**, Otto: "Grundzüge der betrieblichen Kapitalwirtschaft", Berlin, 1986.

[Loi93] **Loistl**, Otto: "Kapitalmarkttheorie", 2. durchgesehene Auflage, Oldenbourg Verlag, München/Wien, 1993.

[MM79] **MacBeth**, J. und L. **Merville**: "An Empirical Examination of the Black-Scholes Call Option Pricing Model", *Journal of Finance*, Dezember 1979, S. 1173-1186.

[MM80] **MacBeth**, J. und L. **Merville**: "Tests of the Black-Scholes and Cox Call Option Valuation Models", *Journal of Finance*, Mai 1980, S. 285-300.

[Man66] **Mandelbrot**, Benoit: "Forecasts of Future Prices, Unbiased Markets, and Martingale Models", *Journal of Business*, 1966, Bd. 39 (Special Supplement), S. 242-255.

[Mar52] **Markowitz**, H.: "Portfolio Selection", *Journal of Finance*, 1952, Bd. 7, S. 77-91.

[Mar59] **Markowitz**, H.: "Portfolio Selection", Wiley, New York, 1959.

[MM86] **Martin**, S. und W. **Martienssen**: "Spatio-temporal Electrical Instabilities in BSN Crystals", *Physica 23D*, 1986, Bd. 195.

[Mer73] **Merton**, R.: "An Intertemporal Capital Asset Pricing Model", *Econometrica*, September 1973, S. 867-888.

[MS72] **Miller,** M.H. und M. Scholes: "Rates of Return in Relation to Risk: A Re-examination of Some Recent Findings", in: M.C. Jensen (Hrsg.), *Studies in the Theory of Capital Markets,* Praeger, New York, 1972, S. 47-78.

[MM58] **Modigliani**, F. und M.H. **Miller**: "The Cost of Capital, Corporation Finance, and the Theory of Investment", *American Economic Review*, 1958, Bd. 48, S. 261-297.

[MP74] **Modigliani**, F. und G **Pogue**: "An Introduction to Risk and Return", *Financial Analysts Journal*, März 1974, S. 68-80; Mai 1974, S. 69-85.

[Mos66] **Mossin**, J.: "Equilibrium in a Capital Asset Market", *Econometrica*, 1966, Bd. 34, S. 768-783.

[Mos77] **Mossin**, J.: "The Economic Efficiency of Financial Markets", Lexington Books, Heath and Company, Lexington, Mass., 1977.

[MN51] **Mosteller**, F. und P. **Nogee**: "An Experimental Measurement of Utility", *Journal of Political Economy*, Bd. 59, 1951, S. 317-404.

[Nas50a] **Nash**, John: "The Bargaining Problem", *Econometrica*, 1950, Bd. 18, Nr. 2, S. 155-162.

[Nas50b] **Nash**, John: "Equilibrium Points in n-Person Games", *Proceedings of the National Academy of Science*, 1950, Bd. 36, Nr. 1, S. 48-49.

[Nas51] **Nash**, John: "Non-Cooperative Games", *Annals of Mathematics*, 1951, Bd. 54, S. 286-295.

[NM44] **von Neumann**, John und Oskar **Morgenstern**: "The Theory of Games and Economic Behavior". Wiley, New York, 1944.

[Pet91] **Peters**, E.E.: "Chaos and Order in the Capital Markets", New York u.a., 1991.

[PS82] **Plott**, Charles R. und Shyam **Sunder**: "Efficiency of Experimental Security Markets with Insider Information: An Application of Rational-Expectations Models", *Journal of Political Economy*, 1982, Bd. 90, Nr. 4., S. 663-698.

[Pre63] **Preiser**, E.: "Der Kapitalbegriff und die neuere Theorie", in: E. Preiser, "Bildung und Verteilung des Volkseinkommens", Göttingen, 3. Auflage 1963, S. 99-123.

[Ras89] **Rasmusen**, Eric: "Games and Information. An Introduction to Game Theory", Basil Blackwell Ltd., Oxford, 1989.

[Rie93] **Rieck**, Christian: "Spieltheorie. Einführung für Wirtschafts- und Sozialwissenschaftler", Gabler Verlag, Wiesbaden, 1993.

[Rit94] **Ritzberger**, Klaus: "Competitive Equilibria and Market Corners on Centralized Order-Driven Markets", Arbeitspapier, Institut für höhere Studien, Wien 1994.

[Rol77] **Roll**, R.: "A Critique of the Asset Pricing Theory's Test", *Journal of Financial Economics*, März 1977, S. 129-176.

[RR80] **Roll**, R. und S. **Ross**: "An Empirical Investigation of the Arbitrage Pricing Theory", *Journal of Finance*, Dezember 1980, S. 1073-1103.

[Ros76] **Ross**, S.A.: "The Arbitrage Theory of Capital Asset Pricing", *Journal of Economic Theory*, Dezember 1976, S. 343-362.

[Ros77] **Ross**, S.A.: "The Capital Asset Pricing Model (CAPM), Short Sales Restrictions and Related Issues", *Journal of Finance*, März 1977, S. 177-184.

[Rot93] **Roth**, Alvin E.: "The Eearly History of Experimental Economics", *Journal of the History of Economic Thought*, Bd. 15, Fall 1993, S. 184-209.

[RH51] **Rousseas**, Stephen W. und Albert G. **Hart**: "Experimental Verification of a Composite Indifference Map", *Journal of Political Economy*, Bd. 59, 1951, S. 288-318.

[Rub75] **Rubinstein**, M.: "Securities Market Efficiency in an Arrow-Debreu Economy", *American Economic Review*, Dezember 1975, S. 812-824.

[Rub85] **Rubinstein**, M.: "Nonparametric Tests of Alternative Option Pricing Models", *Journal of Finance*, Juni 1985, S. 455-480.

[RSW94] **Rustichini**, Aldo, Mark A. **Satterthwaite** und Steven R. **Williams**: "Convergence to Efficiency in a Simple Market with Incomplete Information", *Econometrica*, September 1994, Bd. 62, Nr. 5, S. 1041-1064.

[Sam65] **Samuelson**, Paul A.: "Proof That Properly Anticipated Prices Fluctuate Randomly", *Industrial Management Review*, 1965, Bd. 6, S. 41-49.

[Sau67] **Sauermann**, Heinz: "Beiträge zur Experimentellen Wirtschaftsforschung / Contributions to Experimental Economics", Bd. 1, Mohr, Tübingen, 1967.

[SS59] **Sauermann**, Heinz und Reinhard **Selten**: "Ein Oligopolexperiment", *Zeitschrift für die gesamte Staatswissenschaft*, Bd. 115, 1959, S. 427-471.

[SS60] **Sauermann**, Heinz und Reinhard **Selten**: "An Experiment in Oligopoly", *General Systems*, Jahrbuch der Society for General Systems Research, BD. 5, 1960, S. 85-114.

[SL89] **Scheinkmann**, J. und B. **LeBaron**: "Nonlinear Dynamics and Stock Returns", *Journal of Business*, 1989, Bd. 62, Nr. 3, S. 311-337.

[Sch57] **Schelling**, Thomas C.: "Bargaining, Communication, and Limited War", *Journal of Conflict Resolution*, Bd. 1, 1957, S. 19-36.

[Sch88] **Schuster**, Heinz Georg: "Deterministic Chaos: An Introduction", 2. Auflage, Weinheim u.a., 1988.

[Sel65] **Selten**, Reinhard: "Spieltheoretische Behandlung eines Oligopolmodells mit Nachfrageträgheit", *Zeitschrift für die gesamte Staatswissenschaft*, 1965, Bd. 12, S. 301-324.

[Sel67a] **Selten**, Reinhard: "Investitionsverhalten im Oligopolexperiment", in: Sauermann [Sau67], S. 60-102.

[Sel67b] **Selten**, Reinhard: "Ein Oligopolexperiment mit Preisvariation und Investition", in: Sauermann [Sau67], S. 103-135.

[Sel67c] **Selten**, Reinhard: "Die Strategiemethode zur Erforschung des eingeschränkt rationalen Verhaltens im Rahmen eines Oligopolexperimentes", in: Sauermann [Sau67], S. 136-168.

[Sha85] **Shanken**, J.: "Multivariate Tests of the Zero-BetaCAPM", *Journal of Financial Economics*, September 1985, S. 327-348.

[Sha63] **Sharpe**, W.F.: "A Simplified Model for Portfolio Analysis", *Management Science*, 1963, Bd. 9, S. 277-293.

[Sha64] **Sharpe**, W.F.: "Capital Asset Prices: A Theory of Market Equilibrium under Conditions of Risk", *Journal of Finance*, 1964, Bd. 19, S. 425-442.

[Sha70] **Sharpe**, W.F.: "Portfolio Theory and Capital Markets", McGraw Hill, New York, 1970.

[SS90] **Shleifer**, Andrei und Lawrence H. **Summers**: "The Noise Trader Approach to Finance", *The Journal of Economic Perspectives*, Bd. 4, Nr. 2, Frühjahr 1990, S. 19-33.

[Shu77] **Shubik**, M.: "A Price-Quantity Buy-Sell Market With and Without Contingent Bids", *Cowles Foundation Discussion Paper*, Mai 1977, Nr. 445.

[SF60] **Siegel**, Sidney und Lawrence E. **Fouraker**: "Bargaining and Group Decision Making: Experiments in Bilateral Monopoly", McGraw-Hill, New York, 1960.

[Sim56] **Simon**, Herbert A.: "A Comparison of Game Theory and Learning Theory", *Psychometrika*, 1956, Bd. 21, S. 267-272.

[Sim59] **Simon**, Herbert A.: "Theories of Decision-Making in Economics and Behavioral Science", *American Economic Review*, 1959, Bd. 49, S. 253-283.

[Sim84] **Simon**, Leo K.: "Bertrand, the Cournot Paradigm and the Theory of Perfect Competition", *Review of Economic Studies*, 1984, Bd. 51(2), Nr. 165, S. 209-230.

[Smi62] **Smith**, Vernon L.: "An Experimental Study of Competitive Market Behavior", *Journal of Political Economy*, 1962, Bd. 70, Nr. 2, S. 111-137.

[Smi76] **Smith**, Vernon L.: "Experimental Economics: Induced Value Theory", *American Economic Review Papers and Proceedings*, Mai 1976, Bd. 66, S. 274-279.

[SSW88] **Smith**, Vernon L., Gerry L. **Suchanek** und Arlington W. **Williams**: "Bubbles, Crashes and Endogenous Expectations in Experimental Spot Asset Markets", *Econometrica*, 1988, Bd. 56, Nr. 5, S. 1119-1151.

[SWB+82] **Smith**, Vernon L., Arlington W. **Williams**, W. Kenneth **Bratton** und Michael G. **Vannoni**: "Competitive Market Institutions: Double Auctions vs. Sealed Bid-Offer Auctions", *American Economic Review*, 1982, Bd. 72, Nr. 1, S. 58-77.

[Smi94] **Smith**, Vernon L: "Economics in the Laboratory", *Journal of Economic Perspectives*, Winter 1994, Bd. 8, Nr. 1, S. 113-131.

[Sta94] **Stanley**, T.D.: "Silly bubbles and the insensitivity of rationality testing: An experimental illustration", *Journal of Economic Psychology*, 1994, Bd. 15, Nr. 4, S. 601-620.

[Sun92] **Sunder**, Shyam: "Market for Information: Experimental Evidence", *Econometrica*, 1992, Bd. 60, Nr. 3, S. 667-695.

[Tak81] **Takens**, F.: "Lecture Notes in Mathematics", Heidelberg u.a., 1981, Bd. 898.

[Thu31] **Thurstone**, L.L.: "The Indifference Function", *Journal of Social Psychology*, Bd. 2, 1931, S. 139-167.

[Tie67] **Tietz**, Reinhard: "Simulation eingeschränkt rationaler Investitionsstrategien in einer dynamischen Oligopolsituation", in: Sauermann [Sau67], S. 169-225.

[Tie83] **Tietz**, Reinhard: "Aspiration Levels in Bargaining and Economic Decision Making", Springer, Berlin 1983.

[Tre61] **Treynor**, J.: "Toward a Theory of the Market Value of Risky Assets", unveröffentlichtes Arbeitspapier, 1961; zitiert nach: Thomas E. Copeland and J. Fred Weston [CW88, S. 239].

[Tuc50] **Tucker**, A.W.: "A Two-Person Dilemma", Arbeitspapier, Stanford University, 1950; abgedruckt unter dem Titel "On Jargon: The Prisoner's Dilemma" im *UMAP Journal*, Bd. 1, 1980, S. 101.

[Vic61] **Vickrey**, William: "Counterspeculation, Auctions, and Competitive Sealed Tenders", *Journal of Finance*, March 1961, Bd. 16, S. 8-37.

[Vic62] **Vickrey**, William: "Auctions and Bidding Games", in *Recent Advances in Game Theory*, Princeton University Conference, Princeton: Princeton University Press, 1962, S. 15-27.

[Vic76] **Vickrey**, William: "Auctions, Markets, and Optimal Allocation", Essay 2 in Y. Amihud (Hrsg.), *Bidding and Auctioning for Procurement*, New York, 1976, S. 13-20.

[WF42] **Wallis**, W. Allen und Milton **Friedman**, "The Empirical Derivation of Indifference Functions", in: O.F. Lange, F. McIntyre und T.O. Yntema (Hrsg.): *Studies in Mathematical Economics and Econometrics*, University of Chicago Press, Chicago, 1942, S. 175-189.

[WC91] **Weber**, Martin und Colin **Camerer**: "The Disposition Effect in Securities Trading: An Experimental Analysis", Arbeitspapier, Kiel /Chicago, 1991.

[WC92] **Weber**, Martin und Colin **Camerer**: "Ein Experiment zum Anlegerverhalten", *Zeitschrift für betriebswirtschaftliche Forschung (ZfbF)*, 1992, S. 131-148.

Die Größe eines Berufes besteht vor allem darin, daß er Menschen vereinigt. Es gibt nur einen echten Luxus, das sind die menschlichen Beziehungen.

Antoine de Saint-Exupéry

Danksagung

Die vorliegende Monographie wurde im Februar 1995 als Dissertation am Fachbereich Wirtschaftswissenschaften der Johann Wolfgang Goethe - Universität Frankfurt am Main eingereicht.[159] Ein solches Projekt bedarf neben einem erheblichen Quantum an Zeit, Energie, Einfallsreichtum und Durchhaltevermögen vor allem der Unterstützung vieler anderer, die sich auf der sachlichen ebenso wie auf der persönlichen Ebene niederschlägt. Zunächst die inhaltlichen Aspekte:

Ohne die vielfältigen Anregungen, kreativen Vorschläge, kritischen Stellungnahmen ebenso wie motivierenden Ermunterungen meines Betreuers, Prof. Werner Güth, hätte diese Arbeit nicht entstehen können. Ihm gilt also zuallererst mein ganz besonderer Dank.

Wichtige und hilfreiche Diskussionen haben auch meine Frankfurter Kollegen Frank Heyder, Steffen Huck, Manfred Königstein, Dr. Peter Ockenfels, Christian Rieck und Erik Theissen mit mir geführt, wobei zumindest für die zweite Hälfte der Aufzählung ein weiteres Ordnungsprinzip mit jenem der alphabetischen Reihenfolge übereinstimmt: die zunehmende Bedeutung der jeweiligen Beiträge.

Das Feedback anderer Forscher, die sich mit verwandten Themen beschäftigen, zu vorläufigen Ergebnissen meiner Untersuchungen — sei es ausgelöst durch internationale Konferenzen (besonders der IAREP-Konferenz 1994 in Rotterdam, wo der Verfasser über Teile dieser Arbeit vortrug), Korrespondenz oder andere Anlässe — bestätigte mich, in der eingeschlagenen Richtung fortzufahren, und gab mir gleichzeitig Hinweise für Modifikationen oder Erweiterungen. Hier sind vor allem Horst Bienert (Erlangen-Nürnberg), Prof. Dr. Wolfram Engels (Frankfurt/Main), Prof. Dr. Jan P. Krahnen (Frankfurt/Main), Prof. Dr. Vernon L. Smith (Tucson/Arizona) und Prof. Dr. Martin Weber (Mannheim) zu nennen.

Die zur Durchführung der Experimente erstellte Software stellt einen wesentlichen Teil der Dissertation dar. Sie wurde zwar von mir "erfunden" und konzipiert, für Design und Funktionsweise bin ich ebenso verantwortlich

[159]Erstgutachter war Prof. Dr. Werner Güth, Lehrstuhl für Wirtschaftstheorie, Wirtschaftswissenschaftliche Fakultät der Humboldt-Universität zu Berlin; das Zweitgutachten übernahm freundlicherweise Prof. Dr. Jan P. Krahnen, Lehrstuhl für Kreditwirtschaft und Finanzierung, Fachbereich Wirtschaftswissenschaften der Johann Wolfgang Goethe - Universität Frankfurt am Main. Die Promotion wurde am 27. September 1995 mit der Doktorprüfung abgeschlossen.

wie für die Überwachung der Implementierung und der Tests; die Ausführung der umfangreichen Programmierarbeiten wäre mir alleine jedoch in einem adäquaten Zeitraum niemals möglich gewesen. Hierfür und für ungezählte Vorschläge und Ideen zur Umsetzung, Erweiterung und Optimierung der Programme schulde ich an erster und herausgehobener Stelle Olaf Wellm besonderen Dank, weiterhin Moritz Schäfer, Arwed Crüger und Frank Heyder.

Ohne die finanzielle Unterstützung der Deutschen Forschungsgemeinschaft (unter der Projekt-Nr. Gu 145/6-1) zur Entlohnung der Probanden und der wissenschaftlichen Hilfskräfte hätte der experimentelle Teil der Arbeit nicht oder nicht im nötigen Umfang stattfinden können; damit hätten wesentliche Komponenten der Arbeit, die Demonstration der Funktionalität der Software und die Datenerhebung, unterbleiben müssen.

Zum Schluß sei noch auf die persönliche Ebene eines Dissertationsprojekts eingegangen: Die hier präsentierten Ergebnisse sind im Laufe einer mehr als vier Jahre währenden Tätigkeit als wissenschaftlicher Mitarbeiter an der Professur für Wirtschaftstheorie der Johann Wolfgang Goethe - Universität Frankfurt am Main entstanden. Wenn auch ein erheblicher Anteil der Zeit für andere (Lehrstuhl-) Aufgaben reserviert war, so nahmen die Vorüberlegungen, Konzepte und schließlich ausgestaltenden Arbeiten für die Dissertation doch den Großteil der letzten zwei bis drei Jahre in Anspruch.

In diesem Zeitraum trugen neben Professor Güth, der in für mich persönlich schwierigen Phasen stets ungewöhnlich viel Verständnis zeigte, die — schon genannten — Kollegen Heyder, Huck, Ockenfels, Rieck und Theissen, unsere Programmierer Crüger, Schäfer und Wellm, unsere wissenschaftliche Hilfskraft Thomas Herlin, sowie *last but not least* unsere Sekretärin, Frau Kraft-Volkmann, in vielfältiger Weise zu einer kollegialen, produktiven und lebensfrohen Atmosphäre bei. Es wäre nicht übertrieben zu sagen, daß in diesen Jahren aus Kollegen (im weiteren Sinne) gute Freunde wurden, die mir die Zeit an der Frankfurter Universität zu einem Lebensabschnitt haben werden lassen, auf den ich sehr gerne zurückblicke. Dafür gilt ihnen allen mein herzlicher Dank!

Frankfurt am Main, im Februar 1996

Markus Wendel

Wirtschaftswissenschaftliche Beiträge

Band 96: M. Carlberg, Makroökonomische Szenarien für das vereinigte Deutschland, 1994, ISBN 3-7908-0763-X

Band 97: U. Schiller, Vertikale Unternehmensbeziehungen, 1994, ISBN 3-7908-0774-5

Band 98: S. Huschens, Zur Modellierung der Erwartungsbildung in makroökonomischen Modellen, 1994, ISBN 3-7908-0776-1

Band 99: T. Gerhards, Theorie und Empirie flexibler Wechselkurse, 1994, ISBN 3-7908-0780-X

Band 100: K. Morasch, Strategische Allianzen, 1994, ISBN 3-7908-0783-4

Band 101: N. Lamar, Makroökonomische Konvergenz und Währungssystem, 1994, ISBN 3-7908-0784-2

Band 102: G.M. Winkler, Entscheidungen und Präferenzen, 1994, ISBN 3-7908-0786-9

Band 104: C. Fantapié Altobelli, Kompensationsgeschäfte im internationalen Marketing, 1994, ISBN 3-7908-0801-6

Band 105: R. Wagner, Die Grenzen der Unternehmung, 1994, ISBN 3-7908-0812-1

Band 106: H. Richter, Marktorientierte Neugestaltung des Einkommensteuersystems, 1995, ISBN 3-7908-0819-9

Band 107: M. Graff, Bildung und technischer Fortschritt als Determinanten wirtschaftlicher Entwicklung, 1995, ISBN 3-7908-0820-2

Band 109: T. Kuhn, Theorie des kommunalen Finanzausgleichs, 1995, ISBN 3-7908-0828-8

Band 110: B. Schaden, Effektive Kapitalsteuerbelastung in Europa, 1995, ISBN 3-7908-0831-8

Band 111: G. Georgi, Job Shop Scheduling in der Produktion, 1995, ISBN 3-7908-0833-4

Band 112: V. Kaltefleiter, Die Entwicklungshilfe der Europäischen Union, 1995, ISBN 3-7908-0838-5

Band 113: B. Wieland, Telekommunikation und vertikale Integration, 1995, ISBN 3-7908-0849-0

Band 114: D. Lucke, Monetäre Strategien zur Stabilisierung der Weltwirtschaft, 1995, ISBN 3-7908-0856-3

Band 115: F. Merz, DAX-Future-Arbitrage, 1995, ISBN 3-7908-0859-8

Band 116: T. Köpke, Die Optionsbewertung an der Deutschen Terminbörse, 1995, ISBN 3-7908-0870-9

Band 117: F. Heinemann, Rationalisierbare Erwartungen, 1995, ISBN 3-7908-0888-1

Band 118: J. Windsperger, Transaktionskostenansatz der Entstehung der Unternehmensorganisation, 1996, ISBN 3-7908-0891-1

Band 119: M. Carlberg, Deutsche Vereinigung, Kapitalbildung und Beschäftigung, 1996, ISBN 3-7908-0896-2

Band 120: U. Rolf, Fiskalpolitik in der Europäischen Währungsunion, 1996, ISBN 3-7908-0898-9

Band 121: M. Pfaffermayr, Direktinvestitionen im Ausland, 1996, ISBN 3-7908-0908-X

Band 122: A. Lindner, Ausbildungsinvestitionen in einfachen gesamtwirtschaftlichen Modellen, 1996, ISBN 3-7908-0912-8

Band 123: H. Behrendt, Wirkungsanalyse von Technologie- und Gründerzentren in Westdeutschland, 1996, ISBN 3-7908-0918-7

Band 124: R. Neck (Hrsg.), Wirtschaftswissenschaftliche Forschung für die neunziger Jahre, 1996, ISBN 3-7908-0919-5

Band 125: G. Bol, G. Nakhaeizadeh, K.-H. Vollmer (Hrsg.), Finanzmarktanalyse und -prognose mit innovativen quantitativen Verfahren, 1996, ISBN 3-7908-0925-X

Band 126: R. Eisenberger, Ein Kapitalmarktmodell unter Ambiguität, 1996, ISBN 3-7908-0937-3

Band 127: M.J. Theurillat, Der Schweizer Aktienmarkt, 1996, ISBN 3-7908-0941-1

Band 128: T. Lauer, Die Dynamik von Konsumgütermärkten, 1996, ISBN 3-7908-0948-9